Le dynamisme du droit international public contemporain et la transdisciplinarité

Le droit aujourd'hui

La collection « Le droit aujourd'hui » regroupe des études juridiques concernant des problèmes d'actualité nationale et internationale, dans divers domaines (éthique, politique, questions de société…).

Déjà parus

Charles COLOMAR, *Le droit de l'art en question(s). 20 réponses juridiques sur des thématiques artistiques*, 2023.
Marcel Yannick MISONGUI, *La protection juridictionnelle par la Cour de justice dans l'ELSJ et la PESC après le Brexit*, 2023.
François CAMPAGNOLA, *Précis de droit de l'énergie*, 2023.
Sébastien DEMAY, *La charge de travail à l'ère du numérique*, 2023.
Meganne NATALI, *Le droit international face au trafic illégal de biodiversité sauvage,* 2023.
Rahma BENTIROU MATHLOUTHI (dir.), *Proportionnalité, droits fondamentaux et juge, Proportionality, fundamental rights and judges*, 2023.
Aécio Filipe COELHO FRAGA DE OLIVEIRA, *L'exécution des mesures à titre provisoire rendues par un tribunal arbitral situé à l'étranger*, 2022.
Naivi CHIKOC BARREDA, *Succession internationale et dispositions spéciales de la lex rei sitae. Contribution à l'étude de l'impérativité internationale en matière successorale*, 2022.
Boris BARRAUD, *Éthique de l'intelligence artificielle*, 2022.
Boris BARRAUD, *Dignité, liberté, égalité*, 2022.
Boris BARRAUD, *Humanisme et intelligence artificielle*, 2022.
Michel BOUDJEMAÏ, *La territorialisation de l'aide sociale légale*, 2022.
Carine VAYSSE, *La théorie générale du contrat administratif*, 2022.
Thomas LARDEUX, *La sécurité juridique et le contentieux international des investissements*, 2021.
Coffi Dieudonné ASSOUVI, *L'influence du droit international des changements climatiques sur le droit de l'environnement de l'Union européenne*, 2021.

Cristina Elena POPA TACHE

LE DYNAMISME DU DROIT INTERNATIONAL PUBLIC CONTEMPORAIN ET LA TRANSDISCIPLINARITÉ

Préface de Florent PASQUIER

L'Harmattan

5-7, rue de l'École-Polytechnique ; 75005 Paris

http://www.editions-harmattan.fr

ISBN : 978-2-336-40450-9

EAN : 9782336404509

Préface

Cette monographie présente une nouvelle application de la méthodologie transdisciplinaire au droit international public, abordée sous l'angle des multiples mutations de nos sociétés. Puisque, comme le souligne l'auteur, « On peut dire que la transdisciplinarité et l'universalité se soutiennent dans le sort du droit international ». L'analyse permet d'élargir le champ d'enseignement et de recherche à l'ensemble du système juridique international, avec une vision large qui explore ses liens avec les champs : politique, économique, sociale, historique, anthropologique et culturelle.

En précisant que « l'approche de la méthode trans ne peut être comprise ni utilisée pour effacer certaines branches du droit », Cristina Elena Popa Tache montre qu'elle pense à mettre en avant « la puissance et la valeur de (sa) fonction régulatrice ». Le panorama ainsi dressé permet à l'auteur d'identifier les lacunes et les limites du système juridique actuel et de formuler de nombreuses propositions de réforme visant à les combler. En explorant les réalités actuelles et les perspectives du droit international public, cet ouvrage sera sans aucun doute un point de référence et une source d'inspiration tant pour les spécialistes que pour les personnes se sentant concernées par ces domaines et qui voudra savoir comment cette discipline pourra évoluer grâce à l'importance de la vision transdisciplinaire mobilisée à ces fins.

Prof. Florent PASQUIER
Président du CIRET
Centre International d'Études et Recherches Transdisciplinaires, Paris[1]

[1] Le site officiel du CIRET est http://www.ciret-transdisciplinarité.org.

Introduction[1]

Le panopticon planétaire en constante évolution nous amène à considérer que pour s'adapter aujourd'hui aux conditions de diversité, de pluralité, de dynamique et de difficultés que traverse le monde entier, il est nécessaire d'adopter un mode de pensée différent, comme la théorie de la « gouvernance interactive », qui inclut des interactions à la fois au sein des systèmes et entre les systèmes, c'est-à-dire entre le système de gouvernance et les systèmes naturels et sociaux qui sont gouvernés, en identifiant les opportunités, en stimulant la créativité ou une compréhension différente[2].

La société actuelle connaît un niveau d'internationalisation sans précédent, que ce soit à travers les avancées technologiques, le kaléidoscope des crises mondiales, les conflits armés ou les réformes financières et sanitaires. Les solutions pour les gérer et les prévenir ont conduit à la prolifération de la numérisation et à la recherche de nouvelles solutions stratégiques, y compris d'un point de vue théorique. La société s'est donc tournée vers le développement de normes internationales, la créativité et la transdisciplinarité comme outil de compréhension et de régulation de tous les problèmes qui en découlent, en notant l'influence des développements stratégiques et technologiques sur le sens et l'interprétation du droit international lui-même. J'ai voulu expérimenter au niveau théorique une vision différente de certaines orientations du droit international public dans le contexte des nombreux changements contemporains, étant donné que la vie et l'évolution des normes, comme beaucoup d'autres

---

[1]Cette monographie est le résultat d'un stage de recherche au CIRET Paris, de décembre 2022 à mai 2023, où j'ai été sélectionné comme chercheur actif dans le domaine des études et recherches transdisciplinaires en droit international public. Un grand merci au président, le Prof. Florent Pasquier !

[2]V.A. Brown et al, *Towards a Just and Sustainable Future*, in Tackling Wicked Problems : Through the Transdisciplinary Imagination (eds.), V.A. Brown, J.A. Harris et J.Y. Russell (Londres et Washington, DC, Earthscan, 2010), pp. 3-15. Voir aussi généralement Chuenpagdee, R., *Transdisciplinary Perspectives on Ocean Governance*, in The Future of Ocean Governance and Capacity Development. Leiden, Pays-Bas : Brill | Nijhoff, 2019, doi : https://doi.org/10.1163/9789004380271_006.

processus sociaux, sont des combinaisons complexes de contraintes et de causes d'action normatives, instrumentales et autres[1]. Si le droit international traditionnel ferme ses portes aux nouveaux développements, tels que l'émergence de branches embryonnaires du droit créées par le progrès même des relations sociales, alors l'émergence indépendante de nouvelles formes de droit, séparées par leur individualité, sera inévitable. La réorganisation du droit international sera au premier plan de la recherche juridique. La création de communautés mondiales, différentes dans leurs objectifs posera la question de savoir si elles ont le pouvoir de donner naissance à un nouvel ensemble de règles internationales et si ces règles constituent un système suffisamment cohérent pour porter des noms différents, comme celui de « droit mondial », par exemple[2].

En ce qui concerne les métamorphoses du droit international, la spécificité de tous ces développements modernes est leur universalité, qui englobe tout ce qui existe et est commun à tous. Le paysage des relations entre les participants est façonné par l'existence de plusieurs caractéristiques qui définissent l'universalité, telle que : 1) le conventionnalisme, caractérisé par des accords internationaux qui deviennent contraignants pour les parties et s'appliquent à toutes les situations similaires ; 2) la coercition limitée, en ce sens que le droit international public n'a pas la force coercitive des lois nationales, mais repose sur la coopération et le consensus entre les États et d'autres acteurs internationaux, en l'absence d'une autorité centrale. Il s'agit de réglementations sur des questions aussi diverses que les droits et obligations des États dans les relations diplomatiques ou commerciales, les conflits armés, les droits de l'homme, la protection de l'environnement, le droit de la mer et le droit de l'espace, et bien d'autres encore. La différence avec le droit interne réside dans son champ d'application très large, qui couvre

---

[1]Judith Kelley, *Assessing the Complex Evolution of Norms : The Rise of International Election Monitoring*, 62(2) International Organization, 2008, pp. 221-255, DOI:10.1017/S0020818308080089.

[2]Voir Giuliana Ziccardi Capaldo, *What is global law* ?,10.08.2015 dans Oxford University Press's Blog, Academic Insights for the Thinking World, disponible ici : https://blog.oup.com/2015/08/what-is-global-law-jurisprudence/, consulté le 12.05.2023.

les relations entre les États et les autres participants aux relations juridiques internationales.

Dans ce domaine, les mutations ou les changements peuvent être subtils, se produisant au fil du temps et reflétant des changements progressifs, ou majeurs, lorsque des événements tels que des guerres ou des changements politiques majeurs affectent la pratique et l'opinion internationales. Nous nous concentrons sur trois types de changements : l'évolution de la coutume internationale, le développement des traités et la jurisprudence. Les explications reposent sur les fondements logiques et juridiques suivants : 1) des mutations peuvent se produire lorsque les pratiques des États changent ou se développent, ce qui peut conduire à la création d'une nouvelle coutume internationale ou à la modification d'une coutume existante, comme dans le domaine du droit des communications et des nouvelles technologies, par exemple ; 2) lorsque de nouveaux traités sont signés ou lorsque des traités existants sont modifiés ou interprétés différemment par les États ; ou 3) lorsque les tribunaux internationaux parviennent à une interprétation ou à une décision différente dans le contexte d'une nouvelle question de droit international public.

Sera-t-il possible de mener des recherches dans le domaine du droit international public en utilisant l'une des méthodes transdisciplinaires ? Ce processus a-t-il déjà commencé à un stade relativement précoce ? Ce livre repose sur l'idée que cette branche du droit est avant tout une combinaison d'enseignement et de recherche. Dans le processus d'exposition monographique, j'ai utilisé la méthode d'introspection scientifique spécifique et la méthode transdisciplinaire basée sur des données primaires et secondaires provenant de revues scientifiques, de livres, de documents et d'autres publications[1]. Les arguments et les conclusions de notre article visent à souligner l'importance de comprendre la réalité par le biais d'une méta-analyse correspondant à l'universalité du droit international, non pas à travers le prisme de la politique, mais par le biais de la recherche.

[1]La méthode transdisciplinaire est de plus en plus appliquée dans la recherche ; pour plus de détails, voir Cerasela Crăciun, *Research methods and technique*, University Publishing, Bucarest, 2015.

Il ne fait aucun doute que la dynamique du droit international public dans la société contemporaine est fortement influencée par les changements politiques, économiques et sociaux. Alors que dans le passé, le droit international était considéré comme un domaine libre de toute influence d'une autre discipline, il est aujourd'hui de plus en plus inter ou transdisciplinaire et croise de nombreux autres domaines tels que les sciences politiques, l'économie, la sociologie, la philosophie, la psychologie, la culture, la religion, la biologie, les sciences techniques, etc. Dans un monde globalisé, où les interactions entre les États et d'autres entités sont complexes et fréquentes, le droit international est essentiel pour le développement, avant tout, de la régulation des relations internationales et la promotion de la paix et de la coopération entre les nations, ainsi que pour l'identification de nouvelles solutions en ce qui concerne le changement climatique, la cybersécurité, la lutte contre le terrorisme, les droits de l'homme, les migrations, etc.

On peut donc dire que le droit international jouit aujourd'hui de l'universalité. Traditionnellement, l'universalité dans ce domaine se réfère au droit international en tant que système juridique global, valable dans le monde entier et contraignant pour tous les États. Dans ce sens, l'universalité se réfère principalement à des aspects formels et englobe la forme de l'État moderne et, avec elle, les principes d'égalité souveraine, de non-intervention, de coexistence pacifique et de coopération entre États indépendants[1].

Dans la perspective de la recherche d'une expression commune, le droit international public apparaît comme une *mathématique* récente de l'ensemble du droit contemporain. Il

[1]André Nollkaemper, *Universalité. Piraterie — UNCLOS (Convention des Nations Unies sur le droit de la mer) — Droit international coutumier — Obligations erga omnes — Règles impératives/jus cogens,* publié sous les auspices de l'Institut Max Planck de droit public comparé et de droit international sous la direction de la Professeur Anne Peters (2021 —) et du Professeur Rüdiger Wolfrum (2004-2020), produit : Max Planck Encyclopedias of international Law [MPIL], Module : Max Planck Encyclopedia of Public international Law [MPEPIL] 2011, matériel disponible sur abonnement ici : https://opil.ouplaw.com/display/10.1093/ law:epil/9780199231690/law-9780199231690-e1497, consulté le 04.03.2023.

s'agit là d'un exemple révélateur des présentations qui font l'objet de notre analyse, car les mathématiques semblent se situer au pôle opposé.

Cependant, le droit international est une mathématique pour d'autres branches du droit, mais en même temps il absorbe un certain type de mathématiques, et ces dernières s'intéressent au droit international. Si nous poussons l'analyse plus loin, nous pouvons penser, par dichotomie, aux mathématiques du droit international ou au droit international dans les mathématiques. Nous rappelons ici les efforts pédagogiques des spécialistes qui continuent à jeter des ponts entre les mathématiques et le droit international public. Selon eux, l'éducation joue un rôle considérable dans ces développements.

Un défi commun aux deux disciplines a été identifié : promouvoir une citoyenneté mondiale active, solidaire, responsable et engagée, dans le cadre des objectifs de développement durable. La mission des universités est de devenir une force motrice pour la transformation sociale dans ses différentes dimensions[1].

L'utilisation de ces méthodes d'enseignement permet de former de futurs spécialistes en développant leur capacité à mener des recherches avec un raisonnement logique et une pensée critique, en appliquant les sources juridiques, la jurisprudence et la doctrine aux dilemmes juridiques de notre société en mutation. Les diplômés seront capables de concevoir des politiques publiques et de comprendre la gestion des entités privées. Ces méthodes d'éducation promeuvent généralement une citoyenneté mondiale, engagée dans le multiculturalisme, une langue commune, le développement durable, l'efficacité des

---

[1]Les projets d'études supérieures des universités espagnoles portent des titres tels que : 1) Le rôle des mathématiques dans la réalisation des Objectifs de développement durable ; 2) La nature *non contraignante* du régime du changement climatique : référence spéciale à l'Accord de Paris ; 3) L'égalité des sexes dans la perspective internationale des Objectifs de développement durable ; 4) Paix, justice et institutions fortes : Objectif 16 de l'Agenda 2030 ; 5) Réfugiés et droit d'asile : le cas des femmes migrantes ; 6) La protection des réfugiés en droit international ; 7) De la Commission des droits de l'homme au Conseil des droits de l'homme.

ressources, la solidarité, l'équité, la justice et la défense des droits de l'homme[1]. En bref, il existe la possibilité d'une citoyenneté mondiale transdisciplinaire.

Outre ces questions, il existe un certain nombre de relations entre les mathématiques et le droit international qui ont reçu peu d'attention jusqu'à présent[2]. Les conventions internationales sont généralement rédigées dans un langage juridique complexe et sont parfois exprimées en termes mathématiques précis. Dans ces cas, les mathématiques peuvent être utilisées pour interpréter et analyser les textes juridiques et pour déterminer leur clarté et leur cohérence.

Grâce à la théorie des jeux, une branche des mathématiques qui traite de l'étude des décisions stratégiques prises dans un contexte d'interaction sociale, nous pouvons analyser le comportement des États dans les négociations internationales afin de mieux comprendre les décisions qu'ils prennent et de prédire les résultats de ces décisions. L'économie internationale, par exemple, est étroitement liée au droit international et aux mathématiques, par l'étude des relations commerciales internationales, des flux de capitaux et d'autres questions économiques qui peuvent être réglementés par des traités. La connaissance de l'économie internationale peut être utile pour comprendre les effets que différentes politiques commerciales ou d'investissement peuvent avoir sur des pays ou des régions. Le

---

[1]Alicia Chicharro, Maria Jesús Campión, *Qu'est-ce que le droit et les mathématiques ont en commun ? The Sustainable Development Goals as a Transversal Substrate of Numbers and Laws,* Universidad Pública de Navarra, Ceur Workshop Proceedings, 2022, 3129, 1-5.

[2] Quelques fonctions : 1) dans les litiges commerciaux internationaux, où les mathématiques sont utilisées pour calculer les pertes financières et évaluer les dommages ; 2) pour déterminer la valeur d'un investissement et le taux de rendement ; 3) dans la délimitation et l'utilisation des eaux internationales, où les mathématiques sont utilisées pour calculer la quantité d'eau disponible et pour déterminer sa répartition entre les différents États ; 4) dans les cas de pollution ou de gestion des ressources naturelles, nous pouvons évaluer l'impact des activités humaines sur l'environnement et développer des modèles mathématiques pour identifier des solutions environnementales ; 5) dans l'analyse et l'interprétation des données statistiques sur les violations des droits de l'homme dans une région ou un pays particulier ; ou 6) dans la modélisation mathématique des processus judiciaires pour identifier les problèmes dans le système judiciaire et améliorer son efficacité.

calcul juridique joue également un rôle croissant dans la mesure où les mathématiques peuvent être utilisées pour évaluer les conséquences juridiques de certains faits ou situations : les mathématiques peuvent être utilisées pour calculer les dommages résultant d'un accident, pour déterminer la valeur d'un contrat ou pour calculer la probabilité qu'un certain événement se produise, ce qui peut être approfondi lors de l'analyse des risques et de la prise de décisions en droit international.

D'un point de vue théorique, les mathématiques peuvent être utilisées pour développer des modèles mathématiques qui décrivent les relations entre les différentes variables et facteurs du droit international, comme c'est le cas lorsque les mathématiques développent des modèles économiques qui décrivent l'impact d'un traité commercial sur les économies nationales ou l'évolution des relations internationales dans le temps.

Elles peuvent être utilisées non seulement pour calculer les dommages et intérêts en cas de violation des droits internationaux, mais aussi pour évaluer l'impact des décisions internationales, telles que les différends frontaliers ou les questions liées à l'utilisation de ressources naturelles partagées. Les méthodes mathématiques développent des théories juridiques et des concepts de droit international, telles que « l'intersection de la souveraineté » ou « l'intersection des intérêts », qui sont utilisés pour gérer les problèmes juridiques dans les relations internationales. Les algorithmes d'identification des violations des droits internationaux permettent de détecter et de prévenir ce phénomène[1]. Grâce aux algorithmes, il est également possible de tracer les lignes de

---

[1]En matière de souveraineté dans un monde fortement interconnecté, les mathématiques permettent d'élaborer différents scénarios de souveraineté territoriale et de puissance étatique : déterminer la stratégie la plus efficace pour défendre les frontières d'un pays ou calculer l'impact d'une intervention militaire sur un territoire contesté. Dans le cas d'un conflit d'intérêts, les mathématiques analysent, voire modélisent, les interactions entre les différents intérêts étatiques. Concrètement, elles déterminent l'effet économique d'un accord commercial entre deux États ou l'impact du changement climatique sur les ressources naturelles et les intérêts géopolitiques de différents États. Des politiques appropriées qui tiennent compte de ces possibilités peuvent réduire le risque de conflit entre les États.

comportement d'un robot ; plus précisément, dans les conditions de l'éthique informatique, l'intelligence artificielle est programmée pour respecter le droit applicable.

En retraçant les développements historiques, nous pouvons observer une autre caractéristique du droit international : le passage de ce domaine de l'isolement à l'universalité réelle, du statocentrisme au cosmopolitisme. Certains auteurs considèrent que le droit international est devenu universel lorsque des juristes de pays semi-périphériques, tels que le Japon, l'Empire ottoman et les États d'Amérique latine, se sont approprié la pensée juridique de la communauté internationale européenne[1]. Le droit international passe de l'anonymat à l'universalité, dans un contexte d'interconnexions croissantes entre les sujets de ce droit[2]. Cette universalité est, en fait, la direction vers la destination *trans* et représente une évolution naturelle pertinente donnée par la société en transition. On peut dire que la transdisciplinarité et l'universalité se soutiennent mutuellement dans le destin du droit international.

Transdisciplinarité[3] est une collaboration naturelle entre des experts de différents domaines pour trouver les meilleures solutions. Comme nous le verrons dans le chapitre sur le droit de l'environnement, dans l'élaboration des politiques de lutte contre le changement climatique, les spécialistes du droit international collaborent avec les experts en sciences naturelles et en technologie pour développer de nouvelles politiques afin de répondre aux situations actuelles. Le concept de

---

[1]Pour plus de détails, voir Arnulf Becker Lorca, *Universal International Law : Nineteenth-Century Histories of Imposition and Appropriation*, 51 Harv. Int'l L.L.J. 475, 2010 ; et Ward Christopher, *The Universal Language of International Law : History and Prospects,* in Chinese (Taiwan) Yearbook of International Law and Affairs. Leiden, Pays-Bas : Brill | Nijhoff. 2020, pp.6-13, DOI : https://doi.org/10.1163/9789004443297_003.

[2]Charney Jonathan I., *Universal International Law*, in The American Journal of International Law, vol. 87, no. 4, 1993, pp. 529-51. JSTOR, https://doi.org/10.2307/2203615.

[3]Dans ce qui suit, lorsque nous ferons référence à la transdisciplinarité, nous utiliserons l'abréviation « trans », qui est utilisée dans la plupart des documents de référence.

transdisciplinarité a le statut de méthode de recherche[1] et fait l'objet d'une attention croissante dans l'enseignement du droit international comme moyen de fournir une analyse holistique de l'étude du droit international. La méthode de recherche transdisciplinaire vise à combler le fossé entre les disciplines et à intégrer les perspectives des différentes disciplines afin de mieux comprendre la nature multiforme du système mondial.

La transdisciplinarité a le potentiel d'enrichir et d'élargir le champ de l'enseignement et de la recherche en droit international, en permettant aux personnes intéressées d'explorer librement les relations entre les aspects juridiques, politiques, économiques, sociaux et culturels du droit international[2]. L'approche transméthodique ne peut en aucun cas être comprise ou utilisée pour effacer des branches particulières du droit, mais son but est de souligner la force et la valeur de leur fonction régulatrice. Si, à première vue, le processus par lequel une discipline est influencée par d'autres peut être perçu comme une perte d'autonomie disciplinaire ou comme une fusion, cet argument ne semble pas résister à l'intérêt d'utiliser la transdisciplinarité comme un outil très efficace, plutôt que comme la souffrance d'une discipline marquée par l'incapacité de conserver son autonomie. Il peut y avoir des situations dans lesquelles certains juristes rejettent ou sont réticents à accepter l'idée de la transdisciplinarité. Parmi les principales raisons, on peut citer : le conservatisme professionnel, le manque de

---

[1]« Alors que dans le cas de la multidisciplinarité, nous parlons d'une "corrélation" des efforts et des potentialités des différentes disciplines afin de fournir une perspective aussi complète que possible sur l'objet étudié, l'interdisciplinarité implique l'intersection de différents champs disciplinaires (…) La transdisciplinarité représente le degré le plus élevé d'intégration curriculaire, allant souvent jusqu'à la fusion. La fusion est donc la phase la plus complexe et la plus radicale de l'intégration ». La source est Cristina Stan, *Interdisciplinarity, transdisciplinarity and pluridisciplinarity in literature classes*, in Education Tribune du 05/10/2016, en ligne, disponible à : https://tribunainvatamantului.ro/interdisciplinaritate- transdisciplinarity-and-pluridisciplinarity-in-literature-classes/, consulté le 05.03.2023.

[2]Outi Korhonen, *Within and Beyond Interdisciplinarity in International Law and Human Rights*, European Journal of International Law, Volume 28, Issue 2, May 2017, pp. 625-648, https://doi.org/10.1093/ejil/chx040.

connaissances ou de confiance, le manque de temps ou de ressources, la difficulté de la communication interdisciplinaire (en particulier la différence de langue qui peut entraîner des frustrations), la perception d'un manque de pertinence (on peut penser que les solutions d'autres disciplines ne sont apparemment pas pertinentes pour les problèmes juridiques ou que ces solutions ne s'appliquent pas au contexte juridique spécifique), la résistance au changement, mais tous ces obstacles peuvent néanmoins être évités grâce à une communication ouverte, à l'éducation sur les avantages de la transdisciplinarité, à des exemples de réussite et à une collaboration progressive[1].

Nous pouvons rencontrer des spécialistes qui restent attachés au traditionalisme professionnel et qui peuvent considérer que les connaissances juridiques suffisent à résoudre des problèmes de même nature et que c'est tout. Ils peuvent être réticents à l'idée d'introduire des perspectives provenant d'autres disciplines, estimant qu'ils seront distraits de leurs responsabilités normales.

Une autre raison qui a déjà été invoquée dans la pratique est le risque perçu de dilution du professionnalisme, qui se manifeste par la crainte que l'intégration de connaissances provenant d'autres disciplines ne dilue la spécificité de leur profession et ne conduise à une perte d'identité professionnelle ou à une perte d'autonomie disciplinaire. Au contraire, de nouvelles compétences peuvent être absorbées et de nouveaux développements trouvés, ce qui est une opportunité et non une maladie des disciplines, comme nous le découvriront plus tard. Ce n'est qu'à travers une vision très générale que des conclusions pertinentes peuvent être tirées. Jusqu'à présent, l'isolement disciplinaire n'a pas démontré qu'il pouvait conduire à un quelconque progrès. Maintenir une telle conception est une chimère, un exercice qui consomme déjà du temps qui pourrait être utilisé pour développer de nouvelles possibilités. La

---

[1] Voir Florent Pasquier, La *question de la dimension ontologique en situation éducative. Proposition d'un cadre théorique intégratif pour une pédagogie implicative* : Apports de la méthodologie transdisciplinaire, de la psychologie transpersonnelle et de la technontologie. Éducation. Université Lyon 2, 2021.

littérature a déjà proposé que l'enseignement juridique se concentre sur les interconnexions entre le droit international et d'autres disciplines telles que les relations internationales, les sciences politiques, l'économie, l'histoire, la sociologie et l'anthropologie[1].

Dans le contexte d'une évolution en dehors des sources et des normes spécifiques, une tendance au constructivisme sont apparues dans l'évolution et la diffusion des normes internationales[2], harmonieusement complétées dans notre analyse par le constructionnisme. Nous examinerons ses significations générales actuelles afin que l'étude puisse prendre la forme de base que j'essaie d'esquisser par le biais de méthodes inter-, multi- ou transdisciplinaires.

Certaines différences doivent être expliquées. Du point de vue de la sociologie juridique, nous parlons du constructionnisme comme d'une nouvelle orientation basée principalement sur les travaux de Gergen publiés après 1990, travaux qui nous informent sur la manière dont la réalité peut être connue et surtout sur la manière dont les réalités peuvent être construites. Il existe différentes définitions du constructionnisme social, basées sur la reconnaissance des multiples réalités générées par les différentes interactions entre les acteurs qui construisent ces réalités. Cette méthode, par sa nature même, peut conduire à des développements essentiels dans le droit international actuel, principalement par des tentatives d'explication de l'évolution. Selon cette théorie, le droit international n'est pas une entité statique et fixe, mais il est socialement construit par l'interaction

[1]Basarab Nicolescu, *Transdisciplinarity Methodology* , World Futures, 70:3-4, 2014. Dans cet article, le professeur Nicolescu note qu'« il existe une réelle discontinuité entre les frontières disciplinaires : il n'y a rien, strictement rien, entre deux frontières disciplinaires, si l'on entreprend d'explorer cet espace entre les disciplines à travers les anciennes lois, normes, règles et pratiques » et que « nous définissons la disciplinarité comme l'ensemble des résultats — passés, présents et futurs — obtenus grâce aux lois, normes, règles et pratiques d'une discipline donnée ».

[2]Dennis R. Schmidt et Luca Trenta, *Changes in self-defense law ? Drones, imminence, and international norm dynamics,* Journal on the Use of Force and International Law, 5:2, 2018, pp. 201-245, DOI : 10.1080/20531702.2018.1496706.

entre les États et les autres acteurs internationaux. Il s'agit d'une *théorie de l'apprentissage* (connaissance) qui souligne l'importance de la construction de la connaissance et de la compréhension par l'interaction entre l'individu et le monde qui l'entoure, particulièrement évidente dans le domaine des droits de l'homme[1] (par extrapolation, nous pouvons également nous référer à la réalité de certaines organisations internationales ou de certains États), qui est pertinent au niveau international pour tous les participants. En théorie, cette analyse est particulièrement utile pour résoudre le problème de l'absence de « vocabulaire » dans le droit international pour traiter de la dimension collective, perpétuant ainsi un vocabulaire individualiste. Des questions telles que le conflit entre l'autodétermination et l'intégrité de l'État ou les effets et les limites de la souveraineté de l'État dans un monde de plus en plus internationalisé doivent être adaptées[2].

Pour revenir au constructivisme, il est également possible de créer certaines tangentes entre les réalités des sujets de droit en fonction de la dynamique du droit international, qui s'explique par les changements dans la perception de l'identité des États et des autres acteurs internationaux et par l'évolution des normes et des valeurs sociales. C'est la raison d'être de cette présentation. En droit international, cette théorie fournit un exercice pour une meilleure compréhension du comportement des participants en termes de conformité ou de non-conformité. Ainsi, les normes et valeurs sociales deviennent fondamentales dans la construction de l'identité des acteurs internationaux et donc dans l'orientation de leur comportement. Il est ainsi possible de trouver des réponses à la question suivante : quelles sont les raisons pour lesquelles certains États se conforment au droit international alors que d'autres le violent ?

Plusieurs niveaux de ces possibilités sont décrits ci-dessous. L'un d'entre eux est la mise en œuvre, dans le contexte de

---

[1]Francisco F. Martin, *The Constitution and Human Rights : The International Legal Constructionist Approach to Ensuring the Protection of Human Rights,* 1 FIU L. Rev. 71, pp. 71-87, 2006. DOI : https://dx.doi.org/10.25148/lawrev.1.1.9.

[2]Pour une analyse complète, voir John R. Morss, *International Law as the Law of Collectives, Toward a Law of People,* ed. Routledge, 2013.

l'enseignement spécialisé, de notions relatives aux différentes manières dont le droit international et ces autres domaines interagissent et s'influencent mutuellement. Il a été suggéré en théorie que les méthodes transdisciplinaires (ou *trans*, comme je les appellerai alternativement dans ce livre) d'enseignement et de dynamisation du droit international devraient contenir à la fois des éléments provenant de différentes cultures et traditions juridiques du monde et des détails sur la manière dont le droit international interagit avec elles dans la pratique. Enfin, l'analyse de différents aspects théoriques et pratiques du droit international, tels que le droit international des droits de l'homme, le droit pénal international et le droit économique international, a été prise en considération, ce qui permet de comprendre les différents *types/sous-types de* droit international, tant classiques qu'hybrides ou apparentés[1].

[1]Christopher C. Joyner, *International Law in the 21st Century : Rules for Global Governance,* ed. Rowman & Littlefield Publishers, 4 février 2005, pp. 311-335. Voir également Nicolescu B., *Transdisciplinarity - Past, Present and Future,* in Moving world-views - Reshaping sciences, policies and practices for endogenous sustainable development, eds. B. Haverkort et C. Reijntjes, Amsterdam, Pays-Bas : COMPAS Éditions, 2006, pp. 142-166.

PREMIÈRE PARTIE

Principales orientations actuelles de l'*oratorium* transdisciplinaire en droit international. Est-ce possible à l'avenir ?

D'un point de vue métaphorique, le droit a reçu différentes significations.[1] On dit souvent que le droit est un médicament pour la société ou que le droit international est une théologie politique[2]. Les associations entre différentes disciplines qui peuvent former un tout — les dichotomies — soulignent le fait que la transdisciplinarité est la force motrice de la dynamique actuelle du droit international, un domaine qui a de plus en plus adopté la méthode *trans*, en s'appuyant sur le lien avec une variété de disciplines utilisées comme tremplins évolutifs. Cela a été particulièrement évident dans le développement des droits de l'homme, du droit international de l'environnement, du droit international humanitaire et, surtout, dans le développement du droit international des communications et des nouvelles technologies. Le professeur Basarab Nicolescu en est venu à appliquer les trois axiomes suivants de la méthodologie de la transdisciplinarité, qui, s'ils étaient appliqués à la recherche en droit international, conduiraient à des résultats plus concrets : 1) l'axiome ontologique : il existe, dans la nature et dans notre connaissance de la nature, différents niveaux de réalité objet et, par conséquent, différents niveaux de réalité sujet. 2) l'axiome logique : le passage d'un niveau de réalité à un autre ne peut se faire qu'à partir d'un seul niveau de réalité : le passage d'un niveau de réalité à un autre est assuré par la logique du tiers inclus ; et 3) l'axiome épistémologique : la structure de la totalité des niveaux de réalité est une structure complexe : chaque niveau est ce qu'il est parce que tous les niveaux existent en même temps[3].

---

[1]Voir D. Dănişor, *Metafora dreptului*, in Revista Dreptul, no 9/2018, pp.73-89.

[2]M. Koskenniemi, *International Law as Political Theology : How to Read Nomos der Erde*, in 11 Constellations, 2004, pp. 492-511.

[3]Nicolescu, B., *La transdisciplinarité manifeste,* Monaco : Rocher, 1996 (traduction anglaise : 2002, Manifesto of transdisciplinarity, New York : SUNY

Exercice d'imagination juridique appliquée :

En faisant abstraction, à des fins démonstratives, de la théorie pertinente, je commencerai l'exercice en présentant la logique du tiers inclus (ou logique trivalente) comme un système formel de logique dans lequel trois valeurs de vérité sont admises : vrai, faux et indéterminé. Cette logique a été développée pour les situations où les déclarations ne peuvent être prouvées avec certitude comme étant vraies ou fausses. Il s'agit en fait du point zéro de toute initiative réglementaire. La complexité apparente de l'exercice est finalement utile dans la mesure où, en matérialisant l'établissement et l'utilisation de formules telles que celles qui seront présentées, les sujets de droit international public trouveront des solutions plus rapidement et plus objectivement. Comment y parvenir ? Dans la logique binaire classique, toute affirmation peut être classée comme vraie ou fausse. Cependant, dans la logique du tiers incorporé, il existe également une troisième valeur de vérité, l'indéterminé, qui reflète les situations où les énoncés sont ambigus ou incomplets. Par exemple, l'affirmation « le monde est en paix » peut être vraie ou fausse, selon la perception exacte des sujets, mais elle peut aussi être indéterminée si l'état de paix se situe entre le calme et l'agitation. Dans ce contexte, la logique du tiers inclus peut être considérée comme un outil substantiel pour résoudre des problèmes transdisciplinaires caractérisés par l'ambiguïté, l'incertitude et la complexité. En admettant une troisième valeur de vérité, la logique du tiers inclus peut construire un cadre de pensée flexible, conduisant au développement de solutions qui prennent en compte une multitude de perspectives et de variables.

La logique du tiers inclus peut être reçue dans le droit international de plusieurs manières, notamment en ce qui concerne la résolution des conflits internationaux et l'interprétation des traités (pour les situations où les voies et les intérêts en jeu sont différents et ne peuvent être conciliés par une

---

Press, traduction du français par K.-C. Voss). Voir également Piaget, J., L'*épistémologie des relations interdisciplinaires, in L'interdisciplinarité — Problèmes d'enseignement et de recherche,* eds. G. Berger, A. Briggs et G. Michaud, Paris : Organisation de coopération et de développement économiques, 1972, pp. 127-139.

approche binaire de type « vrai ou faux »). En exploitant une troisième valeur de vérité indéterminée, la logique du tiers inclus a le potentiel d'identifier des solutions de compromis qui prennent en compte de multiples questions, ainsi que de trouver des possibilités d'éviter l'escalade du conflit[1]. Plus concrètement, dans la résolution des conflits internationaux, la logique de la tierce partie incluse dans la médiation ou l'arbitrage peut être utilisée pour identifier, pourquoi pas, des solutions de compromis.

Lorsque deux États sont en conflit territorial, la logique du tiers inclus peut être opérationnelle pour identifier des solutions qui prennent en compte les intérêts et les perspectives des deux parties, comme le partage du territoire ou le développement d'un régime d'autonomie. Il est intéressant de voir comment l'application de la logique du tiers inclus en droit international permet de dépasser les limites de la pensée dualiste. Quelles sont les étapes nécessaires pour y parvenir ?

Tout d'abord, les raisons, le problème ou le conflit sont identifiés, puis les intérêts et les possibilités des parties (qui intéressent les experts, les arbitres ou les médiateurs) sont étudiés. Ensuite, grâce à la logique de la tierce partie impliquée, une solution de compromis peut être découverte et obtenue sur la base de toute une série de solutions et de variables, qui peuvent ensuite être mises en œuvre et dont les résultats peuvent être contrôlés ultérieurement.

L'axiome ontologique selon lequel il existe, dans la nature et dans notre connaissance de la nature, différents niveaux de réalité objet et, corrélativement, différents niveaux de réalité sujet peut être appliqué au droit international public en comprenant que la société internationale est composée d'une diversité d'acteurs, avec des intérêts, des origines, des perspectives et des capacités différents, et que cette diversité doit être prise en compte dans le processus d'élaboration et d'application du droit international, en reconnaissant l'existence de plusieurs niveaux de réalité objet, tel

---

[1]Dans l'interprétation des accords internationaux, la logique du tiers inclus est utile dans les situations où leurs termes et clauses sont ambigus ou incomplets et où, en admettant une troisième valeur de vérité indéterminée, l'interprétation des termes et clauses devient plus flexible et les interprétations rigides qui peuvent ne pas refléter l'intention des parties sont évitées.

que : le niveau physique, le niveau biologique, le niveau social, le niveau culturel, le niveau économique et le niveau politique. Chaque niveau de réalité peut affecter la manière dont les problèmes internationaux, qu'ils soient simples ou complexes, sont perçus et traités, et peut affecter la manière dont les règles et les normes du droit international sont élaborées et appliquées. En ce qui concerne les niveaux de réalité du sujet, l'utilisation de cet axiome peut conduire à reconnaître qu'il existe différents niveaux de pouvoir et d'influence dans ce que l'on appelle « l'ordre mondial », et que ces niveaux seront pris en compte dans le processus d'élaboration et d'application du droit international, puisque les États puissants et les organisations internationales peuvent avoir une plus grande influence sur l'élaboration et la pratique du droit international que les États plus petits ou les groupes civils, par exemple. L'application de cet axiome met en évidence certaines différences entre les sujets de droit international, en fonction de leur nature juridique et de leur capacité à participer au processus d'élaboration et de mise en œuvre des règles. Une autre différence actuelle est que les États sont considérés comme des sujets primaires et classiques du droit international, tandis que les organisations internationales, les groupes civils et d'autres entités sont considérés comme des sujets secondaires ou spéciaux. Il s'ensuit qu'en mettant en œuvre cet axiome ontologique, le droit international peut devenir plus flexible et s'adapter à la diversité des intérêts et des perspectives existants, favorisant ainsi le développement d'un système équitable et efficace pour relever les défis internationaux contemporains.

L'axiome logique (passage d'un niveau de réalité à un autre) peut servir le droit international public en reconnaissant qu'il existe une relation étroite entre les différents niveaux de réalité de l'objet et du sujet et que cette relation peut être comprise et gérée à travers la logique du tiers inclus. Bien que le tiers incorporé soit plein de mystères, surtout dans le domaine abordé dans cette monographie, il peut s'avérer utile pour comprendre et gérer les interactions entre les différents niveaux de réalité. Ainsi, pour gérer un problème spécifique, il faut prendre en compte non seulement son niveau physique ou politique, mais aussi ses niveaux social, culturel, économique et environnemental.

Certains aspects de ces niveaux sont décrits ci-dessous. La logique du mystérieux tiers inclus peut développer un processus décisionnel plus solide et plus équitable en intégrant plusieurs plans différents dans l'ensemble du mécanisme d'élaboration et de mise en œuvre de la réglementation. Lors de la négociation et de la rédaction d'une convention internationale, les intérêts des différents groupes et acteurs internationaux seront pris en compte afin de parvenir à une solution qui englobe réellement le plus grand nombre possible d'aspects du sujet.

L'axiome épistémologique englobe la structure complexe de tous les niveaux de réalité, et chaque niveau est ce qu'il est parce que tous les niveaux existent en même temps. Cet axiome peut jouer un rôle effectif dans le droit international public en reconnaissant que les règles et les normes du droit international sont construites dans le contexte de multiples niveaux de réalité, ce qui permet de comprendre et de gérer les interactions entre les différents niveaux de réalité dans la structure des questions de droit international. Ces questions sont généralement influencées par des facteurs politiques, sociaux, culturels, économiques, environnementaux et sécuritaires, et ces niveaux de réalité sont clairement liés entre eux et s'influencent mutuellement[1].

Nous allons poursuivre cet exercice en faisant une comparaison. Selon le modèle de Basarab Nicolescu, les quatre niveaux de réalité sont : 1) le niveau physique ou empirique, perceptible par les sens et qui peut être étudié par les méthodes scientifiques de la physique, de la chimie et de la biologie ; 2) le niveau quantitatif ou mathématique, qui concerne les modèles et les symboles mathématiques utilisés dans les sciences exactes ; 3) le niveau mental ou psychologique, comme le niveau de la pensée et de la conscience, qui peut être étudié par la psychologie ; 3) le niveau mental ou psychologique, c'est-à-dire le niveau de la pensée et de la conscience, qui peut être étudié par la psychologie, la philosophie et d'autres sciences humaines ; et 4) le niveau transmental ou transpersonnel, c'est-à-dire le niveau

[1]D'une manière générale, on constate par exemple que le changement climatique et sa réglementation au niveau international prennent en compte non seulement l'impact sur l'environnement, mais aussi sur l'économie, la sécurité et le bien-être de la population.

transcendant, qui dépasse les limites individuelles de la conscience et se réfère à la connexion avec un niveau supérieur d'existence et de connaissance.

Que signifierait en général l'application de ces niveaux de réalité en droit international public ?

1) Le niveau physique ou empirique correspond à l'étude des effets des actions physiques des États ou des personnes sur d'autres États ou personnes (ou entités). À titre d'exemple, on peut citer la pollution transfrontalière, qui peut être considérée comme une complication du droit international public lorsque le niveau physique ou empirique de la pollution et son impact sur l'environnement et la santé publique sont en jeu.

2) Le niveau quantitatif ou mathématique peut être mis en œuvre en utilisant des modèles et des symboles mathématiques pour analyser et comprendre les phénomènes de droit international public. Un modèle mathématique peut être utilisé pour prédire l'évolution des conflits entre États ou pour analyser l'impact économique des sanctions imposées par un État à un autre.

3) Le niveau mental ou psychologique est atteint par l'étude de la pensée et de la conscience dans le contexte du droit international public, où l'on s'intéresse principalement à l'analyse des droits de l'homme et à la responsabilité des États de les protéger, par l'étude des valeurs, de la morale et de l'éthique, que nous verrons plus loin.

4) Le niveau transmental ou transpersonnel correspond à la reconnaissance d'un niveau supérieur d'existence et de connaissance qui dépasse les limites individuelles de la conscience et se fonde sur des connexions plus globales et transpersonnelles. Les nouvelles tentatives de codification du droit des animaux, du droit de la nature ou du droit de l'âme et de la bioénergie des êtres vivants en sont des exemples.

En tant que spécialistes, si nous prenons en compte ces quatre niveaux de réalité, nous pouvons développer un système d'approfondissement plus approprié et plus complet, conduisant à un résultat : le développement d'un système de droit international plus sensible à la pluralité et à la diversité des niveaux de réalité auxquels il est confronté.

Naturellement, notre approche tiendra compte de certaines critiques que l'on peut adresser aux théories transdisciplinaires dans le cadre de leur application au droit international public. Il s'agit tout d'abord de la complexité, parfois jugée excessive. La difficulté de mesure ensuite, car il peut sembler que les théories transdisciplinaires rendent difficile la mesure des résultats de leur application au droit international public afin d'en évaluer l'efficacité. Mais existe-t-il une autre théorie applicable qui ne soit pas sujette à cette critique ? Dans la suite de la discussion sur les critiques possibles, on reproche souvent aux théories transdisciplinaires de n'être accessibles qu'aux experts, ce qui peut rendre difficile leur application générale dans le domaine du droit international public. Et, même si nous surmontons toutes les critiques possibles, il reste apparemment des problèmes de mise en œuvre, qui peut s'avérer difficile en raison des limitations institutionnelles et des problèmes de coopération entre les différentes organisations, les États ou d'autres acteurs internationaux.

En théorie, il serait possible de créer un mécanisme d'application des méthodes transdisciplinaires en droit international public en réunissant certaines capacités clés, telles que : l'implication d'un groupe interdisciplinaire d'experts ; un processus transparent de débat et de prise de décision ; l'utilisation de la technologie et de méthodes analytiques avancées (telles que des modèles mathématiques et des simulations) ; ou le suivi et l'évaluation des politiques et des décisions afin que des ajustements puissent être faits en conséquence[1].

À l'avenir, nous assisterons probablement à une utilisation accrue de la technologie et de l'intelligence artificielle, d'autant plus que la formulation d'un problème de droit international public en termes mathématiques nécessite une compréhension claire des données pertinentes, des variables clés et de leurs relations, des objectifs et des critères d'évaluation.

Tout cela nécessite un changement de paradigme, pour passer d'une approche unidimensionnelle à une vision pratique,

[1]Dans la pratique, la création d'un tel mécanisme constituerait un défi majeur, mais qui pourrait être rendu possible par la coopération ?

multiforme et interconnectée. Le défi est de taille, car il implique d'accepter des changements dans la culture et l'état d'esprit des détenteurs du pouvoir et de la société dans son ensemble.

Sans entrer dans le discours philosophique, nous présenterons les liens pertinents. Tout d'abord, il convient de rappeler qu'outre le père de la « transdisciplinarité » (comme l'appelle Basarab Nicolescu), le terme « transdisciplinarité » a été utilisé par le chercheur suisse Jean Piaget et le mathématicien français Jean-Marie Guyau. Dans leurs travaux, ils proposaient une méthode de connaissance qui dépasserait les frontières des disciplines et permettrait de développer une perspective universelle et intégrative. Au fil du temps, le concept de transdisciplinarité a été développé et appliqué dans un large éventail de domaines, notamment les sciences sociales, l'éducation, les arts et les sciences naturelles. Des chercheurs et des penseurs tels que Ştefan Lupasco, Basarab Nicolescu, Edgar Morin, Ervin László, Ilya Prigogine et Florent Paquier ont contribué de manière significative au développement et à la popularisation de ce concept. E.O. Wilson a affirmé la théorie unifiée de la connaissance à travers les disciplines — un espéranto entre la physique, la biologie, les sciences sociales et les sciences humaines. En fait, dès le début, dans le processus de la connaissance scientifique, il convient de noter le succès de plusieurs scientifiques dans leurs tentatives de rassembler certains concepts différents pour une analyse comparative, comme le travail du scientifique Constantin Rădulescu Motru, qui est allé plus loin après avoir essayé de fonder certaines de ses opinions sur différentes sciences telles que la biologie, la philosophie, l'histoire en particulier, la psychologie, les arts, etc., et a soumis certaines théories à l'analyse, en reliant l'environnement cosmique, l'environnement spirituel à l'environnement naturel et en opposant le monde spirituel au monde matériel[1]. Le livre d'E.O. Wilson, *Consilience, a été* une

[1]Voir C.R. Motru, *Personalismul energetic şi alte scrieri*, Ed. Eminescu, 1984, p. 267, 271.

autre révélation dans la même veine[1]. Ce *rapprochement* de spécialistes de différents domaines, mais aussi de notions sensiblement différentes, peut fournir des théories unifiées, particulièrement utiles pour la recherche scientifique.

Transdynamique du droit international public en général

Le droit international public est indubitablement complexe, hautement interdépendant et en constante évolution. Les variations de la réalité contemporaine montrent à quel point la transdisciplinarité est devenue un outil indispensable, même pour le droit international « conservateur »[2].

Cet ensemble transdisciplinaire de règles est souvent qualifié d'« interdisciplinaire » et sont utilisées pour mieux comprendre les questions juridiques[3]. Il convient de noter que la transdisciplinarité en droit a été utilisée dans divers contextes, de l'étude des droits des animaux à la réglementation des services financiers. Dans le cas des droits des animaux, par exemple, les questions éthiques sont examinées en même temps que les perspectives des biologistes ou des activistes. La méthode *transdisciplinaire* fournit la base d'un traitement juridiquement irréductible des questions et suggère qu'elle peut être utilisée pour créer des solutions plus efficaces et plus justes, en particulier lorsqu'il s'agit de passer d'un phénomène juridique à une norme juridique[4].

---

[1]Edward Osborne Wilson, *Consilience : The Unity of Knowledge*, Random House (1998), où il explore la chimie de l'esprit et la base génétique de la culture ou postule les principes biologiques qui sous-tendent les œuvres d'art, des dessins rupestres à Lolita, apud Cristina Elena Popa Tache, *Vers un droit de l'âme et des bioénergies du vivant*, Éd. L'Harmattan, Collection Logiques juridiques, 2022.

[2]A. Orford et F. Hoffmann (eds*), The Oxford Handbook of the Theory of International Law*, eds. OUP, 2016, p. 954.

[3]Les méthodes de ce type sont parfois qualifiées de « bi-disciplinaires ». Voir Moshe Hirsch, *Invitation to the Sociology of International Law*, Oxford University Press, 2015, pp. 13, 126 et 185.

[4]Webb, Julian, *When 'Law and Sociology' is not Enough : Transdisciplinarity and the Problem of Complexity*, in Michael Freeman (ed.), Law and Sociology (Oxford, 2006 ; online éd., Oxford Academic, 22 Mar. 2012),

En tant que tel, le droit international public a un grand potentiel pour bénéficier de la transdisciplinarité. En utilisant ces méthodes, il peut se faire une idée précise de l'interconnexion des États, des organisations internationales et d'autres acteurs des relations juridiques internationales, en identifiant des thèmes et des causes communs.

Les « approches transdisciplinaires » sont bénéfiques parce qu'elles brouillent les frontières disciplinaires traditionnelles, encouragent le dialogue et la collaboration entre différents acteurs et apportent des réponses à des tensions difficiles et contestées. Ces méthodes peuvent être utilisées pour combler le fossé entre la théorie et l'application pratique de ces règles juridiques. De cette manière, de nouvelles voies peuvent être trouvées vers les meilleures solutions pour éradiquer les violations du droit international des droits de l'homme, telles que le droit à un procès équitable, le droit aux soins de santé et le droit à l'éducation. Le *Trans* est utilisé pour développer des stratégies juridiques plus efficaces et pour identifier de nouvelles opportunités de coopération internationale. Le droit international public est devenu si sensible au trans et à la multidisciplinarité que l'idée de lier la musique et le droit international a émergé, comme preuve que non seulement les questions dites « difficiles » (sécurité mondiale, réchauffement climatique, pauvreté réforment des institutions internationales, architecture de la gouvernance mondiale, etc.) sont pertinentes pour le domaine, mais aussi certaines analyses qui peuvent contribuer à résoudre ces problèmes. Par exemple, la musique, dans ses manifestations expressives et esthétiques, pourrait servir d'outil efficace pour repenser le processus pédagogique du droit international en Afrique et au-delà (utilisé comme mécanisme de communication et d'interprétation des problèmes existentiels, y compris dans le folklore roumain ou celui d'autres pays)[1].

---

https://doi.org/10.1093/acprof:oso/978019928 2548.003.0006, consulté le 04.03.2023.

[1]Babatunde Fagbayibo, *Choral intervention : reimagining international law pedagogy in Africa through music*, The Law Teacher, 2022, DOI : 10.1080/03069400.2022.2022.2094143 ; Fareda Banda, *African Migration, Human Rights and Literature*, ed. Hart Publishing 2020 ; et Gerry Simpson,

Ces points démontrent une fois de plus que toute vision obtuse, rigide ou sans imagination du droit international menace son développement même.

Comme on dit que le droit international comporte deux parties — l'une technique et l'autre romantique — on peut identifier les étapes « techniques » suivantes du développement transdisciplinaire ou multidisciplinaire : 1) l'identification du problème — c'est l'étape au cours de laquelle on identifie un problème ou une question de recherche qui nécessite une analyse transdisciplinaire ou multidisciplinaire en relation avec un sujet de recherche, un problème social ou un besoin pratique ; 2) la formation d'une équipe multidisciplinaire composée de spécialistes de différentes disciplines pertinentes pour le sujet identifié, qui doivent avoir une expertise dans différents domaines et être capables de travailler ensemble ; 3) dans la phase de planification et d'organisation, l'équipe fixe ses objectifs, identifie les ressources nécessaires, détermine la méthodologie et établit les responsabilités de chacun ; 4) l'étape suivante consiste à collecter des données et des informations pertinentes en utilisant des méthodes issues de différentes disciplines, telles que la recherche sur le terrain, l'analyse des données, l'examen de la littérature et d'autres activités de collecte de données ; 5) l'analyse et l'interprétation des données collectées impliquent une analyse statistique, une analyse qualitative et d'autres méthodes d'analyse des données ; 6) la synthèse des résultats et l'élaboration de solutions ou de recommandations qui peuvent être utiles aux décideurs politiques, aux praticiens ou aux chercheurs dans le domaine ; et 7) la diffusion des résultats et des solutions élaborées, par le biais de publications, de présentations lors de conférences, d'ateliers ou d'autres moyens de communication. Ce mécanisme permet d'améliorer les pratiques et les politiques dans un secteur donné et de stimuler le développement de la recherche.

The Sentimental Life of International Law, 3 London Review of International Law 3, 5, 2015.

Autres sous-branches de la *transdynamique* du droit international

Le droits de l'homme

Dans le droit international des droits de l'homme, le concept de transdisciplinarité a été adopté pour comprendre la pluralité du système international et les moyens d'éradiquer les différentes formes de discrimination. Les concepts d'intersectionnalité[1], de théorie critique de la race et de théorie postcoloniale ont été utilisés pour mieux comprendre les façons dont les différentes formes de discrimination s'entrecroisent et peuvent être développées à travers le prisme du droit international. Les droits de l'homme deviennent de plus en plus interdisciplinaires, notamment grâce à la coopération de spécialistes de différentes disciplines telles que les sciences politiques, le droit, la sociologie, la philosophie, l'histoire, l'anthropologie et la psychologie. Cette méthode a permis aux chercheurs d'analyser les droits de l'homme sous différents angles, notamment juridique, historique, politique, économique, social et culturel. Alors que les chercheurs en droit se sont concentrés sur le développement du droit international des droits de l'homme, les politologues ont examiné le rôle des États dans la protection de ces catégories de droits, et les sociologues ont exploré l'impact des droits de l'homme sur les structures sociales[2]. Dans le même

---

[1]Voir Crenshaw, Kimberlé, *Demarginalizing the Intersection of Race and Sex : A Black Feminist Critique of Antidiscrimination Doctrine, Feminist Theory and Antiracist Politics,* University of Chicago Legal Forum. 140, 1989, pp. 139-167. Selon lui, « l'intersectionnalité est l'étude des identités sociales qui se chevauchent ou s'entrecroisent et de leurs systèmes respectifs d'oppression, de domination ou de discrimination. La théorie suggère et analyse comment différentes catégories biologiques, sociales et culturelles telles que le genre, l'ethnicité, la race, la classe, le handicap, l'orientation sexuelle, la religion, la caste, l'âge, la nationalité et d'autres axes identitaires interagissent à de multiples niveaux et simultanément. La théorie propose de considérer chaque élément ou trait d'une personne comme inextricablement lié à tous les autres éléments pour une compréhension complète de l'identité de chaque personne ».

[2]Benjamin *Authers, Human rights, interdisciplinarity and the time of utopia,* in Australian Journal of Human Rights, Volume 22, 2016 - Issue 2, pp. 1-15 ; Floya Anthias, *Thinking Through the Lens of Translocational Positionality : An*

temps, des chercheurs de différentes disciplines ont échangé leurs expériences afin de mieux comprendre l'étendue des questions liées à ces droits et libertés[1].

La citoyenneté mondiale ou, comme on l'appelle souvent, la citoyenneté planétaire, dont il a été question dans l'introduction, ne semble plus être un idéal inaccessible. La citoyenneté cosmopolite, qui sera abordée dans le chapitre sur la théorie juridique du droit international, est un aspect intéressant et juridiquement réalisable. Elle peut être développée par le biais de la transdisciplinarité, comme on peut le déduire de l'article 8 de la Charte transdisciplinaire de 1994 : « La dignité de l'être humain est aussi d'ordre cosmique et planétaire. L'apparition de l'être humain sur la Terre est une des étapes de l'histoire de l'Univers. La reconnaissance de la Terre comme patrie est un des impératifs de la transdisciplinarité. Tout être humain a droit à une nationalité, mais en tant qu'habitant de la Terre, il est aussi un être transnational. La reconnaissance par le droit international de cette double appartenance — à une nation et à la Terre — est l'un des objectifs (buts) de la recherche transdisciplinaire ». Ainsi, les droits de l'homme pourraient bénéficier d'une inaliénabilité et donc d'une meilleure protection, y compris d'un point de vue politique[2]. Ce ne sont là que quelques-unes des perspectives de la méthode transdisciplinaire.

Les études sur les droits de l'enfant et sur la citoyenneté ont permis de rethéoriser la citoyenneté des enfants par le biais de la transdisciplinarité, du niveau local au niveau mondial[3]. Les

---

Intersectionality Frame for Understanding Identity and Belonging, Translocations : Migration and Social Change, 2008.

[1]Patricia Hynes, Michele Lamb, Damien Short & Matthew Waites, *Sociology and human rights : confrontations, evasions and new engagements,* The International Journal of Human Rights, 14:6, 2010, pp. 811-832, DOI : 10.1080/13642987.2010.512125. Voir généralement David P. Forsythe, Human Rights in International Relations, Cambridge : Cambridge University Press, 2012 et Kretzmer, D., *The Occupation of Justice : The Supreme Court of Israel and the Occupied Territories. Albany,* ed. NY : SUNY Press, 2012.

[2]Nicolescu Basarab, *Manifest de transdisciplinaritate* , Suny Press, 2002, pp. 73 et 88.

[3]Cantwell, Nigel, *The human rights of children in the context of formal alternative care*, Routledge International Handbook of Children's Rights Studies, Routledge, 2015, pp. 257-275.

questions thématiques clés des droits de l'enfant sont considérées comme étant à l'intersection des préoccupations mondiales et locales : droit, travail social, sociologie et anthropologie de l'enfant ; économie, géographie, éducation précoce, études de genre et études sur la citoyenneté ; participation, éducation et santé ; justice des mineurs et protection de remplacement ; violence contre les enfants et mutilations génitales féminines ; travail des enfants et pauvreté ; ou migration, enfants indigènes et exploitation des ressources. Certains documents ont exploré ces catégories de droits dans le contexte de la protection de remplacement formelle, en tenant compte de la boîte à outils sur les droits de l'enfant dans la protection de remplacement formelle et des principes de nécessité et d'adéquation qui doivent désormais être respectés dans la protection de remplacement formelle[1]. Nous avons examiné : 1) l'importance de la prise en charge familiale informelle pour éviter la prise en charge formelle et les difficultés à identifier les obligations de l'État à cet égard ; 2) les limites de la prise en charge familiale formelle, notamment en raison de la résistance ancrée dans la société à accepter des « enfants étrangers » dans sa famille ; et 3) les stratégies de désinstitutionnalisation, en soulignant les différentes manières dont ces institutions ont été créées dans le monde (y compris certaines considérations d'ordre financier). Et ce, malgré l'inflation des droits de l'homme souvent évoquée. Les droits de l'enfant sont l'ensemble des droits reconnus et garantis aux enfants par les conventions internationales telles que la Convention des Nations unies relative aux droits de l'enfant. Ces droits comprennent le droit à la vie, le droit à l'éducation, le droit à la protection contre les abus et l'exploitation, le droit à la participation et le droit à la santé.

En se basant sur le fait que la transdisciplinarité est une méthode intégrée et interdisciplinaire qui combine l'expertise et les différentes disciplines pour trouver des solutions plus efficaces et durables, il est conclu que cette méthode peut être

[1]Richard Mitchell, *Children's rights and citizenship studies : re-theorising child citizenship through transdisciplinarity from the local to the global,* in Routledge International Handbook of Children's Rights Studies, 2015, pp. 164-183.

utilisée dans un large éventail de domaines, y compris la santé, l'éducation, la recherche et le développement social. En ce qui concerne les droits de l'enfant, la transdisciplinarité renforce le respect et la mise en œuvre des droits de l'enfant en étudiant les difficultés et les besoins des enfants de manière globale, ainsi que grâce à l'expertise et à la collaboration entre les secteurs, les sujets ou les domaines concernés. Dans le cas des enfants ayant besoin d'une assistance sociale, il existe une collaboration entre les travailleurs sociaux, les médecins, les psychologues, les éducateurs et d'autres spécialistes afin de garantir une prise en charge et une protection appropriées. D'autre part, le respect des droits de l'enfant est une incitation mutuelle à améliorer la transdisciplinarité en considérant les droits et les besoins des enfants comme des éléments clés dans la prise de décision. Nous pouvons constater que les droits de l'enfant et la transdisciplinarité sont deux domaines qui peuvent être utilisés de manière complémentaire pour améliorer le développement et le bien-être des enfants. La même importance d'application existe en ce qui concerne les droits des femmes.

En même temps, la *transgenèse* peut être une méthode efficace pour soutenir les droits des femmes, car elle favorise des changements positifs dans la société et améliore les droits des femmes et l'égalité entre les sexes. En ce qui concerne l'accès aux services de santé génésique, la collaboration entre les médecins, les travailleurs sociaux, les psychologues et d'autres spécialistes semble utile. On peut citer l'éducation au planning familial, le conseil et le soutien pour surmonter les obstacles liés à la stigmatisation sociale ou financière. Pour lutter contre la violence fondée sur le sexe, la transdisciplinarité peut prendre la forme d'une collaboration entre la police, les avocats, les psychologues, les travailleurs sociaux et d'autres professionnels pour identifier et soutenir les victimes[1]. Le secteur privé et les organisations non gouvernementales peuvent contribuer à la lutte contre ce problème. La promotion de l'égalité entre les hommes et les femmes dans l'éducation et le monde du travail exige que les éducateurs, les chefs d'entreprise, les syndicats et d'autres

---

[1]Voir également Marks, Stephen P., *Emerging human rights : a new generation for the 1980s*, Rutgers L. Rev. 33 (1980) : 435.

organisations travaillent ensemble pour promouvoir l'égalité entre les hommes et les femmes et prévenir la discrimination par le biais de programmes de formation et d'éducation visant à sensibiliser les gens à des questions spécifiques. La promotion de la participation des femmes à la prise de décision nécessite une approche interdisciplinaire, impliquant une collaboration entre les dirigeants politiques, les activistes, voire les hommes d'affaires et d'autres acteurs, afin de promouvoir la participation des femmes à la prise de décision politique, économique et sociale. Les programmes de mentorat et de développement du leadership sont utilisés pour améliorer l'accès des femmes aux postes de pouvoir et d'influence.

Il existe un chevauchement conceptuel et méthodologique intrinsèque entre les droits fondamentaux de l'homme et la transdisciplinarité. Les droits de l'homme fondamentaux sont l'ensemble des droits et des libertés reconnus à tous les êtres humains, indépendamment de leur race, de leur sexe, de leur nationalité, de leur religion ou de tout autre statut. Ils sont régis par des traités, tels que la Déclaration universelle des droits de l'homme, et sont protégés par la loi dans la plupart des pays du monde. L'analyse spécifique se concentrera sur le droit à la vie, à la liberté et à la sécurité, à l'égalité devant la loi, à la liberté d'expression et à l'éducation. Contrairement à l'analyse disciplinaire traditionnelle, qui se concentre sur l'étude détaillée d'une seule discipline, la transdisciplinarité offre une vision holistique et une solution systémique, souvent grâce à la coopération de scientifiques, d'experts techniques et autres et de la communauté locale. L'approche *transdisciplinaire* peut être bénéfique pour garantir que les droits de l'homme fondamentaux sont effectivement respectés et protégés. Par essence, la transdisciplinarité doit pouvoir remplir sa fonction première : être un outil précieux pour développer des solutions innovantes et durables afin de protéger les droits de l'homme fondamentaux d'une manière qui tienne compte de la diversité culturelle et historique des peuples du monde entier. D'où l'importance d'utiliser une approche transversale, qui a un rôle sociologique accru[1] d'Anthropocène, Meghalayan[2], transcendant les frontières planétaires et les orientations pour la réalisation des droits de l'homme dans le monde entier sont des impératifs puissants pour une recherche transdisciplinaire efficace et collaborative.

La responsabilité — en matière de droits de l'homme — ne peut être traitée efficacement que dans un cadre transdisciplinaire[3]. La responsabilité de la protection des droits de l'homme incombe aux États ainsi qu'aux individus et aux groupes sociaux. Cette responsabilité peut être mise en œuvre et maintenue de plusieurs manières : 1) le contrôle et la surveillance, méthodes essentielles pour garantir le respect des droits de l'homme, qui peuvent être effectués par des organisations de surveillance des droits de l'homme, des journalistes et d'autres observateurs indépendants ; 2) l'éducation et l'information, essentielles pour accroître la prise de conscience et le respect des droits de l'homme, afin que les gens comprennent leurs droits et connaissent les moyens par lesquels ils peuvent être protégés ; 3) l'action en justice contre le gouvernement ou le groupe d'intérêts concerné ; 4) les procédures de plaintes nationales et internationales, qui fournissent souvent aux organisations de défense des droits de l'homme des voies de recours nationales et internationales viables pour aider les personnes qui estiment que leurs droits ont été violés ; 5) les gouvernements et les organisations internationales, qui peuvent adopter des réglementations et des normes pour la protection des droits de l'homme, qui peuvent être incorporées dans des conventions, accords et autres réglementations nationales et internationales ; 6) le *plaidoyer*, utilisé pour sensibiliser le public et attirer l'attention sur les violations des droits de l'homme, ce qui peut être fait par le biais de campagnes publiques, d'activistes et

[1]Guattari Félix Guattari, La *transdisciplinarité doit devenir transversalité*, Theory, Culture & Society 32.5-6, 2015, pp. 131-137.

[2]Pour en revenir à la période que nous vivons — le Meghalaya — il convient de noter sa propriété unique : le début de la période coïncide avec un événement culturel mondial produit par un incident climatique mondial. Le professeur Martin Head, géologue à l'université Brock au Canada et président de la Commission internationale de stratigraphie quaternaire, a qualifié d'extraordinaire la convergence de la stratigraphie et de l'évolution culturelle humaine.

[3]Klein, Julie Thompson, « *Prospects for transdisciplinarity* », futures 36,4, 2004, pp. 515-526.

de groupes de défense des droits de l'homme ; et 7) la coopération internationale, utilisée pour garantir la protection des droits de l'homme au niveau mondial par le biais d'organisations internationales, d'accords internationaux et de projets de développement. Ce ne sont là que quelques-uns des moyens par lesquels nous pouvons assumer la responsabilité de la protection des droits de l'homme. Il devient prioritaire de faire un effort commun et continu pour protéger et promouvoir les droits de l'homme aux niveaux local, national et international.

La durabilité des droits de l'homme est une autre composante qui peut être développée à l'aide de la méthode *trans*. Il s'agit de la capacité à maintenir et à protéger les droits de l'homme à long terme afin qu'ils puissent être respectés et garantis en permanence. Il s'agit d'un concept particulier, car de nombreux facteurs, tels que le changement climatique, la dégradation de l'environnement, les conflits armés ou l'instabilité économique, peuvent menacer ou affecter les droits de l'homme. La durabilité des droits de l'homme consiste à s'assurer que les droits de l'homme sont respectés et protégés non seulement aujourd'hui, mais aussi à l'avenir, en mettant en place des politiques et des mesures visant à maintenir et à protéger ces droits le plus longtemps possible. Ces politiques doivent répondre aux défis de l'environnement, du développement durable, de la lutte contre la pauvreté, de la promotion de la justice sociale et de l'égalité des sexes. Une coopération étroite entre les gouvernements, les organisations non gouvernementales et le secteur privé est essentielle pour atteindre cet objectif. Les citoyens doivent être conscients de leurs droits et avoir accès à l'information et aux ressources afin de pouvoir lutter et protéger efficacement ces droits, malgré les changements et les défis du monde qui les entoure.

La perspective multidisciplinaire occupe une place privilégiée dans la mesure où elle se réfère à l'étude d'un sujet ou d'un problème sous plusieurs angles et à partir de différents domaines de connaissance. En ce qui concerne les droits de l'homme, la perspective multidisciplinaire peut couvrir les aspects juridiques, sociaux, économiques, politiques, psychologiques et culturels. Dans le cas des questions liées à la discrimination et à l'inégalité, on peut examiner non seulement les aspects juridiques, mais aussi les causes sociales et économiques sous-jacentes, ainsi que les moyens d'y remédier par la politique publique, l'éducation et le changement culturel[1].

Avant de présenter quelques cas concrets en rapport avec le sujet traité, quelques observations peuvent compléter l'analyse et démontrer la possibilité d'identifier des solutions innovantes et efficaces. Par exemple, les droits de l'homme pour les enfants handicapés fonctionnent mieux lorsque des experts en éducation spécialisée, des experts en santé mentale, des défenseurs des droits de l'enfant et des représentants de la communauté travaillent ensemble pour s'assurer que les enfants handicapés ont accès à l'éducation, à des soins médicaux appropriés et à d'autres services nécessaires. Les droits de l'homme pour les réfugiés se concentrent sur la collaboration entre les spécialistes du droit international, les psychologues, les travailleurs sociaux et d'autres experts pour traiter les questions de migration et de réfugiés autant que possible. Ces spécialistes peuvent travailler ensemble pour développer des politiques et des programmes qui facilitent l'intégration des réfugiés dans les communautés d'accueil et garantissent leurs droits à l'éducation, à la santé et au travail. Le développement des droits des femmes ne peut se faire sans une collaboration entre les experts en santé génésique, les défenseurs des droits des femmes, les sociologues et d'autres spécialistes travaillant ensemble sur la discrimination fondée sur le sexe, la violence sexuelle et d'autres questions touchant les femmes. Ce type de coopération permet d'élaborer des politiques et des programmes réellement efficaces.

En ce qui concerne l'acte de justice, les tribunaux n'utilisent pas explicitement le concept de transdisciplinarité dans leurs décisions, car ce concept est plus souvent utilisé dans le domaine de la recherche et du développement que dans celui de la justice. Cependant, dans certains cas, la coopération d'experts de différents domaines peut être nécessaire à l'acte de justice, en

---

[1]La perspective multidisciplinaire peut s'avérer utile dans les questions et les controverses relatives aux droits de l'homme où une approche globale et équilibrée est nécessaire, étant donné que de multiples perspectives et expériences sont prises en compte. Cela permet d'analyser la manière dont certains droits sont en conflit et d'identifier des solutions qui améliorent simultanément plusieurs aspects du problème.

aidant les juges à prendre les meilleures décisions. C'est le cas de l'affaire Brown v. Board of Education (1954), dans laquelle la Cour suprême des États-Unis a jugé que la ségrégation raciale dans les écoles publiques était inconstitutionnelle. Dans cette affaire, des experts en psychologie, en sociologie et dans d'autres domaines connexes ont mené des recherches qui ont démontré l'impact négatif de la ségrégation sur le développement des enfants afro-américains et ont créé une base solide pour la décision de la Cour suprême[1]. Un autre exemple est l'affaire Meritor Savings Bank v. Vinson (1986), dans laquelle la Cour suprême des États-Unis a statué que le harcèlement sexuel sur le lieu de travail est une forme de discrimination sexuelle et qu'il est donc illégal. Dans cette affaire, des experts en psychologie ont mené des recherches qui ont montré les effets négatifs du harcèlement sexuel sur les victimes et ont aidé la Cour suprême à prendre une décision fondée sur des considérations solides[2]. En général, le travail d'experts dans différents domaines peut être utile dans les cas où leur avis est décisif pour la résolution du litige.

Dans plusieurs affaires, la Cour européenne des droits de l'homme (CEDH) a également bénéficié d'une expertise transdisciplinaire pour prendre ses décisions. C'est le cas de l'affaire Konstantin Markin c. Russie (décision de 2012), dans laquelle le requérant soutenait que la loi russe interdisant aux femmes d'exercer certaines professions était discriminatoire. Pour rendre sa décision dans cette affaire, la Cour européenne

---

[1]L'arrêt Brown v. Board of Education of Topeka, 347 U.S. 483 (1954), est un arrêt historique de la Cour suprême des États-Unis, qui stipule que les lois des États américains concernant la ségrégation raciale dans les écoles publiques sont inconstitutionnelles, même si les écoles ségréguées sont de qualité égale.

[2]Meritor Savings Bank v. Vinson, 477 U.S. 57 (1986), est une affaire de droit du travail américain dans laquelle la Cour suprême des États-Unis, dans une décision de 9-0, a reconnu le harcèlement sexuel comme une violation du titre VII de la loi sur les droits civils de 1964. Cette affaire, la première du genre à être portée devant la Cour suprême, redéfinira le harcèlement sexuel sur le lieu de travail. Elle a déterminé les normes permettant d'analyser si un comportement est illégal et quand un employeur est responsable. Pour la première fois, la Cour a fait du harcèlement sexuel une forme illégale de discrimination.

des droits de l'homme s'est appuyée sur l'expertise de plusieurs domaines, tels que la sociologie, la psychologie et la médecine, afin de comprendre les effets de cette loi sur les femmes et d'évaluer les arguments de l'État russe. Dans cette affaire, elle a conclu que la loi était discriminatoire et violait le droit au travail des requérants.[1] Dans une autre affaire, Anchugov et Gladkov c. Russie (décision de 2013), les requérants ont fait valoir que la loi russe interdisant aux personnes condamnées pour certains crimes de voter était discriminatoire et violait leur droit de vote. Dans cette affaire, la Cour européenne des droits de l'homme s'est appuyée sur l'expertise des domaines du droit, des sciences politiques et de la psychologie pour évaluer les arguments des deux parties et a conclu que l'interdiction de voter pour les personnes condamnées pour des crimes graves était discriminatoire et violait les droits des requérants[2].

Il existe également des cas plus récents dans lesquels la Cour européenne des droits de l'homme a eu recours à une expertise transdisciplinaire pour prendre des décisions basées sur des considérations fondées. Un exemple récent est l'affaire A.P. et autres c. France (décision 2021), dans laquelle les requérants soutenaient que la France n'avait pas pris les mesures adéquates pour prévenir et combattre le changement climatique et que cela violait leurs droits à la vie privée et familiale, à un cadre de vie adéquat et à un procès équitable. De même, dans l'affaire Carême c. France (n° 7189/21)[3]. Dans l'affaire Thevenon c. France (n° 46061/21), la requête portait sur la vaccination obligatoire contre le COVID-19 imposée à certaines professions, à savoir les sapeurs-pompiers, en vertu de la loi du 5 août 2021 relative à la gestion des crises sanitaires. Invoquant l'article 8 pris isolément et

---

[1]Konstantin Markin V. Russie — 30 078/06 [2010] ECR 1435 (7 octobre 2010).

[2]Anchugov et Gladkov c. Russie [2013], CEDH, Requête n° 11157/04 et 15162/05 (4 juillet 2013).

[3]L'affaire concerne la plainte d'un habitant et ancien maire de la commune de Grande-Synthe, qui affirme que la France n'a pas pris de mesures suffisantes pour prévenir le changement climatique et que ce manquement entraîne une violation du droit à la vie et du droit au respect de la vie privée et familiale. La chambre saisie de l'affaire s'est dessaisie au profit de la Grande Chambre le 31 mai 2022.

combiné avec l'article 14 (interdiction de discrimination) et l'article 1 du Protocole n° 1 (protection de la propriété), M. Thevenon se plaint d'avoir été soumis à une vaccination obligatoire en raison de sa profession en vertu de la loi n° 2021-1040 du 5 août 2021 et que son refus de se faire vacciner contre le COVID-19 a entraîné l'imposition de l'obligation de se faire vacciner contre le COVID-19 à partir du 15 septembre 2021, la suspension de son activité professionnelle et la retenue totale de son salaire. Dans l'affaire Association Burestop 55 et autres contre France (01.07.2021), plusieurs associations de protection de l'environnement se sont opposées au projet de centre industriel de stockage géologique, dit Cigéoon, à Bure, à la frontière entre les départements de la Meuse, de la Haute-Marne et des Vosges, dans la région administrative Grand est. Ce centre est destiné au stockage en couche géologique profonde des déchets radioactifs de haute activité et à vie longue. Ces associations ont assigné l'Agence nationale pour la gestion des déchets radioactifs (ANDRA) en réparation du préjudice causé par le manquement à l'obligation d'information du public prévue à l'article L. 542-12, paragraphe 7, du code de l'environnement français. Bien que leurs recours aient été rejetés, l'un pour défaut de *qualité de l'*association et les cinq autres sur le fond, l'affaire est pertinente du point de vue de la pluridisciplinarité adoptée par la Cour. Pour rendre ses arrêts dans ces affaires, la Cour européenne des droits de l'homme a fait appel à des experts dans les domaines de la climatologie, des sciences de l'environnement, de la santé, de l'économie et du droit pour évaluer les arguments des parties.

Un autre cas récent d'expertise transdisciplinaire est l'affaire Alparslan Altan c. Turquie (décision de 2020), dans laquelle le requérant affirmait que sa détention et son emprisonnement pendant l'enquête post-coup d'État de 2016 avaient violé ses droits à la liberté et à un procès équitable[1]. Dans sa décision, la CEDH s'est appuyée sur l'expertise des domaines du droit, de la psychologie et de la médecine pour évaluer les effets de la détention et de l'emprisonnement sur la santé mentale du requérant et pour prendre une décision fondée sur des arguments

[1]Alparslan Altan c. Turquie (Requête n° 12778/17).

appropriés. En fin de compte, la CEDH a conclu que la détention et l'emprisonnement du requérant avaient violé ses droits à la liberté et à un procès équitable.

L'essor actuel de la transdisciplinarité se caractérise par une augmentation exponentielle du nombre de publications, un élargissement des contextes et un intérêt croissant dans les secteurs universitaire, public et privé. Comment cela se produit-il ? Par la transcendance, la résolution de problèmes et la transgression. En Occident, l'idée d'unité remonte à la Grèce antique. Les théoriciens ont identifié de nouveaux cadres synthétiques, notamment les systèmes généraux, le post-structuralisme, la théorie féministe et la durabilité. *Trans* s'est aligné sur les impératifs de la critique culturelle, des mouvements sociopolitiques et des conceptions de la science post-normale et des questions négatives qui rompent avec les analyses réductionnistes et mécanistes, devenant une prémisse reconnue dans des domaines interdisciplinaires tels que les études culturelles, les études de genre et les droits de la femme, les études urbaines et environnementales, la responsabilité en matière de droits de l'homme et la participation démocratique. Les recherches de ce type vont du savant à l'émergent et de l'universalité à l'hybridité et à la contextualité[1], d'où émerge un autre type de métanoïa juridique, permettant une vision du droit international qui passe de l'universalité à la transdisciplinarité[2].

Le droit international humanitaire

Dans le droit international humanitaire, nous pouvons voir comment la multidisciplinarité et la transdisciplinarité ont été expérimentées pour comprendre toutes les causes et tous les effets qui façonnent la multidimensionnalité des conflits armés, mais aussi pour identifier des moyens nouveaux et adaptés d'atténuer les souffrances causées par la guerre aux individus, aux communautés et à la société dans son ensemble. Le droit humanitaire ou le droit des conflits armés est une construction

---

[1]Klein, Julie Thompson, *Réimpression de « Discourses of transdisciplinarity : Looking back to the future* », futures 65, 2015, pp. 10-16.
[2]Fam, Dena, Linda Neuhauser et Paul Gibbs, *Transdisciplinary theory, practice and education*, The Art of Collaborative, 2018, p. 40.

éclectique et multiforme, compatible avec au moins une vision interdisciplinaire appelée (de manière générique) « transdisciplinarité », encore une fois obtenue en intégrant plusieurs disciplines pour parvenir à l'analyse la plus appropriée du sujet étudié. Le droit international humanitaire réglemente la conduite des États et des parties aux conflits armés afin de protéger les victimes de la guerre et les autres personnes affectées. L'application de ce droit soulève des questions spécifiques telles que : 1) le respect des droits de l'homme, étant donné que les parties à un conflit armé ne respectent parfois pas les droits de l'homme, tels que le droit à la vie, à la liberté et à l'intégrité physique et morale, ce qui peut entraîner des souffrances humaines inadmissibles ; 2) le « ciblage » des civils, qui sont souvent la cible des conflits armés, ce qui constitue une violation grave, aggravée par l'utilisation d'armes non conventionnelles telles que les bombes à fragmentation ou les armes chimiques et biologiques ; 3) le refus d'accès à l'aide humanitaire, qui peut entraîner de graves souffrances pour les civils touchés par un conflit 4) les problèmes d'impunité, en particulier lorsque les membres des forces armées et les dirigeants ne sont pas tenus pour responsables des violations du droit international humanitaire, ce qui peut entraîner la répétition de ces violations et saper la confiance dans l'application du droit international humanitaire lui-même ; 5) la protection des réfugiés et des personnes déplacées, qui est nécessaire parce que les conflits armés peuvent entraîner un exode de la population de la zone de conflit, les personnes qui quittent leur foyer étant exposées à de nombreux risques, notamment la violence, la pauvreté et la maladie, qui peuvent être exacerbés par d'autres questions liées au statut juridique des réfugiés et des personnes déplacées[1]. Si

[1]Danièle Lochak, *La migration transdisciplinaire dans le droit des étrangers. Quelles sont les causes ? Quels sont les enjeux ? »,* S. Barbou des Places et F. Audren, Qu'est-ce qu'une discipline juridique ? Audren, Qu'est-ce qu'une discipline juridique, LGDJ, pp.279-294, 2018, 978-2-2-275-04672-3. ffhal-02114280e : « (…) C'est donc principalement sous l'angle de la protection internationale des droits de l'homme ou du droit des réfugiés que le droit international pose aujourd'hui la question des droits des étrangers — avec l'effet paradoxal que, lorsque les étrangers sont abordés par le droit international, la discipline semble se désintéresser de cette question ».

nous examinons la carte du droit de l'immigration, nous constatons, comme l'a noté Danièle Lochak, qu'il « a subi des "migrations transdisciplinaires", étant successivement revendiqué par — ou rattaché à — différentes disciplines ».

Lorsqu'on parle de droit humanitaire, la transdisciplinarité peut signifier, sans s'y limiter, l'intégration du droit international, de la science militaire, des relations internationales, de la science politique, du droit international humanitaire et des droits de l'homme. L'intégration de ces différentes disciplines est nécessaire pour une compréhension approfondie des aspects juridiques, politiques et sociaux des conflits armés[1]. Pour l'analyse de ce lien, l'Institut pour la paix internationale et le droit des conflits armés (IFHV) de l'Université Ruhr-Bochum (Allemagne) est une excellente ressource pour ceux qui s'intéressent à la transdisciplinarité dans le droit humanitaire, car il offre un large éventail de publications sur ce sujet[2]. Ces publications couvrent des sujets tels que le rôle de l'éthique dans le droit international humanitaire et les aspects juridiques et pratiques de la transdisciplinarité et de son

---

[1]L'ouvrage fondateur de Jean Pictet, *Principes fondamentaux de la Croix-Rouge*, dans la Revue internationale de la Croix-Rouge (1961 - 1997), 19 (210), pp. 130-149, doi:10.1017/S0020860400019872, est une lecture essentielle pour ceux qui s'intéressent à la transdisciplinarité dans le droit humanitaire. L'ouvrage en quatre volumes de Pictet, *Développement et principes du droit international humanitaire* (Leiden, Pays-Bas : Brill | Nijhoff, 1985) offre une vue d'ensemble de l'histoire, des sources et de l'application du droit humanitaire. Les études du Comité international de la Croix-Rouge et de la Revue internationale de la Croix-Rouge, qui proposent une analyse théorique du sujet, peuvent également être intéressantes.

[2]L'Institut du droit international de la paix et des conflits armés (IFHV) propose les publications suivantes : Journal of international Law of Peace and Armed Conflict (JILPAC), Journal on International Peace and Organization (Die Friedens-Warte), Journal of Humanitarian Action (JIHA), le bulletin juridique « Bofaxe », qui paraît dans Voelkerrechtsblog, les documents de travail de l'IFHV, la série de livres « Bochumer Schriften zur Friedenssicherung und zum Humanitären Völkerrecht » et, en collaboration avec Bündnis Entwicklung hilft, dans la publication annuelle World Risk.

application dans des cas spécifiques[1]. En commençant par des situations un peu *moins graves* et en terminant par des questions difficiles découlant de conflits, nous mettrons en lumière certaines questions pertinentes. L'inclusion socioécologique et les études promouvant l'accès à l'eau, à l'assainissement et à l'hygiène pour les pauvres ont fait l'objet d'une attention accrue dans la littérature du droit humanitaire sur ces questions dans les situations de catastrophe. Toutefois, face à ces réalités, le changement climatique est plus problématique en termes de stratégies symboliques de rétablissement de la paix, où les méthodes fondées sur les droits doivent être combinées à d'autres outils politiques[2].

L'importante question de la consolidation de la paix transcende les frontières disciplinaires et génère de nouvelles façons de penser, car elle valorise l'identification de solutions créatives et durables pour la consolidation de la paix[3].

Le droit international humanitaire couvre deux domaines : la protection des personnes qui ne participent pas ou plus aux combats et les restrictions concernant les moyens de guerre — en particulier les armes — et les méthodes de guerre, telles que les tactiques militaires. À l'intérieur de ces deux catégories, il est facile de distinguer de nombreux aspects multidisciplinaires ou transdisciplinaires : de l'implication du personnel médical et religieux à l'utilisation de catégories d'armes telles que les armes biologiques, chimiques ou nucléaires. Qu'il s'agisse du droit international humanitaire coutumier ou du droit humanitaire, plusieurs disciplines se croisent lorsque des questions propres au droit humanitaire sont soulevées : les attaques sans discrimination ; la définition des « attaques sans discrimination » ; la proportionnalité dans l'attaque ; les précautions dans l'attaque et leur principe ; la vérification des

[1]L'Institut du droit international de la paix et des conflits armés (IFHV) dispose d'un site web : https://www.ifhv.de/, consulté le 04.02.2023.

[2]Gupta Joyeeta, et Nicky Pouw, *Towards a transdisciplinary conceptualization of inclusive development*, Current opinion in environmental sustainability 24, 2017, pp. 96-103. Pour une analyse plus détaillée, voir également Obani P. *Humanitarian action and inclusive development*, COSUST 2017.

[3]Lappin, Richard, *Peacebuilding and the Promise of Transdisciplinarity*, dans International Journal on World Peace, 2009, pp. 69-76.

cibles ; le choix des moyens et méthodes de guerre ; l'évaluation des effets des attaques ; le contrôle lors de l'exécution des attaques ; ou la sélection des cibles.

En novembre 2019, la Gambie a déposé une plainte contre le Myanmar auprès de la Cour internationale de justice (CIJ) pour violation de la Convention pour la prévention et la répression du crime de génocide. La Gambie allègue que le Myanmar a commis un génocide contre la minorité musulmane rohingya et demande une ordonnance de protection pour la communauté rohingya pendant l'enquête. En janvier 2020, la CIJ a demandé au Myanmar de prendre des mesures immédiates pour protéger la minorité rohingya et de faire rapport sur les mesures prises dans un délai de quatre mois[1]. Dans une autre affaire concernant le « Yémen » (ECCHR c. Heckler & Koch), le Centre européen pour les droits constitutionnels et les droits de l'homme (ECCHR) a déposé une plainte contre la société d'armement allemande Heckler & Koch (H&K) pour avoir violé le droit international humanitaire en exportant des armes vers l'Arabie saoudite et les Émirats arabes unis. La CEDH a déclaré que les armes vendues ont été utilisées dans la guerre au Yémen, en violation du droit international humanitaire. En février 2019, le tribunal régional de Stuttgart (Allemagne) a condamné des employés du fabricant d'armes Heckler & Koch dans une affaire de transport illégal de fusils d'assaut vers le Mexique. Le tribunal a enquêté pour savoir si Heckler & Koch avait vendu des fusils G36 à la police de l'État mexicain du Guerrero entre 2006 et 2009, alors que les autorités allemandes n'avaient pas autorisé ces exportations. Les juges ont conclu que l'autorisation d'exportation de plus de 4 200 fusils d'assaut avait été obtenue au moyen de certificats d'utilisateur final intentionnellement inexacts.

En ce qui concerne les violences sexuelles commises pendant le conflit en Bosnie-Herzégovine dans les années 1990, un nombre important de violences sexuelles à l'encontre des

---

[1]L'application de la Convention pour la prévention et la répression du crime de génocide (Gambie/Myanmar), connue sous le nom d'affaire du génocide des Rohingyas, est une affaire récente entendue par la Cour internationale de justice (CIJ). La requête a été déposée par la République de Gambie au nom de 57 membres de l'Organisation de la coopération islamique en 2019.

femmes a été enregistré. Pour les besoins de l'analyse, la Commission des droits de l'homme des Nations unies et le Comité international de la Croix-Rouge ont collaboré pour enquêter sur les violations du droit humanitaire et pour fournir protection et assistance aux victimes de violences sexuelles. L'équipe d'enquête était composée d'un groupe d'experts en droit international, en médecine légale, en psychologie et en soins de santé.

Le conflit en Syrie est un autre exemple classique de conflit armé international qui a fait appel à des outils multidisciplinaires. L'assistance humanitaire, la protection des civils, l'accès aux traitements médicaux et le sauvetage des victimes blessées figurent parmi les questions clés. Les solutions ont consisté à garantir un accès sûr et sans entrave aux organisations humanitaires, à négocier un cessez-le-feu et à promouvoir une approche politique et diplomatique de la résolution du conflit. Au cours du conflit armé en Syrie, les deux parties ont commis des violations du droit humanitaire, notamment le meurtre de civils, l'utilisation d'armes chimiques et la torture. De nombreux civils ont été contraints de quitter leur foyer et de vivre dans la pauvreté et la peur.

Dans le cas du génocide rwandais de 1994, le gouvernement rwandais et les membres de l'ethnie hutue ont commis un génocide contre l'ethnie tutsie. Environ 800 000 personnes ont été tuées en seulement trois mois et beaucoup d'entre elles ont été violées ou torturées.

Le conflit armé au Sud-Soudan (2013), qui a entraîné la mort de milliers de civils et forcé plus de deux millions de personnes à quitter leur foyer, en est un exemple. Des groupes armés ont commis des crimes de guerre et recruté des enfants soldats. Au Yémen, la guerre civile a tué et blessé des milliers de civils, dont des enfants. Le blocus naval imposé par la coalition dirigée par l'Arabie saoudite a provoqué une crise humanitaire, des centaines de milliers d'enfants étant confrontés à la malnutrition et à la maladie. Dans un autre cas, la détention illégale à Guantanamo Bay en 2002, où les États-Unis ont détenu des personnes soupçonnées de terrorisme sans procès ni accès à un avocat, a été considérée comme une violation des droits de l'homme. Cette situation a été considérée comme une violation des droits de l'homme, en particulier du droit à un procès équitable.

Malheureusement, de nombreux exemples existent encore aujourd'hui (voir la guerre russo-ukrainienne). Les solutions transdisciplinaires aux violations du droit humanitaire proposent des remèdes issus de plusieurs domaines d'expertise, notamment le droit, la politique, la psychologie, la médecine et la sociologie : 1) la surveillance et la documentation des violations : des organisations internationales telles qu'Amnesty International ou Human Rights Watch peuvent surveiller et documenter les violations des droits de l'homme afin de porter la situation à l'attention du monde entier ; 2) l'éducation et la sensibilisation du public, qui peuvent être essentielles pour prévenir les violations des droits de l'homme[1] ; 3) l'action gouvernementale : les gouvernements peuvent prendre des mesures pour protéger les droits de l'homme en promouvant une législation et des politiques qui garantissent ces droits et en les mettant effectivement en œuvre[2] ; 4) l'assistance humanitaire et médicale aux victimes de violations des droits de l'homme, par le biais d'organisations internationales, sous la forme d'une assistance médicale, d'une aide alimentaire et d'un abri pour les personnes touchées par un conflit armé ou d'autres formes de violence ; 5) la négociation et la résolution des conflits peuvent contribuer à la prévention des violations des droits de l'homme en concluant des accords de paix et en mettant fin aux conflits violents par la diplomatie et la négociation ainsi que par la médiation.

Le droit international de la migration et des réfugiés

Les évolutions en cours ont mis en évidence le passage d'une analyse fondée sur la sécurité à une analyse fondée sur les droits, ce qui reflète l'un des principaux changements. Alors que dans le passé, la migration était souvent gérée comme une question de sécurité nationale, avec un accent particulier sur la gestion des frontières et la lutte contre la migration irrégulière, aujourd'hui,

---

[1]Grâce à des campagnes d'information, les gens peuvent apprendre l'importance des droits de l'homme et être encouragés à agir pour contribuer à leur protection.

[2]Les gouvernements peuvent également apporter un soutien financier aux organisations de défense des droits de l'homme.

la tendance est de la traiter comme une question de droits de l'homme, avec un accent particulier sur la protection des droits et des besoins de ces personnes. Le nombre de migrants et de réfugiés augmentant dans le monde entier, la coopération et la coordination entre les États membres de la communauté internationale s'imposent de plus en plus, soutenues par l'élaboration d'instruments juridiques et politiques visant à faciliter cette coopération. Un autre changement notable est le passage d'une gestion fragmentée à une gestion intégrée, qui reconnaît que la migration est un phénomène complexe fondé sur des causes et des effets ayant de graves répercussions sur tous les aspects de la vie sociale et économique.

La transdisciplinarité dans le droit des migrations et des réfugiés est relativement nouvelle et prend la forme d'une analyse des aspects juridiques, sociaux, politiques et économiques du droit des migrations et des réfugiés à partir d'une variété de perspectives. À cet égard, il a été reconnu que le droit des migrations et des réfugiés est fondamentalement au moins interdisciplinaire, car il s'appuie sur des concepts et des questions relevant de plusieurs disciplines, notamment le droit international, la politique publique, la sociologie, l'anthropologie, l'économie et la science politique. Par conséquent, là encore, la transdisciplinarité vise à réduire la séparation entre les différentes disciplines, permettant ainsi le développement d'une vision unifiée de l'étude du droit des migrations et des réfugiés[1]. Les dynamiques transdisciplinaires dans le droit international des migrations et des réfugiés sont devenues de plus en plus importantes au cours des dernières décennies en raison de l'augmentation du nombre de migrants et de réfugiés dans le monde.

Après la Seconde Guerre mondiale, les Nations unies ont commencé à élaborer un cadre juridique international pour les droits des migrants et des réfugiés. Elles ont notamment adopté la Convention de 1951 relative au statut des réfugiés, qui définit

---

[1]Andreas Rechkemmer, Ashley O'Connor, Abha Rai, Jessica L. Decker Sparks, Pranietha Mudliar & James M. Shultz, *A complex social-ecological disaster : Environmentally induced forced migration*, in Disaster Health, 3 : 4, 2016, pp. 112-120, DOI : 10.1080/ 21665044.2016.1263519.

le terme « réfugié » et énonce leurs droits. Comme on le sait, le processus d'élaboration d'un *corpus de* droit international, de conventions et de lignes directrices pour la protection des réfugiés a commencé au 20e siècle au sein de la Société des Nations, prédécesseur des Nations unies. Bien que les règlements aient été conçus pour la protection des réfugiés européens, le 28 juillet 1951, une conférence spéciale des Nations unies a approuvé la Convention relative au statut des réfugiés. La Convention de 1951 est le document juridique fondamental pour la protection internationale des réfugiés[1] et contient des dispositions sur une multitude de questions telles que : l'assistance administrative, l'assistance publique et l'éducation, l'emploi rémunéré, la protection sociale, la fiscalité, le statut personnel, la religion, la naturalisation, etc.

Plus tard, dans les années 1960 et 1970, l'attention s'est portée sur la migration et les droits des migrants. Cette préoccupation a été soulignée par l'adoption en 1966 du Pacte international relatif aux droits civils et politiques[2] et du Pacte international relatif aux droits économiques, sociaux et culturels[3]. Ces conventions reconnaissent les droits fondamentaux des migrants et des réfugiés, y compris le droit au travail et à l'éducation. Dès le départ, les deux documents précisent que les aspects économiques, sociaux et culturels doivent être pris en compte. Le Pacte international relatif aux droits économiques, sociaux et culturels de 1966 stipule que « ces droits découlent de la dignité inhérente à la personne humaine, reconnaissant, conformément à la Déclaration universelle des droits de l'homme, que l'idéal d'un être humain libre, libéré de la crainte et de la misère, ne peut être

[1]Son protocole de 1967 et la convention de 1951 ont inspiré la création d'importants instruments régionaux de protection des réfugiés, tels que la convention de l'Union africaine sur les réfugiés de 1969 et la déclaration de Carthagène sur les réfugiés d'Amérique latine de 1984.

[2]Le Pacte international relatif aux droits civils et politiques (PIDCP) est un traité multilatéral adopté par la résolution 2200A (XXI) de l'Assemblée générale des Nations unies le 16 décembre 1966, qui est entré en vigueur le 23 mars 1976, conformément à l'article 49 du Pacte.

[3]Le Pacte international relatif aux droits économiques, sociaux et culturels (PIDESC) est un traité multilatéral qui a été adopté par l'Assemblée générale des Nations unies le 16 décembre 1966 par la résolution 2200A (XXI) et qui est entré en vigueur le 3 janvier 1976.

réalisé que si des conditions permettant à chacun de jouir de ses droits économiques, sociaux et culturels, aussi bien que de ses droits civils et politiques sont créées ».

Dans les années 1980 et 1990, un certain nombre de questions liées à la migration et aux droits des migrants et des réfugiés sont apparues. Ces problèmes ont été mis en évidence par l'augmentation du nombre de réfugiés et de demandeurs d'asile, ainsi que par l'émergence de situations de crise telles que les guerres et les conflits armés. Au cours de cette période, plusieurs conventions internationales ont été adoptées, telles que la Convention relative aux droits de l'enfant de 1989 et la Déclaration internationale pour la protection de toutes les personnes contre les disparitions forcées de 1992. Ces conventions visent à améliorer les conditions de vie, à reconnaître la dignité et les droits égaux et inaliénables de tous les membres de la famille, le droit des enfants à une assistance et à des soins particuliers, et à responsabiliser la société, en tenant compte de l'importance des traditions et des valeurs culturelles de chaque peuple dans la protection et le développement harmonieux de l'enfant.

La Convention internationale pour la protection de toutes les personnes contre les disparitions forcées est un instrument clé dans la lutte contre les disparitions forcées : elle établit une définition juridique de la disparition forcée qui est contraignante pour les États parties ; elle qualifie la pratique généralisée ou systématique de la disparition forcée de « crime contre l'humanité » ; elle interdit les lieux de détention secrets et renforce les garanties procédurales relatives à la détention ; et elle donne aux familles et aux proches le droit de connaître la vérité sur le sort de la victime. Dans le même temps, la convention aborde également la question de la prévention, puisqu'elle couvre la mise en œuvre de mécanismes de surveillance et d'alerte précoce. Au 6 avril 2022, selon les données publiées sur le site officiel des droits de l'homme des Nations unies[1], 68 États membres du système des Nations unies avaient signé et ratifié la convention, 44 États l'avaient signée et 85 États n'avaient pris aucune mesure. Les disparitions forcées ont souvent été utilisées comme stratégie pour répandre la terreur

---

[1]https://indicators.ohchr.org/.

dans la société et sont devenues un phénomène mondial, non limité à une région particulière du monde. Autrefois le fait de dictatures militaires, les disparitions forcées sont aujourd'hui utilisés dans des situations complexes de conflit interne, notamment comme moyen de répression politique des opposants. L'éradication d'actions telles que le harcèlement continu des défenseurs des droits de l'homme, des parents de victimes, des témoins et des conseillers juridiques traitant des disparitions forcées, l'utilisation par les États des activités de lutte contre le terrorisme comme excuse pour violer leurs obligations ou l'impunité encore largement répandue pour les disparitions forcées est particulièrement préoccupante. Une attention particulière devrait être accordée à des groupes spécifiques de personnes particulièrement vulnérables, telles que les enfants et les personnes handicapées[1]. Selon le Haut-Commissariat des Nations unies aux droits de l'homme, la Convention internationale pour la protection de toutes les personnes contre les disparitions forcées (CIPPED) est le premier instrument universel juridiquement contraignant en matière de droits de l'homme sur les disparitions forcées. Elle a été précédée par la Déclaration sur la protection de toutes les personnes contre les disparitions forcées (Déclaration de 1992), proclamées par l'Assemblée générale dans sa résolution 47/133 du 18 décembre 1992, qui reste une référence valable en tant qu'ensemble de principes pour tous les États et dont les dispositions refléter sur certains cas, le droit international coutumier en la matière. L'adoption de la CIPPED (*brevitatis causa*) *a été* motivée par les efforts inlassables des familles de personnes disparues et des ONG du monde entier, qui ont souligné la nécessité d'un traité universel pour prévenir et éliminer efficacement cette pratique odieuse. L'existence de lacunes importantes dans le cadre juridique international pour la protection contre les disparitions forcées a été confirmée en 2001 par l'expert indépendant nommé par la Commission des droits de l'homme pour examiner les instruments juridiques disponibles et évaluer leur efficacité et

[1]Des centaines de milliers de personnes ont disparu pendant des conflits ou des périodes de répression dans au moins 85 pays dans le monde, selon https://www.un.org/.

leur exhaustivité. Les experts indépendants ont mis en évidence plusieurs lacunes dans le cadre juridique international, notamment l'absence de reconnaissance d'un droit de l'homme spécifique à ne pas être soumis à une disparition forcée, l'absence d'obligation universelle juridiquement contraignante sur l'applicabilité de la compétence universelle et de nombreuses lacunes dans les mesures préventives. Ils ont fait valoir que ces lacunes indiquent clairement la nécessité d'un instrument normatif juridiquement contraignant pour la protection de toutes les personnes contre les disparitions forcées. À la suite du rapport de l'expert indépendant, la Commission des droits de l'homme a décidé en 2003 d'élaborer un tel traité. Le processus de négociation a duré trois ans et la Convention internationale pour la protection de toutes les personnes contre les disparitions forcées a finalement été adoptée en 2006 et est entrée en vigueur en 2010[1]. Au moment de la rédaction du présent document, par exemple, le ministère roumain des Affaires étrangères a soumis au débat public le projet de loi pour la ratification de la Convention internationale pour la protection de toutes les personnes contre les disparitions forcées, adoptée à New York le 20 décembre 2006, ouverte à la signature le 6 février 2007 et signée par la Roumanie le 3 décembre 2008. Les suggestions et les avis des parties prenantes sur ce projet soumis à un débat public étaient attendus pour le 20 avril 2023.

Dans les années 2000, la migration et les droits des migrants et des réfugiés ont fait l'objet d'une attention accrue au niveau mondial. Cela s'est traduit par l'adoption du plan d'action de La Haye en 2004 et la création du Forum mondial sur la migration et le développement en 2006, qui visent à promouvoir une analyse de la migration à travers le prisme du développement et du respect des droits de l'homme, en vue de parvenir à une

[1]Les détails de ce document peuvent être consultés à l'adresse suivante : United Nations Human Rights, Office of the High Commissioner, *Background to the International Convention for the Protection of All Persons from Enforced Disappearance (Contexte de la Convention internationale pour la protection de toutes les personnes contre les disparitions forcées). Comité des disparitions forcées*, matériel disponible sur https://www.ohchr.org/en/treaty-bodies/ced/background-international-convention-protection-all-persons-enforced-disappearance, consulté le 21.03.2023.

société inclusive et diversifiée. Au cours de cette période, les mécanismes de protection et d'assistance pour les réfugiés et les demandeurs d'asile ont également été améliorés. Le moment a marqué l'importance d'inclure la migration dans l'Agenda 2030 pour le développement durable, en reconnaissance du lien croissant entre la migration et le développement. La nécessité de réponses coordonnées au niveau international a été soulignée, visant principalement à traiter les causes profondes de la migration dans les pays d'origine, en mettant l'accent sur les mesures économiques, sociales et éducatives, ainsi que sur la gestion des crises, la stabilisation post-conflit et la lutte contre la migration irrégulière. La contribution substantielle de nombreux instruments de la politique de développement à ce processus a été soulignée. Parallèlement, en ce qui concerne l'importance de la dimension humanitaire dans la gestion de la situation des réfugiés, les contributions aux programmes internationaux (Programme alimentaire mondial et HCR) et au niveau bilatéral ont été soulignées.

Au cours des années 2010, les questions liées à la migration et aux droits des migrants et des réfugiés sont devenues très aiguës dans le contexte de l'augmentation du nombre de migrants et de réfugiés, des tensions politiques et des crises humanitaires. En 2015, l'Agenda 2030 pour le développement durable a été adopté, reconnaissant l'importance de la migration et incluant un Objectif de développement durable dédié à la migration. La même année, le Pacte mondial pour des migrations sûres, ordonnées et régulées a également été adopté. Ce pacte est le premier cadre international juridiquement non contraignant pour la coopération en matière de migration. Il est le résultat d'un vaste processus de discussions et de négociations lancé par tous les États membres des Nations unies, qui a débuté par la déclaration de New York de 2016, adoptée à l'unanimité lors de l'Assemblée générale des Nations unies de 2016 ([1]). L'objectif

[1]Le Pacte mondial pour des migrations sûres, ordonnées et régulées, également connues sous le nom de Pacte mondial sur les migrations ou Global Compact on Migration (GCM), est le premier document de ce type négocié sous les auspices des Nations unies. Selon l'Organisation internationale pour les migrations (OIM), il y avait en 2017

principal est d'ordonner et de réguler les migrations irrégulières. Il repose sur des principes tels que la défense des droits de l'homme, la coopération internationale, la souveraineté des États et l'État de droit. Au total, le document énumère 23 de ces principes, ainsi que toute une liste de propositions (environ 200) pour leur mise en œuvre et pour soutenir les pays confrontés aux flux migratoires — échange d'informations et d'expertise, lutte contre la traite des êtres humains, minimisation de la détention administrative, facilitation de la reconnaissance des qualifications des migrants pour améliorer leur intégration, élimination de toutes les formes de discrimination, etc. Ce pacte mondial prévoit également de lutter contre les problèmes structurels à l'origine des flux migratoires, de lutter contre l'immigration illégale tout en facilitant les voies légales, de gérer les frontières de manière coordonnée et d'encourager le rapatriement volontaire lorsque les raisons du refuge/de l'exil n'existent plus.

Depuis les années 2020, les migrations et les droits des migrants et des réfugiés sont des sujets d'intérêt majeur au niveau mondial, dans un contexte de crises humanitaires et de tensions politiques dans différentes parties du monde. Dans les années 2020, la pandémie de COVID-19 a suscité de nouveaux débats et a eu un impact significatif sur les migrations et les droits des migrants et des réfugiés. La nécessité d'identifier les causes profondes des migrations et de créer un cadre juridique international plus cohérent et plus efficace pour la protection des droits des migrants et des réfugiés fait aujourd'hui l'objet de discussions de plus en plus nombreuses. La migration a souvent été considérée comme le résultat d'un conflit, mais les conflits liés à la migration ont été au cœur des politiques de nombreux pays d'accueil[1]. Une étude approfondie des catégories de migration ne peut être réalisée qu'avec la coopération de

---

258 millions de personnes « mobiles » et de migrants , soit 3,4 % de la population mondiale, dont 25,4 millions de réfugiés.

[1]Gattinara, P., & Morales, L., *The politicization and securitization of migration in Western Europe : Public opinion, political parties and the immigration issue*, in Philippe Bourbeau (Ed.) Handbook on migration and security, Edward Elgar Publishing, 2017, pp. 273-295, https://doi.org/10.4337/9781785360497.

chercheurs et d'autres spécialistes offrant des perspectives critiques sur leurs utilisations et leurs abus, leurs typologies et leurs limites[1]. Ces questions contribuent à l'analyse en rassemblant et en systématisant certaines des perspectives existantes sur les catégories de migration : académiques, administratives et celles utilisées par les migrants eux-mêmes. Il est plus intéressant de considérer la classification des migrations comme un ensemble de pratiques exercées par plusieurs acteurs avec leurs différents outils et à des fins différentes. L'architecture des catégories de migration est la suivante : qui, pourquoi, comment, où et quand ?[2]

D'où la nature multidisciplinaire ou transdisciplinaire du sujet. L'analyse spécifique des migrations et des réfugiés implique la prise en compte des sciences dites « sociales » telles que la sociologie, l'anthropologie, l'économie et la politique, les droits de l'homme, la santé publique et le développement économique. Actuellement, diverses méthodes analytiques sont utilisées pour étudier les migrations et les réfugiés, notamment des méthodes quantitatives (telles que l'analyse des données et les enquêtes) et des méthodes qualitatives (telles que les entretiens et l'observation participante). Parallèlement, les technologies sont de plus en plus utilisées pour analyser les données et identifier les nouvelles tendances. Les solutions aux problèmes de migration et de réfugiés varient en fonction de la perspective et du contexte spécifiques. Sur la base de l'expérience des années précédentes, les solutions pour l'avenir devraient commencer par une analyse des problèmes d'un point de vue humanitaire et des droits de l'homme, du développement durable et de la réduction des inégalités économiques et sociales. Enfin, il est conseillé de prendre des mesures pour s'attaquer aux

[1]Dahinden, J., Fischer, C., & Menet, J., *Knowledge production, reflexivity, and the use of categories in migration studies : Tackling challenges in the field*, in Ethnic and Racial Studies, 2020, pp. 1-20, https://doi.org/10.1080/01419870.2020.1752926 ; et Elrick, J., & Farah Schwartzman, L., *From statistical category to social category : Organized politics and official categorizations of "persons with a migration background" in Germany, in* Ethnic and Racial Studies, 38(9), 2015, pp. 1539-1556. https://doi.org/10.1080/01419870.2014.996240.

[2]Parvati Raghuram, *Democratizing, Stretching, Entangling, Transversing : Four Moves for Reshaping Migration Categories*, in Journal of Immigrant & Refugee Studies, 19:1, 2021, pp. 9-24, DOI : 10.1080/15562948.2020.1837325.

causes profondes des migrations et des réfugiés, telles que les conflits armés, la pauvreté, le changement climatique et la discrimination, et de mettre en œuvre des politiques et des programmes qui soutiennent l'intégration des migrants et des réfugiés dans les sociétés d'accueil et leur donnent accès à l'éducation, aux services de santé et aux possibilités d'emploi et d'épanouissement personnel.

Le domaine de la paix et de la sécurité internationales

Un changement visible dans la paix et de la sécurité internationales est le passage d'un concept de sécurité basé sur l'État à un concept basé sur les individus et les communautés, fondé sur une plus grande préoccupation pour la protection des droits et des besoins individuels, ainsi que sur la prévention et la gestion des conflits affectant la vie des gens. Le concept de sécurité coopérative encourage les États à travailler ensemble dans ce domaine. Les efforts visant à prévenir les conflits par la diplomatie préventive et d'autres moyens non violents se sont multipliés. Enfin, un autre changement dans la paix et la sécurité internationales est la reconnaissance du fait que les hommes et les femmes sont également touchés par les conflits et les menaces à la sécurité.

Les développements *transdisciplinaires* encouragent l'identification et l'étude de débats complexes sur la paix et la sécurité, ce qui permet de mieux comprendre les interactions entre les différents éléments du domaine et d'élaborer des stratégies plus efficaces pour promouvoir la paix et la sécurité[1]. Les Nations unies ont été l'un des principaux promoteurs de la transdisciplinarité dans le domaine de la paix et de la sécurité, produisant des rapports sur le sujet qui soulignent constamment la nécessité d'une meilleure intégration et d'une meilleure collaboration entre les différentes parties prenantes, y compris les gouvernements, la société civile, le secteur privé et le monde universitaire. Diverses institutions universitaires ont exploré le concept de transdisciplinarité dans le domaine de la paix et de la

[1]Lappin Richard, *Peacebuilding and the promise of transdisciplinarity*, in International Journal on World Peace 26, no. 3, 2009, pp. 69-76. http://www.jstor.org/stable/20752895

sécurité. Par exemple, le Centre for Peace and Security Studies de l'Université de Bradford au Royaume-Uni a mené des recherches sur le concept de transdisciplinarité et ses avantages potentiels pour la paix et la sécurité internationales.

D'emblée, il convient de faire quelques distinctions : les domaines de la paix et de la sécurité internationales sont traditionnellement de nature interdisciplinaire, s'appuyant sur les perspectives et les idées d'un éventail de disciplines telles que les sciences politiques, le droit international, l'économie, la sociologie, la psychologie et les études militaires. Ces dernières années, l'importance des approches transdisciplinaires et multidisciplinaires a été de plus en plus reconnue pour répondre aux nouvelles orientations de la société internationale d'aujourd'hui. Pour revenir à la signification spécifique, nous répétons que toutes les analyses transdisciplinaires franchissent les frontières disciplinaires pour créer de nouvelles connaissances qui intègrent des perspectives, des méthodologies et des cadres différents. Même dans le contexte de la paix et de la sécurité internationales, la recherche transdisciplinaire implique de réunir des experts de différents domaines pour trouver des solutions idéales aux causes des conflits, aux défis de la reconstruction post-conflit ou au rôle des mouvements sociaux dans la promotion de la paix. Les méthodes pluridisciplinaires peuvent également être utilisées avec succès en combinant les perspectives de différentes disciplines, mais sans nécessairement créer de nouvelles connaissances. Un projet de recherche multidisciplinaire sur la paix et la sécurité internationales pourrait réunir des politiciens, des juristes internationaux et des économistes pour analyser l'impact économique des conflits sur différents pays.

L'évolution des dynamiques transdisciplinaires et multidisciplinaires dans le domaine de la paix et de la sécurité internationales a été motivée par un certain nombre de facteurs. L'un des plus frappants est la reconnaissance du fait que les méthodes disciplinaires traditionnelles sont souvent insuffisantes pour la nouvelle dynamique du monde sans frontières d'aujourd'hui. Un autre facteur de l'évolution de la dynamique transdisciplinaire et multidisciplinaire dans le domaine de la paix et de la sécurité internationales est la reconnaissance croissante de l'importance des connaissances et des perspectives locales.

Cela peut contribuer à combler le fossé entre les perspectives locales et mondiales et à garantir que les réponses politiques à des controverses particulières en matière de paix et de sécurité soient mieux ancrées dans les réalités des contextes locaux. Les progrès de la technologie et de la communication ont facilité ces évolutions et tendances dans le domaine de la paix et de la sécurité internationales. Les plateformes et les outils numériques ont permis à des experts de différentes disciplines et régions de collaborer, de partager leurs connaissances et de développer de nouvelles solutions et méthodologies.

Pour faire face aux conflits ethniques en Bosnie-Herzégovine après la guerre de Bosnie dans les années 1990, la communauté internationale a mis en œuvre une approche multidisciplinaire pour aider à la réconciliation et à la reconstruction du pays, en utilisant une combinaison d'interventions politiques, économiques et sociales, ainsi que la coopération et la participation active des organisations non gouvernementales et de la société civile.[1] La sensibilisation au désarmement et à la non-prolifération nécessite une coopération étroite entre les gouvernements, les organisations non gouvernementales et les spécialistes de divers domaines, tels que le droit international, les sciences politiques, les sciences militaires et d'autres domaines connexes. De cette manière, il est possible d'élaborer des politiques et des stratégies visant à promouvoir le désarmement et la non-prolifération des armes nucléaires et d'autres armes de destruction massive.

Une coopération étroite entre les différents domaines d'expertise a été observée dans plusieurs affaires portées devant les tribunaux internationaux au fil des ans, comme nous le verrons ci-dessous. Le Tribunal pénal international pour l'ex-Yougoslavie a été créé pour juger les crimes de guerre, les crimes contre l'humanité et les génocides commis pendant la guerre en ex-Yougoslavie dans les années 1990. Parmi les affaires les plus connues figurent le procès de Slobodan Milošević, l'ancien

[1]La prévention de la radicalisation et du terrorisme est également l'une des questions globales que diverses disciplines, telles que la sociologie, la psychologie, les sciences politiques, la sécurité, la religion et d'autres, sont appelées à traiter. Cela permet de comprendre la réalité et les raisons de la radicalisation et du terrorisme et de développer des solutions à long terme pour les prévenir.

dirigeant de la Serbie, accusé de crimes contre l'humanité et de génocide, et le procès de Radovan Karadžić, l'ancien dirigeant de la Republika Srpska, accusé de crimes contre l'humanité et de génocide. Milošević est décédé pendant le procès et Karadžić a été condamné à la prison à vie. Il convient également de noter que la Cour pénale internationale est un tribunal international compétent pour juger les crimes de guerre, les crimes contre l'humanité et les génocides. Parmi les affaires notables, citons le procès de Thomas Lubanga Dyilo[1], chef d'un groupe rebelle en République démocratique du Congo, accusé d'avoir recruté et utilisé des enfants soldats, et le procès de Jean-Pierre Bemba Gombo, ancien chef rebelle et homme politique en République démocratique du Congo, accusé de crimes contre l'humanité et de crimes de guerre. Lubanga a été reconnu coupable et condamné à une peine de prison, tandis que Bemba a été initialement reconnu coupable, mais la condamnation a été annulée par la suite.

La Cour internationale de justice (CIJ), principale juridiction des Nations unies compétente pour les litiges entre États, a examiné une affaire opposant le Nicaragua aux États-Unis dans laquelle le Nicaragua accusait les États-Unis d'avoir soutenu une force d'opposition pendant la guerre civile au Nicaragua. La CIJ a jugé que les États-Unis avaient violé le droit international et les a condamnés à payer des millions de dollars de dommages et intérêts[2].

---

[1]Thomas Lubanga Dyilo (né le 29 décembre 1960) est un criminel de guerre de la République démocratique du Congo et la première personne à être condamnée par la Cour pénale internationale. Il a fondé et dirigé l'Union des patriotes congolais et a joué un rôle clé en Ituri. Il a été accusé de violations massives des droits de l'homme, notamment de massacres ethniques, de meurtres, de tortures, de viols, de mutilations et de recrutement forcé d'enfants soldats.

[2]La République du Nicaragua contre les États-Unis d'Amérique (1986) est une affaire dans laquelle la Cour internationale de justice (CIJ) a estimé que les États-Unis avaient violé le droit international en soutenant les Contras dans leur rébellion contre les sandinistes et en exploitant le port du Nicaragua. Dans son verdict, la Cour a estimé que les États-Unis « ont violé les obligations qui leur incombent en vertu du droit international coutumier de ne pas recourir à la force contre un autre État », « de ne pas s'immiscer dans ses affaires », « de ne pas interrompre le commerce maritime pacifique » et « ont violé les obligations qui leur incombent en vertu de l'article XIX du traité d'amitié, de commerce et de

Gibril Massaquoi, chef rebelle du RUF (Revolutionary United Front), accusé de crimes de guerre et de crimes contre l'humanité pendant la guerre civile en Sierra Leone (1991-2002), a récemment été jugé par un tribunal international. Le procès, qui a fait couler beaucoup d'encre, s'est déroulé au tribunal d'Helsinki, en Finlande, en février 2021 et a duré six semaines. Massaquoi a été arrêté en Finlande en 2020 et jugé par un tribunal finlandais, bien que les crimes aient été commis en Sierra Leone. En 2005, il est devenu l'informateur le plus précieux du procureur du Tribunal spécial pour la Sierra Leone et a été transféré en Finlande en 2008 dans le cadre d'un programme de protection des témoins qui prévoyait l'immunité pour les crimes commis en Sierra Leone, mais pas au Libéria. Le 10 mars 2020, Massaquoi a été arrêté à Tampere, en Finlande, par la police finlandaise qui le soupçonne d'avoir commis des crimes de guerre et des crimes contre l'humanité au Libéria entre 1999 et 2003. L'affaire a suscité une controverse, notamment parmi les anciens membres du TSSL, au sujet de l'immunité des *initiés* et de la protection des témoins, et a provoqué un certain nombre de réactions de la part des experts. Le procès de Massaquoi s'est ouvert le 1er février 2021, deux ans seulement après l'ouverture d'une enquête sur cet ancien chef de guerre sierra-léonais. Les procureurs ont demandé une peine de prison à vie, ce qui en Finlande signifie généralement 14 ans de prison. Massaquoi a été acquitté de tous les chefs d'accusation.

Pour la première fois dans l'histoire, la Cour s'est rendue au Libéria et dans la Sierra Leone voisine à la mi-février 2021 pour entendre jusqu'à 80 témoins et visiter les sites où des atrocités auraient été commises sous les ordres de Massaquoi. Selon de nombreux articles de presse publiés entre janvier et février 2023, Gibril Massaquoi, ancien commandant et porte-parole du Front révolutionnaire uni (RUF), est jugé par la Cour d'appel de Turku pour viol, meurtre rituel et enlèvement d'enfants soldats. Cet homme de 50 ans, surnommé « Angel Gabriel », vit en Finlande

navigation entre les parties, signé à Managua le 21 janvier 1956 ». Dans la déclaration 9, la Cour affirme que si les États-Unis ont encouragé les violations des droits de l'homme commises par les Contras par le biais du manuel Psychological Operations in Guerrilla Warfare, cela ne rend pas ces actes imputables aux États-Unis (d'après Wikipédia).

depuis 2008 et a été acquitté en première instance en 2021, l'accusation n'ayant pas réussi à prouver avec certitude une quelconque forme d'implication. Massaquoi risque la prison à vie pour crimes de guerre aggravés et crimes contre l'humanité aggravés commis ou ordonnés entre 1999 et 2003, bien qu'il nie fermement toute implication. Angel Gabriel a déjà bénéficié de l'immunité du Tribunal spécial des Nations unies pour les crimes commis en Sierra Leone après avoir accepté de témoigner contre ses anciens commandants, mais cela ne l'exonérera apparemment pas des charges qui pèsent sur lui. Comme lors du premier procès, le tribunal se déplacera (commissions rogatoires) : d'abord au Libéria pendant deux mois à partir de début février, puis en Sierra Leone en mai pour entendre les témoins, avant de revenir en Finlande en juin 2023, selon la cour d'appel de Turku.

Un nouveau procès a conduit Dominic Ongwen devant la Cour pénale internationale. Il s'agit d'une affaire récente portée devant un tribunal international. Ongwen, commandant de l'Armée de résistance du Seigneur en Ouganda, a été accusé de crimes de guerre et de crimes contre l'humanité, notamment de violences sexuelles et de recrutement d'enfants soldats. Le procès d'Ongwen a commencé en décembre 2016 et a duré jusqu'en mai 2021, date à laquelle le tribunal a rendu un jugement condamnant Ongwen pour tous les chefs d'accusation. Dans son jugement, la Cour a déclaré Ongwen coupable de tous les chefs d'accusation de crimes de guerre et de crimes contre l'humanité. Ongwen a été reconnu coupable de meurtre, de viol et de recrutement d'enfants soldats. En juin 2021, la Cour pénale internationale (CPI) a annoncé qu'Ongwen serait condamné à 25 ans de prison, en tenant dûment compte des circonstances atténuantes[1].

Dans tous les cas de violation de la paix et de la sécurité internationales, des questions au moins interdisciplinaires sont identifiées et un large éventail de facteurs tels que l'histoire, la politique, l'économie, la société, la culture et le conflit lui-même

[1]Dominic Ongwen (né en 1975) est un ancien enfant-soldat ougandais et ancien commandant de l'une des brigades du groupe de guérilla ougandais Lord's Resistance Army. Il a été arrêté en 2014 et, en 2021, la Cour pénale internationale l'a reconnu coupable de crimes de guerre et de crimes contre l'humanité, notamment de meurtre, de viol, de torture et d'esclavage. La presse et Wikipédia fournissent de nombreuses informations sur ces affaires.

sont évalués. Techniquement, le mécanisme suit une série d'étapes, telles que : 1) l'identification des moteurs du conflit, c'est-à-dire l'identification des sources du conflit ainsi que des motivations et des intérêts des parties, ce qui peut conduire à trouver les solutions les plus efficaces ; 2) l'analyse du contexte historique en comprenant l'histoire de la région et du conflit pour découvrir les changements et les évolutions au fil du temps ; 3) l'évaluation des politiques existantes et des structures gouvernementales pour identifier les faiblesses et les lacunes qui pourraient exacerber le conflit ; 4) l'évaluation de l'économie et du niveau de développement de la région et la façon dont ils pourraient influencer le conflit ; et 5) la compréhension de la dynamique de la société et de la culture.

Enfin, il convient de souligner que la multidisciplinarité et la transdisciplinarité de ce domaine se reflètent également dans les moyens de prévenir les problèmes de paix et de sécurité internationales. La diplomatie, la négociation et le dialogue contribuent à la résolution des conflits et à la prévention de leur escalade, ainsi qu'à la recherche de solutions durables aux problèmes qui menacent la paix et la sécurité internationales. Le respect du droit international et des traités internationaux contribue à la prévention des conflits et des problèmes spécifiques. Les institutions internationales, telles que les Nations unies, jouent un rôle décisif dans la promotion et le maintien de la paix et de la sécurité internationales. Le désarmement et le contrôle des armements peuvent réduire la probabilité d'un conflit armé et dissuader les conflits existants. Cela peut conduire à des restrictions sur l'acquisition, la production ou l'utilisation de certaines armes ou technologies militaires. Le développement de la coopération économique et des relations commerciales entre les nations peut contribuer à renforcer la confiance et la coopération entre les nations afin de prévenir les conflits et de promouvoir le développement économique et social. La compréhension et le respect de la diversité culturelle et des valeurs peuvent créer un climat de tolérance et de compréhension entre les nations et les peuples. L'éducation et les échanges culturels peuvent contribuer à l'établissement de relations solides et à la prévention des conflits et des problèmes de sécurité internationale.

Afin de trouver les meilleures solutions, il est important de reconnaître que chaque situation peut nécessiter des traitements différents adaptés au contexte spécifique.

Le droit de la mer

Ces dernières années, la protection de l'environnement marin et la gestion durable des ressources ont fait l'objet d'une grande attention, ouvrant la voie à de nouvelles réglementations sur la pollution, la gestion de la pêche et d'autres activités humaines susceptibles d'affecter cet environnement. L'importance de la pêche et de l'aquaculture pour la sécurité alimentaire est reconnue par le fait qu'elles constituent des sources majeures d'alimentation pour des milliards de personnes dans le monde. À cela s'ajoutent d'autres préoccupations liées au nombre croissant de migrants et de personnes victimes de la traite des êtres humains par les voies maritimes, ainsi qu'à la lutte contre la piraterie et d'autres activités illégales.

Le droit de la mer est une branche hautement multidisciplinaire du droit international, qui intègre des éléments du droit maritime, du droit de l'environnement et des relations internationales. Son émergence même est le résultat d'un processus multi et transdisciplinaire, comme nous le verrons plus loin. Il s'agit donc d'un domaine de recherche qui se prête particulièrement bien aux *investigations* transdisciplinaires. En intégrant des perspectives transdisciplinaires, le droit de la mer peut être mieux équipé pour réguler la nature interconnectée des phénomènes marins tels que la pollution marine, le changement climatique et la gouvernance des océans[1].

Selon une définition contemporaine, le droit de la mer est l'ensemble du droit international régissant les droits et les obligations des États dans les environnements maritimes[2] ; le concept peut se référer à des questions telles que les droits de navigation, les revendications de minéraux marins et la juridiction sur les eaux côtières ; le droit de la mer moderne

---

[1]Manoj Gupta, *Integrated Management of Maritime Affairs*, in Maritime Studies, 2005:142, pp. 1-13, DOI : 10.1080/07266472.2005.10878778.

[2]J. Harrison, *Making the Law of the Sea : A Study in the Development of International Law*, ed. Cambridge University Press, 2011, p. 1.

découle en grande partie de la Convention des Nations unies sur le droit de la mer (CNUDM), en vigueur depuis 1994, qui est généralement acceptée comme une codification des règles internationales coutumières du droit de la mer et est parfois appelée la « Constitution des océans ».

En tant que branche du droit international public, le droit de la mer a été défini comme « l'ensemble des règles juridiques qui déterminent les pouvoirs des États dans le milieu marin et les obligations qui leur incombent dans l'exercice de ces pouvoirs »[1]. En droit international, la mer est considérée comme l'ensemble des zones d'eau salée, à condition qu'elles communiquent librement entre elles[2].

D'après les preuves historiques disponibles à ce jour, la *Lex Rhodia* byzantine, promulguée entre 600 et 800 après J.-C. pour réglementer le commerce et la navigation en Méditerranée, est l'un des premiers exemples de codes juridiques relatifs aux affaires maritimes. Le Moyen Âge européen a également vu la création de codes de droit maritime, tels que les *Rolls d'Oléron*, dérivés de la *Lex Rhodia*, et les *Laws of Wisby*, adoptés par les cités-États commerçantes de la Ligue hanséatique. Toutefois, on pense que la première formulation connue du droit international public de la mer provient de l'Europe du XVIIe siècle, qui a connu un niveau sans précédent de navigation, d'exploration et de commerce sur les océans du monde. Le Portugal et l'Espagne étaient à l'avant-garde de cette tendance, revendiquant les routes terrestres et maritimes qu'ils avaient découvertes. L'Espagne considérait l'océan Pacifique comme une *mare clausum* — littéralement une « mer fermée » — interdite aux autres puissances navales, en partie pour protéger ses possessions en Asie[3].

De même, le détroit de Magellan, seule entrée connue dans l'Atlantique, est périodiquement patrouillé par les flottes espagnoles pour empêcher les navires étrangers d'y pénétrer. *Romanus Pontifex* (1455) reconnaît au Portugal le droit exclusif

---

[1] J. Basdevant, *Dictionnaire de la terminologie du droit international*, Ed. Sirey, Paris, 1960.

[2] R. Miga-Beşteliu, *op. cit.*

[3] Voir W.L. Schurz, *The Spanish Lake,* The Hispanic American Historical Review, 5(2), 1922, pp. 181-194.

de naviguer, de commercer et de pêcher dans les mers proches des territoires découverts et, sur cette base, les Portugais revendiquent le monopole du commerce avec les Indes orientales, provoquant l'opposition et le conflit des autres puissances navales européennes. Dans ce contexte de concurrence accrue pour le commerce maritime, le juriste et philosophe néerlandais Hugo Grotius — considéré comme le père du droit international en général — a écrit *Mare Liberum* (*De la liberté des mers*), publié en 1609, dans lequel il établit le principe selon lequel la mer est un territoire international et que, par conséquent, toutes les nations sont libres de l'utiliser pour le commerce. Il fonde son argumentation sur l'idée que « chaque nation est libre de voyager et de commercer avec n'importe quelle autre nation »[1].

Il existe donc un droit de passage illimité (transitus *inoxus*) sur terre et un droit similaire en mer[2]. Grotius a observé que,

[1]H. Grotius, *Mare Liberum*, Lodewijk Elzevir, 1609, p. 7.

[2]Le passage inoffensif est un concept du droit de la mer qui permet à un navire de traverser les eaux archipélagiques et territoriales d'un autre État, sous réserve de certaines restrictions. L'article 19 de la Convention des Nations unies sur le droit de la mer définit le passage inoffensif comme suit : « Le passage est inoffensif tant qu'il ne porte pas atteinte à la paix, au bon ordre ou à la sécurité de l'État côtier. Il doit s'effectuer conformément aux dispositions de la Convention et aux autres règles du droit international. Le passage d'un navire étranger est considéré comme une atteinte à la paix, au bon ordre ou à la sécurité de l'État côtier si, dans la mer territoriale, ce navire se livre à l'une des activités suivantes (a) la menace ou l'emploi de la force contre la souveraineté, l'intégrité territoriale ou l'indépendance politique de l'État côtier ou de toute autre manière contraire aux principes du droit international tels qu'ils sont prévus par la Charte des Nations unies ; b) des exercices ou manœuvres avec des armes de toute nature ; c) la collecte de renseignements préjudiciables à la défense ou à la sécurité de l'État côtier ; d) la propagande destinée à nuire à la défense ou à la sécurité de l'État côtier ; e) le lancement, l'atterrissage ou l'embarquement d'un aéronef ; (f) le lancement, le débarquement ou l'embarquement d'engins militaires ; g) l'embarquement ou le débarquement de marchandises, d'argent ou de personnes en violation des lois ou règlements douaniers, fiscaux, sanitaires ou d'immigration de l'État côtier ; h) la pollution délibérée et grave en violation de la Convention ; i) la pêche ; j) la prospection ou l'arpentage ; la perturbation de tout système de communication ou de tout autre équipement ou installation de l'État côtier ; l) toute autre activité n'ayant pas de rapport direct avec le passage. Le passage ou le

contrairement à la terre, sur laquelle les souverains pouvaient délimiter leur juridiction, la mer était semblable à l'air, propriété commune de tous : « L'air appartient à cette catégorie de choses pour deux raisons. D'une part, il n'est pas soumis à l'occupation et, d'autre part, son usage commun est celui de tous les hommes. Pour les mêmes raisons, la mer est commune à tous, parce qu'elle est tellement illimitée qu'elle ne peut devenir la propriété de personne, et parce qu'elle est adaptée à l'usage de tous, qu'on la considère comme telle du point de vue de la navigation ou de la pêche ».[1]

En réponse à Grotius, le juriste anglais John Selden a soutenu dans *Mare Clausum* que « la mer est aussi susceptible d'être appropriée par les puissances souveraines que le territoire terrestre »[2]. Rejetant la prémisse de Grotius, Selden a soutenu qu'il n'y a pas de base historique pour traiter la mer différemment de la terre et qu'il n'y a rien d'inhérent à la nature de la mer qui empêche les États d'exercer leur domination sur certaines parties de celle-ci[3]. Selon lui, le droit international pourrait évoluer pour s'adapter au cadre émergent de la juridiction nationale sur la mer.

« Mare clausum » à l'ère des découvertes européennes

Selon l'histoire commune, intrinsèquement et uniformément marquée dans toutes les doctrines et, par voie de conséquence, dans toutes les encyclopédies de droit international, lorsque de plus en plus de nations ont commencé à étendre leur présence

---

transit innocent admet la revendication territoriale de l'État côtier sur la mer, contrairement à la liberté de navigation, qui la remet directement en cause.

[1]H. Grotius, *op. cit.* p. 28.

[2]Voir D. Rothwell, A. Oude Elferink, K. Scott, T. Stephens (eds.), *The Oxford Handbook of the Law of the Sea*, Oxford University Press, 2015.

[3]Voir la traduction de Marchamont Nedham en 1652, *Of the Dominion, or, Ownership of the Sea*, pp. 3-5, 8-11, 168-179. Dans le premier livre, il est démontré que la mer, de par sa nature ou selon les nations, n'est pas commune à tous les hommes, mais qu'elle est susceptible de domination ou d'appropriation privée, comme la terre ; dans le second livre, il est prouvé que la domination de la mer britannique, ou de ce qui comprend l'île de Grande-Bretagne, est et était une partie ou un appendice de l'empire de cette île, un livre écrit pour la première fois en latin et intitulé *Mare clausum, seu, De dominio maris*, par J.S. Esquire ; traduit en anglais, et présenté avec quelques preuves et discours supplémentaires, par Marchamont Nedham. Selden, John, 1584-1654, Nedham, Marchamont, 1620-1678, Londres, imprimé par William DuGard, 1652.

navale dans le monde, les revendications conflictuelles sur la haute mer se sont multipliées. Cela a conduit les États maritimes à tempérer leur position et à limiter l'étendue de leur juridiction sur la mer à terre. Cette évolution a été favorisée par la position de compromis avancée par le théoricien du droit néerlandais Cornelius Bynkershoek, qui, dans *De dominio maris* (1702), a établi le principe selon lequel la domination maritime était limitée à la distance à laquelle les canons pouvaient la protéger efficacement.

Le concept de Grotius de « liberté des mers » est devenu pratiquement universel au XXe siècle, grâce à la domination mondiale des puissances navales européennes. Les droits nationaux et la juridiction sur les mers étaient limités à une certaine bande d'eau s'étendant à partir du littoral d'un pays, généralement trois milles nautiques (5,6 km), conformément à la « règle du tir » de Bynkershoek[1]. Conformément au principe de *mare liberum,* toutes les eaux situées au-delà des frontières nationales étaient considérées comme des eaux internationales libres pour toutes les nations, n'appartenant à aucune d'entre elles[2].

Au début du XXe siècle, certaines nations ont exprimé leur intention d'étendre leurs revendications maritimes nationales, notamment pour exploiter les ressources minérales, protéger les stocks de poissons et lutter contre la pollution. À cette fin, la Société des Nations a convoqué une conférence à La Haye en 1930, mais aucun accord n'a été conclu[3].

---

[1]Voir K. Akashi, *Cornelius Van Bynkershoek : His Role in the History of International Law*, ed. Martinus Nijhoff Publishers, 1998, p. 150.

[2]H. Grotius, *La liberté des mers/*(version latine et anglaise, trans. Magoffin, 1608, Online Library of Liberty, Ed. Oxford University Press), manuscrit disponible sur https://oll.libertyfund.org/title/scott-the-freedom-of-the-seas-latin-and-english-version-magoffin-trans, consulté le 17.08.2022.

[3]Voir Chapitre 1 : Law of the Sea : a political abecedarian, Customary International Law and the Adoption of the Law of the Sea Convention, Fletcher School of Law and Diplomacy at Tufts University . Selon ce document, aucun accord n'a résulté des efforts déployés par la Société des Nations au début des années 1930 pour étendre les revendications de souveraineté des États sur les eaux adjacentes. En 1945, le président Harry S. Truman a étendu le contrôle des États-Unis sur toutes les ressources naturelles du plateau continental,

Au milieu du XXe siècle, les améliorations technologiques dans le domaine de la pêche et de la prospection pétrolière ont élargi la zone nautique dans laquelle les États pouvaient détecter et exploiter les ressources naturelles.

La Convention sur le droit de la mer a été confrontée à des défis majeurs pour répondre aux enjeux contemporains :

1) Première et deuxième conférence sur le droit de la mer

La première plateforme pétrolière *offshore* a commencé à produire en 1947, et les opérations offshore se sont développées lentement jusqu'aux années 1950. Dans les années 1960, l'activité et la technologie ont explosé ; les plateformes ont commencé à forer à des milliers de pieds sous la surface et ont pu être installées de plus en plus loin en mer. Parallèlement, l'industrie de la pêche a progressé. Les navires ont grandi en taille et ont pu naviguer plus loin du port et y rester plus longtemps. Les nations ont commencé à exploiter sans hésitation les eaux de pêche éloignées. Les questions de géopolitique et de nationalisme, ainsi que l'intérêt pour les ressources océaniques, ont renforcé le désir des États d'affirmer leurs droits souverains sur des zones océaniques de plus en plus vastes. Toutes ces tendances ont accru la pression pour adapter les principes du droit coutumier de la mer à un environnement mondial en mutation.

En 1956, les Nations unies ont organisé leur première conférence sur le droit de la mer. Elle s'est achevée en 1958 et a débouché sur quatre traités : *a) la Convention sur la mer territoriale et la zone contiguë ; b) la Convention sur le plateau continental ; c) la Convention sur la haute mer ; et d) la Convention sur la pêche et la conservation des ressources vivantes de la Grande-Bretagne. Haute mer.* Ces traités sont entrés en vigueur entre 1962 et 1966. Bien que la conférence ait été saluée comme un succès, elle n'a pas abordé certaines

---

conformément au principe de droit international coutumier selon lequel une nation a le droit de protéger ses ressources naturelles. Le Chili, le Pérou et l'Équateur ont fait de même, étendant leurs revendications à 200 milles nautiques pour inclure les zones de pêche. La plupart des pays ont étendu leurs eaux territoriales à 12 milles marins. Dans les années qui ont suivi, plusieurs tentatives ont été faites pour créer un régime complet de droit de la mer, qui a finalement abouti à la création de la présente convention.

questions essentielles, notamment l'étendue des eaux territoriales sur lesquelles les États côtiers[1] pouvaient faire valoir des droits souverains étendus. Les Nations unies ont organisé une deuxième conférence en 1960, mais elle n'a duré que six semaines et n'a débouché sur aucun nouvel accord.

2) Troisième conférence sur le droit de la mer

Le problème non résolu des eaux territoriales devait être résolu. En 1966, le président Lyndon B. Johnson a déclaré que les eaux profondes et les fonds marins étaient le patrimoine de tous les peuples. L'année suivante, l'ambassadeur de Malte aux Nations unies, Arvid Pardo, a présenté une proposition à l'Assemblée générale des Nations unies déclarant que les fonds marins devaient faire partie du patrimoine commun de l'humanité. En 1973, la troisième conférence sur le droit de la mer se tient à New York. Pendant neuf ans, les États ont négocié les paramètres du droit de la mer jusqu'à ce que la Convention soit finalisée en 1982. Les États-Unis ont fortement soutenu l'initiative de la troisième conférence et ont joué un rôle de premier plan dans les négociations sous les administrations Nixon, Ford et Carter. Les négociateurs américains se sont efforcés de préserver les principes de liberté de navigation et d'autres préoccupations vitales en matière de sécurité, ainsi que de protéger le droit des États-Unis de préserver et d'exploiter les ressources du plateau continental et de la zone économique exclusive de 200 milles. Ces efforts ont été couronnés de succès pour les négociateurs américains.

Les objections à la ratification par les États-Unis de la Conférence sur le droit de la mer (CDM), tel qu'elle a été négociée à l'origine, se sont largement concentrées sur la partie XI de la Convention, qui régit la gestion des fonds marins et prévoit le règlement obligatoire des différends par la Chambre

[1]L'expression « État côtier » désigne l'État à partir duquel est mesurée la largeur de la mer territoriale, ces lignes de base étant établies conformément aux articles 5-7, 9-10 et 47 de la Convention des Nations unies sur le droit de la mer. On constate que les traités utilisent les termes « État côtier » et « État riverain » comme des termes similaires. Riverain signifie situé sur la rive d'un cours d'eau ou traversé par un cours d'eau. La géographie et le droit ont créé ces définitions.

pour le règlement des différends relatifs aux fonds marins[1]. À l'instar des États-Unis, de nombreux autres pays développés ont refusé de ratifier la convention. Pour répondre aux préoccupations qui avaient empêché les États-Unis et d'autres États d'adhérer à la CNUDM, l'Assemblée générale des Nations unies (sous l'acronyme UNGA) a négocié en 1994 ce qui est devenu l'accord relatif à l'application de la partie XI du droit de la mer des Nations unies (ci-après « l'accord »). L'accord est destiné à être interprété conjointement avec la partie XI de la convention et répond aux préoccupations des pays développés en ce qui concerne l'exploitation et la gestion des grands fonds marins. En cas de conflit ou d'incohérence entre les textes ou entre leurs interprétations, le texte de l'Accord prévaut. Tout État ratifiant la Convention après la mise en œuvre de l'Accord est également lié par l'Accord. Les États qui ont ratifié la convention avant l'accord peuvent adhérer à l'accord séparément.

Présentée comme la « Constitution de la mer », la Convention est entrée en vigueur en 1994 et, en juin 2016, 168 Parties l'avaient signée. Les États-Unis sont signataires, mais le Sénat n'a pas ratifié la Convention. La Convention sur le droit de la mer définit les droits et les responsabilités des nations et leur utilisation des océans de la planète. Elle établit des lignes directrices pour les entreprises, l'environnement et la gestion des ressources marines naturelles. Plusieurs pays développés disposant d'importantes ressources navales et maritimes, telles que les États-Unis et le Royaume-Uni, soutiennent fermement la convention. Depuis son entrée en vigueur en 1994, la Convention sur le droit de la mer est devenue un élément visible de l'ordre juridique international. Suivie par la grande majorité des États du monde, la Convention sur le droit de la mer constitue le seul cadre de droit international permettant de résoudre des questions litigieuses telles que la liberté de navigation, les droits de pêche et l'étendue et les limites des zones maritimes.

Les constitutions, comme celles des États-Unis et d'autres pays du monde, sont des documents qui définissent les droits et les protections d'un groupe, ainsi qu'une certaine façon de

[1]Convention des Nations unies sur le droit de la mer, partie XI, section 5, 10 décembre 1982, 1833 U.N.T.S. 397 [ci-après LOSC].

gouverner. La convention a été délibérément rédigée comme une articulation complète des droits et des responsabilités des États en ce qui concerne, entre autres, la navigation et l'exploitation des ressources mondiales et des océans. Dès le départ, les États ont cherché à obtenir un « paquet » d'accords se renforçant mutuellement, plutôt qu'un traité unique au champ d'application limité. Ils ont cherché à créer un « régime global » abordant tous les aspects du droit de la mer. La Convention sur le droit de la mer était l'incarnation de ce désir et visait à « établir une véritable universalité dans l'effort pour parvenir à un "ordre économique international juste et équitable" régissant l'espace océanique »[1].

La Convention des Nations unies sur le droit de la mer, signée à Montego Bay en 1982, codifie et réglemente des concepts tels que la délimitation des zones marines entre États voisins, les droits des États côtiers sur la zone économique exclusive, l'exploitation de la zone internationale des territoires sous-marins, la lutte contre la pollution, la recherche scientifique et la création de deux nouveaux organismes internationaux : l'Autorité internationale des fonds marins et le Tribunal international du droit de la mer.

Cette convention a été adoptée par consensus et a interdit la formulation de réserves, afin de renforcer l'uniformité et l'unité des régimes établis. Les lignes de base du rivage constituent la base de la délimitation des zones marines, et la convention a établi deux méthodes de calcul, à savoir : 1) pour les rivages rectilignes non profondément découpés, les lignes de base coïncident avec le rivage ou la ligne des plus hautes marées pour les mers concernées par ce phénomène — les lignes de côte ; et 2) pour les rivages profondément découpés, les lignes de base sont obtenues en joignant les points les plus en mer de ce relief — les lignes de base rectilignes. En outre, la méthode de calcul des lignes de base est déterminée par des considérations militaires, économiques, mathématiques ou sociales.

[1]Voir LOSC, parties XI et XV ; T. Koh, *A Constitution for the Oceans*, remarques du président de la troisième Conférence des Nations Unies sur le droit de la mer à la Conférence de Montego Bay (décembre 1982), et B. Zuleta, *Introduction to The Law of the Sea*, The United Nations, New York, 1983, pp. xix-xxvii.

Tribunal international du droit de la mer (TIDM)

Il s'agit d'un organe judiciaire indépendant créé par la Convention des Nations Unies sur le droit de la mer de 1982. Elle est compétente pour connaître de tout différend relatif à l'interprétation ou à l'application de la convention et de toutes les questions expressément prévues par tout autre accord lui donnant compétence. Les différends relatifs à la Convention peuvent concerner la délimitation des zones maritimes, la navigation, la conservation et la gestion des ressources biologiques de la mer, la protection et la préservation du milieu marin et la recherche scientifique marine.

La compétence du Tribunal s'étend à tous les différends et requêtes introduits en vertu de la Convention et à toutes les questions expressément prévues par tout autre accord conférant compétence au Tribunal (Statut, article 21). Le Tribunal est compétent pour connaître à la fois des différends (compétence contentieuse) et des questions juridiques (compétence consultative) qui lui sont soumises. Conformément aux dispositions de son Statut, le Tribunal comprend les chambres suivantes : la Chambre de procédure sommaire, la Chambre pour le règlement des différends relatifs aux pêcheries, la Chambre pour le règlement des différends relatifs au milieu marin et la Chambre pour le règlement des différends relatifs à la délimitation maritime.

À la demande des parties, le Tribunal a également constitué des chambres spéciales pour traiter (de manière multidisciplinaire, bien entendu) de l'Affaire concernant la conservation et l'exploitation durable des stocks d'espadon dans l'océan Pacifique sud-est (Chili / Communauté européenne), du Différend relatif à la délimitation de la frontière maritime entre le Ghana et la Côte d'Ivoire dans l'océan Atlantique (Ghana / Côte d'Ivoire) et du Différend relatif à la délimitation de la frontière maritime entre l'île Maurice et les Maldives dans l'océan Indien (île Maurice / Maldives).

La première affaire, le navire « SAIGA » (*Saint-Vincent-et-les-Grenadines c. Guinée*), a été soumise au Tribunal le 13 novembre 1997. À ce jour, vingt-neuf affaires ont été renvoyées devant le Tribunal. Les arrêts et ordonnances rendus dans les affaires portées devant le Tribunal sont reproduits dans la série « Recueil des arrêts, avis consultatifs et ordonnances »[1].

Organisation maritime internationale (OMI)[2]

Selon l'histoire et les activités de cette organisation, la première tâche de l'OMI a été d'adopter une nouvelle version de la Convention internationale pour la sauvegarde de la vie humaine en mer (SOLAS), la plus importante de tous les traités relatifs à la sécurité maritime. L'OMI s'est ensuite penchée sur des questions telles que la facilitation du trafic maritime international, les lignes de fret et le transport de marchandises dangereuses, tandis que le système de mesure du tonnage des navires a été révisé. L'augmentation de la quantité de pétrole transporté en mer et de la taille des pétroliers a été une préoccupation particulière, et la catastrophe du Torrey Canyon en 1967, lorsque 120 000 tonnes de pétrole se sont déversées

[1]Voir le site officiel du Tribunal, où l'on peut trouver sa pratique et les détails de son organisation et de son fonctionnement (https://www.itlos.org/en/main/cases/), consulter le 18.08.2022.

[2]Conformément à son statut et à son mode d'organisation et de fonctionnement, l'OMI compte actuellement 175 États membres et trois membres associés. L'OMI compte 66 organisations intergouvernementales dotées du statut d'observateur et 85 organisations internationales non gouvernementales dotées du statut consultatif. Plusieurs pays ont proposé la création d'un organisme international permanent pour promouvoir plus efficacement la sécurité maritime, mais ces propositions n'ont été mises en œuvre qu'après la création des Nations unies. En 1948, une conférence internationale tenue à Genève a adopté la convention portant création de l'OMI (le nom initial était Organisation intergouvernementale consultative de la navigation maritime, ou OICM, mais il a été remplacé par OMI en 1982). La convention de l'OMI est entrée en vigueur en 1958 et la nouvelle organisation s'est réunie pour la première fois l'année suivante. Les objectifs de l'organisation, résumés à l'article 1 (a) de la convention, sont « d'établir un système de coopération entre les gouvernements dans le domaine des réglementations et pratiques gouvernementales concernant les questions techniques de toute nature affectant la navigation commerciale internationale ; d'encourager l'adoption générale des normes les plus élevées possibles en matière de sécurité maritime, d'efficacité de la navigation et de prévention et de contrôle de la pollution marine par les navires ; et de traiter des questions juridiques liées aux objectifs énoncés dans le présent article ». (https://www.imo.org/en/About/Membership/Pages/ Default.aspx), consulté le 18.08.2022.

dans l'environnement marin, a démontré l'ampleur multidisciplinaire du problème.

La plus représentative de ces mesures est la convention internationale de 1973 pour la prévention de la pollution par les navires, tels que modifiés par le protocole de 1978 (MARPOL 73/78). Elle couvre non seulement la pollution accidentelle et opérationnelle par les hydrocarbures, mais aussi la pollution par les produits chimiques, les emballages, les eaux usées, les ordures et la pollution atmosphérique.

En 1969 et 1971, deux traités ont été adoptés pour faciliter et accélérer l'indemnisation des victimes de la pollution par les hydrocarbures. Ces deux traités ont été modifiés en 1992, puis en 2000, afin de relever les plafonds d'indemnisation des victimes de la pollution. Depuis lors, un certain nombre d'autres conventions juridiques ont été élaborées, dont la plupart traitent des questions de responsabilité et d'indemnisation. C'est également au cours de cette période qu'un système mondial de recherche et de sauvetage a été mis en place avec la création de l'Organisation internationale de télécommunications mobiles par satellite (IMSO), qui a considérablement amélioré la transmission des messages radio et autres aux navires.

Le système mondial de détresse et de sécurité en mer (SMDSM) a été adopté en 1988 et mis en place progressivement à partir de 1992. En février 1999, le SMDSM est devenu pleinement opérationnel, de sorte qu'un navire en détresse n'importe où dans le monde peut désormais être presque certain de recevoir de l'aide, même si l'équipage du navire n'a pas envoyé de message radio pour demander de l'aide, parce que le message sera envoyé automatiquement.

Deux initiatives des années 1990 se distinguent particulièrement en ce qui concerne l'élément humain dans le transport maritime. Le 1er juillet 1998, le code international de gestion de la sécurité est entré en vigueur et est devenu applicable aux navires à passagers, aux pétroliers, aux chimiquiers, aux vraquiers, aux transporteurs de gaz et aux engins à cargaison à grande vitesse d'une jauge brute égale ou supérieure à 500.[1]

Le 1er février 1997, les amendements de 1995 à la Convention internationale de 1978 sur les normes de formation des gens de mer, de délivrance des brevets et de veille sont entrés en vigueur. Ces amendements améliorent considérablement les normes applicables aux gens de mer et, pour la première fois, donnent à l'OMI le pouvoir de vérifier les mesures prises par les gouvernements, les parties étant tenues de fournir à l'OMI des informations sur le respect de la convention. Une révision majeure de la convention et du code STCW a été achevée en 2010 avec l'adoption des « amendements de Manille à la convention et au code STCW ».

Dans les années 2000, de nouvelles conventions relatives à l'environnement marin ont été adoptées, notamment une sur les systèmes antisalissures nuisibles (AFS 2001), une autre sur la gestion des eaux de ballast pour prévenir l'invasion d'espèces exotiques (BWM 2004) et une autre sur le recyclage des navires (Hong Kong International) (Convention pour le recyclage sûr et écologiquement rationnel des navires, 2009). Les années 2000 ont également été marquées par l'attention portée à la sûreté maritime, avec l'entrée en vigueur en juillet 2004 d'un nouveau régime global de sûreté pour le transport international, comprenant le code international pour la sûreté des navires et des installations portuaires (ISPS), qui est devenu obligatoire en vertu des amendements à la convention SOLAS adoptés en 2002.

En 2005, l'OMI a adopté des amendements à la convention de 1988 pour la répression d'actes illicites contre la sécurité de la navigation maritime et à son protocole additionnel (les protocoles américains de 2005), qui introduisent notamment le droit pour un État partie d'arraisonner un navire battant pavillon d'un autre État partie si la partie requérante a des motifs raisonnables a soupçonner que le navire ou une personne à bord est, a été ou est sur le point d'être impliquée dans la commission d'une infraction en vertu de la convention.

---

[1]Elle est devenue applicable aux autres navires de charge et aux unités mobiles de forage en mer d'une jauge brute égale ou supérieure à 500 à partir du 1er juillet 2002.

L'accent est mis sur la poursuite de la mise en œuvre, le programme de coopération technique étant un élément clé du travail de l'OMI. Le système d'audit des États membres de l'OMI, qui est devenu obligatoire en vertu d'un certain nombre d'instruments clés de l'OMI le 1er janvier 2016, sera essentiel à sa mise en œuvre efficace, en fournissant à l'État membre audité une évaluation complète et objective de sa gestion efficace, en mettant en œuvre les instruments obligatoires de l'OMI couverts par le système[1].

Aujourd'hui, outre les questions de délimitation, d'exploration et d'exploitation, nous discutons également de la possibilité de vivre sous l'eau. Nous nous souvenons tous du grand explorateur Jacques-Yves Cousteau. Son petit-fils, Fabien Cousteau, a une nouvelle vision de la vie et du travail dans l'océan. Il imagine qu'il pourrait être possible de rester sous l'eau à long terme en construisant des habitats sous-marins qui ressemblent à des maisons, plutôt qu'à des bulles sous-marines étanches, ce qui pourrait soulever de nouvelles questions spécifiques de droit international. Selon des articles de presse récents (mars 2022), le projet, appelé Proteus, serait un analogue marin de la Station spatiale internationale et hébergerait principalement des aquanautes, l'équivalent d'un astronaute dans l'océan. Proteus Ocean Group, une société privée qui exploitera et gérera Proteus, a récemment signé un contrat d'ingénierie, d'approvisionnement et de construction (EPC) avec une société qui a de l'expérience dans la création de vaisseaux hyperbares et sous pression dans l'environnement océanique. La plupart des technologies explorées par Proteus sont similaires aux technologies spatiales. Par conséquent, les règles du droit international pourraient s'appliquer par assimilation ou par l'intervention de nouveaux traités réglementaires[2]. Cela reste un

---

[1]La source de ces informations est l'organisation elle-même, dont les coordonnées sont disponibles à l'adresse suivante : :
https://www.imo.org/en/About/Pages/Default.aspx), consulté le 18.08.2022.
[2]L'article a été publié dans Popular Science en mars 2022 (https://www.popsci.com/ technology/fabien-cousteau-proteus-underwater-international-space-station/), consulté le 19.08.2022. L'article précise que la première unité sera installée au large de Curaçao, une île située au nord du

sujet de recherche pour les futurs spécialistes du droit international.

Le droit des traités

Dans ce domaine, les changements juridiques sont encouragés par le nombre croissant de traités conclus entre les États et les organisations internationales, le développement de divers mécanismes de mise en œuvre et de suivi des traités, l'évolution des pratiques d'interprétation des traités marquée par l'importance du principe de bonne foi et des objectifs de développement durable des Nations unies dans l'interprétation des traités, et l'émergence de traités couvrant de nouveaux sujets tels que la protection des données, la cybersécurité, etc.

Le droit des traités désigne l'ensemble du droit international régissant la création, l'interprétation et l'application des traités entre les États. Dans ce contexte, la dynamique actuelle est influencée par un certain nombre de facteurs, notamment la nature changeante des relations internationales, l'émergence de nouveaux acteurs sur la scène internationale et une complexité accrue. L'une des évolutions les plus significatives de ces dernières années dans le domaine du droit des traités a été l'accent mis sur le rôle des acteurs non étatiques dans le processus d'expansion et d'élaboration des règles. Ces acteurs comprennent les organisations internationales, les groupes de la société civile et les entreprises privées. Une autre tendance significative du droit des traités est l'importance accrue accordée à la protection des droits de l'homme et de l'environnement. De nombreux traités modernes, en particulier ceux relatifs au commerce et à l'investissement, contiennent des dispositions protégeant les droits de l'homme et les normes environnementales. Tous ces éléments reflètent une reconnaissance plus large de l'interconnexion entre les disciplines.

Venezuela, dans une zone marine protégée, à une profondeur d'environ 60 mètres. L'équipe étudie également d'autres sites en Europe et aux États-Unis pour de futures stations, dans le but de créer un réseau. Elle a déjà réalisé une cartographie en 3D des fonds marins autour de la zone générale où sera installé Proteus.

À cela s'ajoutent les orientations et les possibilités offertes par les avancées technologiques. Par exemple, l'utilisation généralisée des technologies numériques dans le commerce international et la communication a créé de nouvelles perspectives pour l'interprétation et l'application des traités. Nous pouvons dire que la dynamique du droit des traités est en constante évolution en réponse aux circonstances mondiales changeantes et à l'émergence de nouveaux acteurs et de nouvelles questions. Il est donc constructif pour les États et les autres acteurs de rester vigilants et de s'adapter à cette dynamique changeante afin de garantir l'efficacité continue du droit dans la promotion de la paix, de la sécurité et de la prospérité au sein de la société internationale.

L'une des évolutions les plus significatives de ces dernières années dans le domaine du droit des traités a été l'implication progressive d'acteurs non étatiques dans le processus d'élaboration des traités, qui acquerront ainsi une forte personnalité juridique internationale en raison de leur rôle considérable dans l'élaboration de normes et de règles internationales. Si les organisations internationales telles que les Nations unies et l'Organisation mondiale du commerce restent des acteurs précieux dans le processus d'élaboration des traités, car elles constituent un forum au sein duquel les États négocient et conviennent de normes communes, il est très probable qu'à l'avenir, de nouveaux acteurs joueront un rôle important sur la scène internationale.

Certains chercheurs affirment que l'ingérence accrue des acteurs non étatiques dans le droit des traités représente une évolution vers une forme plus participative et démocratique de gouvernance mondiale, car elle permet à un plus grand nombre de voix de se faire entendre dans le processus de prise de décision. Toutefois, d'autres s'inquiètent de la responsabilité et de la légitimité des acteurs non étatiques, en particulier lorsque leurs intérêts peuvent entrer en conflit avec ceux des États ou d'autres acteurs[1].

---

[1]Biermann, F., Pattberg, P., van Asselt, H., & Zelli, F., *The fragmentation of global governance architectures : A framework for analysis*, Global

Une autre tendance particulière du droit des traités est l'importance accordée à la protection des droits de l'homme et de l'environnement. De nombreux traités modernes, en particulier ceux relatifs au commerce et à l'investissement, contiennent des dispositions protégeant les droits de l'homme et les normes environnementales. Les principes directeurs des Nations unies relatifs aux entreprises et aux droits de l'homme fournissent un cadre permettant de s'assurer que les entreprises respectent les droits de l'homme dans le cadre de leurs activités. De même, l'accord de Paris sur le changement climatique comprend des dispositions visant à réduire les émissions de gaz à effet de serre et à promouvoir la transition vers une économie à faible émission de carbone. Ces évolutions reflètent une reconnaissance plus large de l'interconnexion des questions économiques, sociales et environnementales et la nécessité d'une vision holistique de la gouvernance mondiale[1].

D'autre part, l'utilisation croissante des technologies numériques dans le commerce international et la communication a créé de nouvelles tendances dans l'interprétation et l'application des traités. En théorie, certains affirment que les technologies numériques ont le potentiel d'accroître l'efficacité et l'efficience du droit des traités, en permettant aux États et aux autres acteurs d'échanger plus facilement des informations et de collaborer plus intensément à des actions communes. D'autres, en revanche, s'inquiètent du potentiel des technologies numériques à exacerber les inégalités existantes[2]. Dans les deux

---

Environmental Politics, 9(4), 2009, pp. 14-40 ; et Kingsbury, B., Krisch, N., & Stewart, R. B. (Eds.), *The emergence of global administrative law*, Oxford University Press, 2005.

[1]De Schutter, O., & MacNaughton, G., *Human rights obligations of non-state actors in the Paris Agreement*, Climate Law, 7(2-3), 2017, pp. 103-119 ; Salomon, M., *The role of international investment agreements in promoting sustainable development : An overview,* Journal of World Investment & Trade, 17(6), 2016, pp. 891-914 ; ou Simons, P., *The human right to a clean environment in international law*, Oxford University Press, 2017.

[2]Klabbers, J.,*The changing landscape of international law : Lessons learned from 20 years of scholarship on non-state actors*, The European Journal of International Law, 28(1), 2017, pp. 1-31 ; Abbott, K. W., *Digital regulation for the entrepreneurial economy*, The University of Chicago Law Review, 80(1),

cas, des questions multidisciplinaires et transdisciplinaires sont prises en compte.

Les discussions théoriques présentées abordent des questions telles que la fragmentation des architectures de gouvernance mondiale et fournissent un cadre d'analyse des rôles des acteurs non étatiques dans le droit international, en soutenant que la complexité et la fragmentation croissantes des structures de gouvernance mondiale nécessitent des méthodologies transdisciplinaires qui rassemblent différentes disciplines et différents acteurs (un cadre d'analyse des rôles des acteurs non étatiques, y compris leurs contributions à l'élaboration et à la mise en œuvre des traités, est proposé) ; explorer le potentiel de la science transdisciplinaire de la durabilité pour contribuer au développement d'une recherche sur le développement durable fondée sur les droits de l'homme, qui reconnaisse l'interdépendance des questions sociales, économiques et environnementales, ce qui nécessite une évolution vers des formes de gouvernance plus participatives et inclusives, composées de différents acteurs, y compris la société civile et les communautés marginalisées ; modifier le paysage du droit international, en mettant l'accent sur le rôle croissant des acteurs non étatiques, y compris les ONG, les entreprises et les particuliers, en reconnaissant la complexité et la diversité de la gouvernance mondiale et en s'engageant dans différentes disciplines ; utiliser de nouvelles visions de la gouvernance urbaine grâce à la collaboration entre différents acteurs, y compris les autorités publiques, les organisations de la société civile et le monde universitaire, pour relever les nouveaux défis urbains tels que le changement climatique, l'inégalité sociale et l'urbanisation, ce qui nécessite de passer à des formes de

2013, pp. 417-438 ; Chander, A., *The digital trade illusion*, The Yale Law Journal, 122(5), 2013, pp. 1372-1411 ; ou Jha, R., *International law in the digital age : Challenges and opportunities,* Indian Journal of International Law, 59(1), 2019, pp. 1-24. Il convient de noter que le régime juridique des communications et des nouvelles technologies a évolué et s'est matérialisé en une discipline autonome, ce qui atteste d'une meilleure réglementation des droits et obligations spécifiques, mais aussi d'une identification plus cohérente des principes.

gouvernance qui s'appuient sur des perspectives et des systèmes de connaissances divers ; le pluralisme, qui reconnaît la diversité des acteurs et des ordres juridiques impliqués dans l'élaboration et la mise en œuvre des traités, notamment les États, les ONG, les organisations internationales et les acteurs infranationaux, ainsi que les dimensions sociales et culturelles de l'élaboration et de la mise en œuvre des traités.[1]

Ces développements contemporains se composent de : 1) la collaboration interdisciplinaire, y compris le droit, les sciences politiques, la sociologie, l'anthropologie et les sciences de l'environnement, bien que les différentes disciplines aient des méthodologies, des épistémologies et des ontologies différentes, ce qui peut créer des conflits dans la communication et la collaboration ; 2) la participation et l'inclusion de diverses parties prenantes, y compris les organisations de la société civile, les communautés autochtones et les groupes marginalisés, bien que les déséquilibres de pouvoir et l'accès inégal aux ressources et aux connaissances puissent conduire à des défis pour assurer une participation et une inclusion significatives ; 3) la complexité et l'incertitude, avec des implications pour la codification de questions complexes et incertaines telles que le changement climatique, la perte de biodiversité et les violations des droits de l'homme, l'acceptation de l'incertitude et de la complexité et l'engagement dans l'apprentissage et l'adaptation continus ; 4) le pluralisme juridique, qui nécessite de reconnaître la diversité des ordres juridiques et des normes dans l'élaboration et la mise en œuvre des traités, y compris les systèmes juridiques internationaux, nationaux et infranationaux, ainsi que les systèmes juridiques non étatiques et coutumiers, de développer des cadres pour naviguer dans le pluralisme juridique et d'assurer la cohérence et l'homogénéité entre les différents ordres juridiques ; et 5) l'éthique et les valeurs en relation avec les

---

[1]Frank Biermann, Philipp Pattberg, Harro van Asselt, Fariborz Zelli ; The Fragmentation of Global Governance Architectures : A Framework for Analysis. Global Environmental Politics 2009 ; 9 (4) : 14-40. doi : https://doi.org/10.1162/glep.2009.9.4.14 ; ou El Nachar, Eman, et Doaa Abouelmagd, *The Inter/Transdisciplinary Framework for Urban Governance Intervention*, in Egyptian Informal Settlements Buildings 13, no. 2 : 265, 2023, https://doi.org/10.3390/buildings13020265.

considérations éthiques et normatives, y compris les questions de justice, d'équité et de durabilité, en développant des cadres de réflexion et de dialogue éthiques et en veillant à ce que toutes les considérations éthiques soient intégrées dans les processus de prise de décision.

Ces nouveaux débats soulignent la nécessité de poursuivre l'innovation et l'expérimentation dans le développement d'applications transdisciplinaires du droit des traités, ainsi que de poursuivre le dialogue et la collaboration entre les différentes disciplines, les acteurs et les systèmes juridiques. Quelques exemples : 1) La Convention sur la diversité biologique, qui est un accord multilatéral sur l'environnement visant à conserver la biodiversité, à promouvoir l'utilisation durable de ses éléments et à assurer le partage équitable des avantages découlant des ressources génétiques — La convention reconnaît l'importance de l'évaluation transdisciplinaire pour aborder les aspects ramifiés et interdépendants de la conservation et de l'utilisation durable de la biodiversité et appelle à une action conjointe des différentes parties prenantes, y compris les communautés autochtones et locales, dans les processus de prise de décision ; 2) L'Accord de Paris, adopté en 2015 dans le cadre de la Convention-cadre des Nations unies sur les changements climatiques (CCNUCC), reconnaît la nécessité d'une analyse transdisciplinaire pour trouver des solutions à la dynamique complexe et interconnectée du changement climatique et suggère la participation de différentes parties prenantes, y compris les organisations de la société civile, les acteurs du secteur privé et les gouvernements infranationaux, à l'élaboration et à la mise en œuvre des politiques climatiques[1] ; 3) La Convention relative aux droits de l'enfant, un traité sur les droits de l'homme qui énonce les droits civils, politiques, économiques, sociaux et culturels des enfants[2], où le terme *trans* est implicitement utilisé pour garantir

---

[1]L'Accord de Paris est un traité relevant de la Convention-cadre des Nations unies sur les changements climatiques, qui réglemente les mesures visant à réduire les émissions de dioxyde de carbone à partir de 2020. L'accord a été négocié lors de la COP-21 à Paris et a été approuvé le 12 décembre 2015.

[2]À ce jour, la Convention a été adoptée par 196 pays membres des Nations unies (à l'exception des États-Unis). Chaque État qui signe et ratifie la Convention

la réalisation des droits de l'enfant, recommandée comme la participation partagée de tous, y compris des enfants eux-mêmes, aux processus de prise de décision qui affectent leur vie ; 4) Convention sur l'élimination de toutes les formes de discrimination à l'égard des femmes, un traité qui vise à éliminer la discrimination à l'égard des femmes et des filles dans toutes les sphères de la vie, où le terme *trans* est utilisé pour répondre aux questions complexes et multiformes de l'égalité des sexes et de l'autonomisation des femmes, recommandé comme une action conjointe des différentes parties prenantes, y compris les organisations de femmes, dans les processus de prise de décision[1] ; 5) Protocole de Nagoya sur l'accès aux ressources génétiques et le partage juste et équitable des avantages découlant de leur utilisation, visant à assurer un partage juste et équitable des avantages découlant de l'utilisation des ressources génétiques, avec la participation des communautés autochtones et locales[2] — Le protocole de Nagoya démontre l'importance des applications transdisciplinaires aux développements complexes de l'accès et du partage des avantages et souligne la

---

s'engage à assurer l'application intégrale et équitable des normes juridiques en matière de promotion et de protection des droits de l'enfant. Deux protocoles facultatifs à la Convention relative aux droits de l'enfant ont été adoptés le 25 mai 2000. Le premier protocole interdit l'implication d'enfants dans les conflits militaires et le second interdit la vente d'enfants, la prostitution des enfants et la pornographie mettant en scène des enfants. Les deux protocoles ont été ratifiés par plus de 150 pays. Un troisième protocole facultatif a été adopté à New York en décembre 2011 sur la procédure de communication, qui permettra aux enfants ou à leurs représentants de déposer des plaintes individuelles concernant des violations des droits de l'enfant. Ce document est entré en vigueur le 14 avril 2014.

[1]La Convention sur l'élimination de toutes les formes de discrimination à l'égard des femmes a été adoptée et ouverte à la signature par l'Assemblée générale des Nations unies par une résolution du 18 décembre 1979. Elle est entrée en vigueur le 3 septembre 1981 dans tous les États membres des Nations unies.

[2]Le protocole de Nagoya est un protocole à la Convention sur la diversité biologique (CDB), signée pour la première fois par les dirigeants mondiaux en 2010. L'UE est partie à la CDB, au même titre que 193 autres pays. L'objectif du protocole est de partager de manière juste et équitable les avantages découlant de l'utilisation des ressources génétiques.

recommandation d'efforts coordonnés de toutes les parties prenantes, y compris les communautés autochtones et locales, dans les processus de prise de décision ; 6) La Convention sur la protection et l'utilisation des cours d'eau transfrontières et des lacs internationaux, qui vise à promouvoir la gestion durable des ressources en eau transfrontières grâce à la participation conjointe, en particulier des États riverains, des utilisateurs et des communautés touchées[1] — La convention souligne l'importance d'une vision transdisciplinaire pour les développements actuels en matière de gestion de l'eau et appelle à des efforts conjoints de différentes disciplines, notamment l'hydrologie, l'écologie, l'économie et le droit, dans les processus de prise de décision ; 7) Convention sur l'élimination de toutes les formes de discrimination raciale (CERD), un traité visant à éliminer la discrimination raciale et à promouvoir l'égalité raciale[2] — La convention souligne la pertinence d'une approche transdisciplinaire des situations difficiles et interdépendantes de discrimination et d'inégalité raciales et appelle à une action conjointe des différentes parties prenantes, y compris les organisations de la société civile, dans les processus de prise de décision ; 8) La Convention sur la protection et la promotion de la diversité des expressions culturelles, qui vise à protéger et à promouvoir la diversité culturelle en impliquant différentes parties prenantes, notamment les industries culturelles, les organisations de la société civile et les communautés autochtones[3] — La Convention souligne l'importance de la transdisciplinarité comme réponse à la dynamique de la diversité culturelle et appelle à la coopération de différentes disciplines,

---

[1]Convention d'Helsinki : prévention de la pollution des cours d'eau transfrontaliers et des lacs internationaux. Par la décision 95/308/CE, la Communauté européenne (aujourd'hui l'UE) a adhéré à la Convention sur la protection et l'utilisation des cours d'eau transfrontières et des lacs internationaux (Commission économique des Nations unies pour l'Europe — Convention sur l'eau de la CEE-ONU).

[2]Convention des Nations unies du 21 décembre 1965 sur l'élimination de toutes les formes de discrimination raciale.

[3]Convention de l'UNESCO sur la protection et la promotion de la diversité des expressions culturelles et décision 2006/515/CE du Conseil du 18 mai 2006 relative à la conclusion de la convention sur la protection et la promotion de la diversité des expressions culturelles (JO L 201 du 25.7.2006, p. 15-30).

notamment l'anthropologie, la sociologie et les études culturelles, dans les processus de prise de décision.

D'autres exemples incluent : 1) la Convention-cadre des Nations unies sur les changements climatiques (1992), qui souligne la nécessité d'une analyse interdisciplinaire pour la gestion du changement climatique et comprend des dispositions relatives à la coopération scientifique et technique entre les parties ; 2) la Convention-cadre de l'Organisation mondiale de la santé pour la lutte antitabac (2003), qui comprend des dispositions relatives à la recherche et à la collaboration interdisciplinaires dans le cadre des efforts visant à réduire le tabagisme et l'exposition au tabac ; 3) la Recommandation de l'UNESCO sur la science et les scientifiques (2017), qui souligne l'importance de la recherche transdisciplinaire et appelle à un très haut niveau de collaboration entre les scientifiques et les autres parties prenantes, y compris les décideurs politiques et les organisations de la société civile.

Il convient de noter que, bien que ces conventions intègrent des perspectives transdisciplinaires de différentes manières, elles ne représentent pas nécessairement une liste exhaustive de tous les accords internationaux qui le font. La mesure dans laquelle la transdisciplinarité est soulignée ou appliquée dans chaque convention peut varier, comme on peut le déduire des exemples supplémentaires suivants : 1) La Convention des Nations Unies sur la lutte contre la désertification (1994), qui reconnaît l'importance des approches interdisciplinaires pour gérer la désertification, la dégradation des sols et la sécheresse ; 2) La Recommandation de l'Organisation des Nations Unies pour l'éducation, la science et la culture (UNESCO) sur les paysages urbains historiques (2011), qui démontre l'importance de la collaboration transdisciplinaire et de la participation des communautés à la conservation et à la gestion des zones urbaines historiques ; 3) La Stratégie mondiale pour la santé des femmes, des enfants et des adolescents (2016-2030) de l'Organisation mondiale de la santé, qui suggère la nécessité d'une solution transdisciplinaire pour améliorer la santé et le bien-être des femmes, des enfants et des adolescents, en mettant l'accent sur la collaboration entre les secteurs et les disciplines. Le contenu de ces accords comporte différents degrés ou types d'applications transdisciplinaires.

La dynamique transdisciplinaire dans le *lawfare*

La *lawfare* est un nouveau concept qui a émergé ces dernières années sous diverses formes, la plupart controversées. On peut dire qu'il s'agit d'une création transdisciplinaire née de l'utilisation de cadres, de processus et d'institutions juridiques pour atteindre un résultat souhaité, une utilisation souvent basée sur l'expression « utiliser la loi pour l'illégalité ». Elle cherche à identifier les connaissances et les perspectives de différentes disciplines, presque sans limites, pour fournir différentes interprétations ou applications de la nature multiforme, interreliée et interdépendante du droit[1]. La transdisciplinarité dans le domaine *de la lawfare* combine des stratégies de recherche, d'analyse et de résolution de problèmes à travers de multiples composantes, y compris les conclusions des juristes, des décideurs politiques et militaires, des journalistes et autres.[2] Ces dernières années, des questions ont été débattues sur la signification, l'importance et le fonctionnement de ce qui constitue la *lawfare*, à la fois en théorie et en pratique. Le phénomène de la lawfare fait actuellement l'objet d'un débat théorique aux quatre coins du monde. Compte tenu de la signification terminologique de ce nouveau phénomène, auquel on a donné le nom de *lawfare*, on peut considérer qu'il peut être particulièrement utile de développer la recherche sur ce sujet dans une nouvelle direction scientifique et même culturelle : à travers la transdisciplinarité, dont l'objectif est de mettre en évidence la nature et les caractéristiques du flux d'informations entre les différentes branches de la connaissance. De cette manière, nous pouvons commencer à identifier des cas de

---

[1]Cristina Elena Popa Tache, *Analysis of lawfare in international law from a transdisciplinary perspective*, in Pandectele Române no. 5/2022, Wolters Kluwer, pp. 14-28. Certains aspects sont présentés sous l'aspect *trans* dans *Handbook of Transdisciplinary Research*, Gertrude Hirsch Hadorn, Holger Hoffmann-Riem, Susette Biber-Klemm, Walter Grossenbacher-Mansuy, Dominique Joye, Christian Pohl, Urs Wiesmann, Elisabeth Zemp Editors, Ed. Springer, 2008.

[2]Tanja Aalberts, Nikolas M. Rajkovic,Thomas Gammeltoft-Hansen, *Introduction : Legality, Interdisciplinarity and the Study of Practices*, in Power of Legality, Cambridge University Press, 2016, pp. 11-19.

lawfare dans la société et dans tout ce qui peut être ou est affecté par ce phénomène. Comment cela est-il possible dans le contexte du *lawfare* ? Il a été observé que le droit est utilisé stratégiquement dans plusieurs États pour atteindre des objectifs géopolitiques, politiques, commerciaux, financiers et militaires[1]. Les droits de l'homme sont au cœur de ces questions. Dans le domaine du droit, des recherches pluridisciplinaires ont été initiées au niveau international, avec des efforts pour diagnostiquer et rapporter les cas de *lawfare* dans *le* monde, ce qui signifie en fait défendre le droit lui-même (protéger la norme qui protège) et affirmer pleinement les droits de l'homme, c'est-à-dire affirmer cette vision globale de l'être humain et au-delà.

Au-delà de la multidisciplinarité et de la transdisciplinarité, nous pouvons constater l'impact significatif de cette question sur la fonction et la finalité même du droit par rapport à l'ensemble des relations sociales. La prolifération de l'utilisation des normes juridiques à des fins diverses peut remettre en question tant l'action de certaines autorités publiques (par exemple, la création de normes juridiques en vue de leur utilisation ultérieure dans le cadre de la *lawfare*, l'utilisation à certaines fins de la lutte contre la corruption ou l'utilisation d'instruments fiscaux abusifs) que l'action des organisations internationales intergouvernementales, par exemple les organisations travaillant dans divers domaines : économie, santé, culture, éducation, environnement, paix et sécurité, etc. C'est pourquoi l'idéal serait d'avoir une coopération et un dialogue transdisciplinaires pour identifier d'abord les cas de *lawfare* et trouver ensuite les meilleures solutions pour les arrêter, les réglementer et les éliminer, si nécessaire.

Le phénomène de *la lawfare* est généralement utilisé pour détruire quelqu'un au moyen des tactiques suivantes : en utilisant abusivement les lois existantes pour délégitimer et endommager l'image publique du ou des opposants ; en utilisant les procédures

---

[1]Voir le travail du Lawfare Institute, créé à São Paulo en 2017 à l'initiative des avocats Valeska Teixeira Martins, Cristiano Zanin Martins et Rafael Valim, dans le contexte de l'augmentation du nombre de cas de lawfare dans le monde. La cérémonie d'ouverture de l'Institut a eu lieu à l'université SOAS de Londres le 5 décembre 2017. La mission du Lawfare Institute est de produire du contenu scientifique sur le lawfare et d'analyser des cas emblématiques du phénomène.

judiciaires pour restreindre leur liberté, les intimider ou les réduire au silence ; en influençant négativement l'opinion publique pour devancer les décisions judiciaires et restreindre le droit à une défense impartiale ; en forçant des fonctionnaires à exercer des représailles contre des hommes politiques afin d'entraver les mécanismes de défense juridique ; en sélectionnant au hasard les personnes à inculper ou en manipulant tactiquement une fausse affaire et en tentant de harceler et d'embarrasser les avocats de la défense.

De ces cas particuliers de *lawfare* à son utilisation dans la guerre (militaire ou économique), il n'y a qu'un pas. Ce qui reste à voir, c'est l'attention portée à l'importance de développer des limites de principe au comportement juridique, sans lesquelles le droit ne peut être appliqué. Outre les problèmes spécifiques d'interprétation du droit, la signification de termes tels que « faits juridiques » ou « phénomènes juridiques » est également mise en exergue. Étroitement liée à la vie sociale, l'idée de droit se retrouvera dans tous ses phénomènes. Cause ou effet des phénomènes sociaux, le droit coexiste avec eux[1]. Une science n'est pas seulement une collection de faits. Les faits sont le matériau de la science. La science est l'ensemble de l'édifice dans lequel les faits sont coordonnés, les faits-effets unis aux faits-causes, de sorte que de cette juxtaposition peuvent émerger de façon lumineuse les relations invariables entre eux, qui forment les lois de la science. Ce n'est que lorsque nous pouvons extraire des concepts relatifs à certains faits concrets les relations entre eux et les relations invariables appelées lois, que la connaissance acquiert le nom de science[2].

Pour ces raisons, le *lawfare* touche à l'essence même du droit, à sa finalité et à ses fonctions. En se référant au droit, on peut tomber dans le réductionnisme. Surtout, le *lawfare s*'éloigne des principes fondamentaux du droit : le principe de liberté, le principe de justice, le principe d'égalité et le principe de responsabilité. Le droit est obligé de suivre les nouvelles

---

[1]I. Peretz, *Curs de istoria de direito român*, Maison d'édition Curierul Judiciar, Bucarest, 1915 , p. 3.
[2]Idem, p. 13.

tendances[1]. Le phénomène de la mondialisation, qui a des répercussions sur le droit, est interprété par certains auteurs comme une adaptation naturelle du droit aux nouvelles formes d'interdépendance et de conscience mondiale[2]. C'est là qu'intervient la transdisciplinarité.

L'aspect positif qui ressort est l'effort fait par les spécialistes pour analyser et rétablir les limites par des réglementations appropriées. Le rôle de la transdisciplinarité est le même que celui d'une fondation, car, comme le dit la Charte de la transdisciplinarité, la transdisciplinarité est complémentaire de l'approche disciplinaire ; la confrontation entre les disciplines produit de nouveaux résultats et de nouvelles passerelles entre elles ; elle nous donne une nouvelle vision de la Nature et de la Réalité. La transdisciplinarité ne cherche pas à développer une super-discipline qui engloberait toutes les disciplines, mais à ouvrir toutes les disciplines à ce qu'elles ont en commun et à ce qui se trouve au-delà de leurs frontières (art. 3)[3]. La Charte a été adoptée en tenant compte de ces lignes directrices : « considérant que seule une intelligence prenant en compte la dimension globale des conflits actuels pourra faire face à la complexité de notre monde et au défi contemporain de l'autodestruction matérielle et spirituelle de notre espèce ; considérant que la vie est fortement menacée par une technoscience triomphante qui n'obéit qu'à l'effrayante logique de l'efficacité pour l'efficacité ; considérant que la déconnexion contemporaine entre un savoir de plus en plus accumulé et un être intérieur de plus en plus appauvri conduit à l'émergence d'un nouvel obscurantisme, aux conséquences individuelles et sociales incalculables ; considérant que l'accroissement sans précédent des connaissances accroît l'inégalité entre les nantis et les démunis,

[1]N. Popa, *Théorie générale du droit*, 5e édition, C. H. Beck, Bucarest, 2014, p. 11.

[2]A. Giddens, *Les conséquences de la modernité*, Polity Press, Oxford, 1990.

[3]La Charte de la transdisciplinarité, adoptée lors du premier Congrès mondial sur la transdisciplinarité, qui s'est tenu à Convento da Arrábida, au Portugal, du 2 au 6 novembre 1994, a ouvert la voie à de nombreuses études qui ont apporté une contribution considérable au développement de la recherche scientifique dans le monde.

générant ainsi des inégalités croissantes au sein des peuples et entre les nations de notre planète ; et considérant que, dans le même temps, tous les défis évoqués ci-dessus ont une contrepartie d'espoir, et que l'extraordinaire accroissement des connaissances peut conduire, à terme, à une mutation comparable au passage des hominidés à l'espèce humaine. » [1]

Les tenants du postmodernisme juridique ont souligné l'insuffisance de la norme juridique, du droit en général. Dans ces conditions, où se pose la question de la réalisation de la globalisation juridique, il est nécessaire d'accepter d'autres formules de régulation, extraétatiques ou supra-étatiques, qui dépassent la conception positiviste classique. « Le droit traverse les frontières comme un produit d'exportation. De plus en plus, les règles qui organisent nos vies auront été conçues ailleurs, et celles conçues ici serviront à construire le droit dans les pays étrangers. Modestes ingénieurs plutôt que grands architectes, ils commercent entre eux par-delà les frontières, échangeant arguments, décisions et idées… Cette nouvelle sociabilité judiciaire internationale bouleverse les modes de production et de reproduction du droit sur des sujets aussi sensibles que divers. [2]

Que la *lawfare* soit utilisée dans le cadre d'une guerre, ou qu'elle soit utilisée contre une seule personne ou même un seul être (lorsqu'on parle, par exemple, de l'utilisation abusive des lois sur la chasse ou la protection de l'habitat), l'effet dommageable est le même et peut avoir des ramifications incontrôlables à l'échelle mondiale.

Le droit international joue un rôle clé dans la recherche des solutions les plus efficaces. Toujours dans le cadre de la transdisciplinarité, si l'on considère l'être humain (la personne physique) dans sa dignité et sa nationalité, on peut dire que "la reconnaissance par le droit international de la double

---

[1]Ibid. Voir le préambule de la Charte.

[2]J. Allard, A. Garapon, *Les juges dans la mondialisation : La nouvelle révolution du droit*, Éditions du Seuil et La République des idées, 2005, pp. 1-19.

appartenance — à une nation et à la Terre — est l'un des objectifs de la recherche transdisciplinaire"[1].

Les définitions qui existent actuellement se concentrent principalement sur les aspects suivants :

- L'utilisation stratégique de procédures judiciaires pour intimider ou contrecarrer un adversaire (Collins English Dictionary). L'origine du mot vient de law + war/law-warfare[2] .
- La *lawfare* signifie également l'utilisation de systèmes et d'institutions juridiques pour nuire à un adversaire ou le délégitimer, ou pour décourager les individus d'utiliser leurs droits légaux (Wikipédia)[3].
- Le terme "*lawfare" existe* depuis un certain temps, mais son utilisation moderne est apparu pour la première fois dans un document publié en 2001[4]. *Lawfare* est un effort pour donner aux militaires et aux profanes une "introduction" facile à comprendre sur la façon dont les belligérants, en particulier ceux qui ne peuvent pas défier les capacités militaires de haute technologie (voir l'Amérique, telle que présentée dans la littérature), tentent d'utiliser le droit comme une forme de guerre "asymétrique".
- Selon le blog *Lawfare*, écrit par Robert Chesney, Jack Goldsmith et d'autres, le terme se réfère à ce domaine nébuleux dans lequel les actions prises ou destinées à protéger la nation interagissent avec les lois et les institutions juridiques de la nation. D'une manière générale, l'interprétation de ce sujet implique des questions telles que la cybersécurité, les cas d'habias Guantanamo, les assassinats ciblés, la biosécurité, la compétence universelle, le statut des étrangers en situation irrégulière, le privilège des secrets d'État et bien d'autres

[1]Article 8 de la Charte.

[2]Voir le dictionnaire anglais Collins à l'adresse https://www.collinsdictionary.com/dictionary/ english/lawfare, consulté le 23.11.2022.

[3]La définition se trouve sur la page de l'encyclopédie Wikipédia : https://en.wikipedia.org/wiki/Lawfare, consulté le 22.11.2022.

[4]Colonel Charles J. Dunlap, Jr, USAF, « Law and Military Interventions : Preserving Humanitarian Values in 21st Conflicts » (document présenté à la conférence « Humanitarian Challenges in Military Intervention », Washington, DC, 29 novembre 2001), disponible sur http://scholarship.law.duke.edu/cgi/viewcontent.cgi?article=6193&context=faculty_ scholarship, consulté le 23.11.2022.

questions connexes. La *lawfare* concerne à la fois l'utilisation du droit comme arme de conflit et peut-être plus important encore, la réalité déprimante selon laquelle l'Amérique reste en guerre avec elle-même à cause des lois qui régissent la guerre avec les autres, affirment les auteurs du blog. Ils proposent également un bref historique du terme : "Le terme 'lawfare' est controversé dans certains milieux et fait l'objet d'une grande variété d'interprétations et d'utilisations. Depuis les années 1950, le terme a souvent été utilisé dans des contextes sans rapport avec la sécurité nationale, qu'il s'agisse du droit du divorce, de l'accompagnement des litiges par des avocats, du colonialisme ou même de certaines questions liées au prix des billets d'avion pour les avocats. Mais c'est essentiellement dans le domaine de la sécurité nationale qu'il est le plus fréquemment utilisé aujourd'hui. Sa première utilisation dans ce contexte semble être apparue dans *Unrestricted Warfare*, un livre de stratégie militaire écrit en 1999 par deux officiers de l'Armée populaire de libération[1], qui ont utilisé le terme pour se référer à l'utilisation par une nation d'institutions internationales légalisées pour atteindre des objectifs stratégiques[2].

- Le droit est utilisé à la fois par des acteurs non étatiques technologiquement vulnérables et par des États dotés de formidables capacités militaires, mais la manière dont il est utilisé est différente.

---

[1]Qiao Liang et Wang Xiangsui, *Unrestricted Warfare : China's Master Plan to Destroy America*, ed. Newsmax.Com, 2002. Vrai ou faux, ce best-seller présente la situation suivante comme réelle : aussi incroyable que cela puisse paraître, trois ans avant l'attaque du 11 septembre contre le World Trade Center, un manuel militaire chinois intitulé Unrestricted Warfare faisait la promotion d'une telle attaque, suggérant que l'armée américaine aurait des difficultés à y faire face. Voici un extrait de Unrestricted Warfare *: « Qu'il s'agisse* d'intrusions de pirates informatiques, d'une explosion majeure au World Trade Center ou d'un attentat à la bombe perpétré par ben Laden, tous ces événements dépassent de loin la gamme de fréquences comprise par l'armée américaine… ». Étonnamment, Oussama ben Laden est mentionné fréquemment dans ce livre. Aujourd'hui, l'éditeur NewsMax.com met à la disposition de tous les Américains la traduction par la CIA de ce livre choquant.

[2]Pour plus de détails, voir le blog Lawfare, disponible à l'adresse suivante : https://www.lawfareblog.com/about-lawfare-brief-history-term-and-site, consulté le 22.11.2022.

- Le concept de *lawfare* combine 'des forces traditionnelles régies par la loi, la tradition militaire et la coutume, avec des forces non réglementées agissant sans retenue en termes de violence ou de sélection des cibles'. [1]

D'où les différences entre le *combat juridique* et l'abus de droit. L'abus de droit n'est que l'une des nombreuses façons dont *le lawfare* peut être utilisé.

La guerre russo-ukrainienne en est un exemple moderne. L'Ukraine a développé un 'projet de *lawfare'* contre la Russie, conçu pour utiliser le droit afin d'atteindre des objectifs militaires et de délégitimer les actions de ses adversaires. Selon des informations publiques, l'Ukraine est allée jusqu'à publier toutes ses tactiques de 'lawfare' sur un site web dédié[2]. L'analyse de cette situation revêt une importance pratique, car nous avons une occasion presque unique d'observer la '*lawfare'* en tant que tactique de guerre, dans laquelle une nouvelle règle est en train d'émerger : l'utilisation de ce nouveau concept comme forme de défense, à savoir une sorte d'autodéfense qui exonère de toute responsabilité. Il s'agit d'une page web gouvernementale, également disponible en anglais, dans laquelle l'État ukrainien déclare : 'nous passons d'une tactique parfois chaotique consistant à frapper et à porter des coups à une défense juridique bien pensée, complète et coordonnée de nos droits et de nos intérêts et, à cette fin, nous avons réuni d'éminents consultants juridiques étrangers pour nous aider à élaborer une stratégie de confrontation juridique'. Il est reconnu que la guerre hybride ne se limite pas à des hostilités ouvertes, mais comprend des tactiques spécifiques d'économie, de propagande, de corruption, d'intimidation, de *zombification*, etc. En examinant ce phénomène, nous pouvons constater que le droit ukrainien offre une fenêtre fascinante sur une guerre qui se déroule dans les sphères juridiques, psychologiques et informationnelles ainsi que sur le champ de bataille. D'autre part, la Russie utilise depuis longtemps le droit dans ses agressions contre les États et

---

[1]Ibid.

[2]Voir la page du gouvernement ukrainien : *Law Confrontation with Russian Feration*, disponible à l'adresse https://lawfare.gov.ua/, consultée le 28.11.2022.

territoires voisins, en adoptant des lois pour justifier des 'opérations humanitaires' dans le cadre de sa 'responsabilité de protéger' les populations amies de la Russie — qu'elles soient ou non d'origine russe, orthodoxes ou russophones. En 2018, la Douma a justifié rétroactivement l'annexion de la Crimée par la Russie en adoptant une loi commémorant 1783 comme date d'" adhésion » de la Crimée à l'empire russe[1].

Nous avons vu, par exemple, que la Chine dispose d'une doctrine extrêmement sophistiquée en matière *de lawfare*, qui fait de ces stratégies l'une de ses « trois guerres ». Selon Dean Cheng, « l'Armée populaire de libération aborde le droit sous un angle différent : comme une offensive », une arme capable d'arrêter ses adversaires et de s'emparer de l'initiative politique. Citant des sources chinoises, Cheng déclare : « La lawfare, au sens le plus élémentaire, consiste à « affirmer que son propre camp obéit à la loi, à critiquer l'autre camp pour avoir enfreint la loi et à soutenir son propre camp lorsque la loi est enfreinte ». L'actualité montre que la Chine semble mettre en œuvre sa stratégie de *lawfare*, que certains observateurs considèrent comme le principal moteur de son expansion en mer de Chine méridionale. Autre exemple : la Russie est aujourd'hui souvent considérée comme l'un des principaux praticiens de ce que l'on appelle la « guerre hybride », dont le droit est l'un des éléments. Dans le langage militaire, l'expression « menace hybride » est frappante en raison de la « complexité apparemment accrue des opérations, de la multiplicité des acteurs et de l'adoucissement de certains éléments traditionnels du conflit ».

Sur la base des applications présentées jusqu'à présent, nous pouvons dire qu'il peut y avoir un *lawfare* ukrainien, russe, américain, chinois, africain, etc., ou qu'il peut également y avoir un *lawfare* politique, militaire ou économique en droit, un *lawfare* environnemental (greenlawfare)[2], dans le domaine des

---

[1]Jill Goldenziel, *Ukraine Is Weaponizing Corporations Against Russia - Using Lawfare,* article publié le 20.02.2022 dans Forbes.

[2]La question de la « qualité pour agir », qui fait référence aux règles utilisées pour déterminer si une personne ou un groupe est reconnu par les tribunaux comme une partie capable d'intenter une action, est au cœur de ce domaine de la « guerre juridique verte ». Voir McGrath, C., *Flying foxes, dams and whales*

communications ou des nouvelles technologies (numérisation, internet), ainsi qu'un *lawfare* normatif, doctrinal ou jurisprudentiel, etc.

Par exemple, certains auteurs ont noté qu'il n'y a pas assez de recherches sur la représentation journalistique des stratégies juridiques utilisées par les ONG environnementales (c'est-à-dire qu'il n'y a pas beaucoup de débats dans les médias sur la manière dont la loi elle-même est utilisée et sur la compréhension de l'utilisation de la loi par ces organisations), alors que les études juridiques notent de plus en plus le rôle des litiges d'intérêt public dans les questions environnementales. Dans certains pays, voire dans certaines régions, on ne peut pas dire qu'il existe une dynamique des médias d'information en tant que force influente dans la formation et la mobilisation de l'opinion publique dans le contexte des litiges environnementaux en tant que stratégie militante. Les litiges environnementaux d'intérêt public ne se contentent pas d'élaborer des principes juridiques et administratifs valables, ils doivent être intégrés au débat public afin d'influencer les décisions politiques et, par la suite, de réformer des points clés du droit[1].

Dans le même ordre d'idées, afin de poursuivre ces exemples pour une meilleure compréhension, nous présentons un litige minier en Australie, similaire en partie au litige minier de Rosia Montana Gold Corporation, une société minière roumaine détenue en copropriété avec une entité publique[2]. Il s'agit du litige devant la Cour fédérale d'Australie[3] concernant la décision

---

: Using federal environmental laws in the public interest, Environmental and Planning Law Journal, 25, 2008, 324-359.

[1]Voir Claire Konkes, *Green Lawfare : Environmental Public Interest Litigation and Mediatized Environmental Conflict*, Environmental Communication, 12:2,2018, pp. 191-193.

[2]Gabriel Resources Ltd. et Gabriel Resources (Jersey)/Roumanie (affaire CIRDI n° ARB/15/31), concernant des réclamations découlant de mesures prétendument discriminatoires relatives à l'approbation d'une étude d'impact sur l'environnement et à la délivrance d'un permis environnemental requis pour le lancement des opérations du projet minier du demandeur.

[3] En janvier dernier, le ministre fédéral de l'environnement a approuvé le projet de 16 milliards de dollars d'Adani pour la mine de charbon Carmichael dans le bassin Galilée du Queensland. Le Mackay Conservation Group a contesté le

d'approbation de la mine Adani, qui est considérée comme faisant partie d'une stratégie utilisant la loi et les médias pour « perturber et retarder » les projets d'exploitation du charbon dans le cadre d'un projet plus large visant à éroder le soutien public et politique (l'affaire Adani Mining *lawfare* a atteint son apogée lorsque, à la suite de la décision du tribunal, la menace d'une réponse du gouvernement indiquant qu'il changerait la loi s'est fait jour). Dans ce cas, la loi a été utilisée comme un outil de communication sociale où les médias peuvent servir ceux qui sont en concurrence sociale, politique et juridique[1].

D'après l'exemple présenté, il est logique que la couverture médiatique des conflits d'intérêts puisse conduire à une influence sous forme de pression sur les tribunaux pour qu'ils prennent des décisions, mais d'un autre côté, elle peut aussi conduire à des changements dans les pôles de pouvoir (forte pression politique, mais aussi pression économique à court terme)[2]. Cela pourrait conduire à l'avenir à l'adoption d'une nouvelle norme spécifique de protection des investissements internationaux, connue sous le nom de « *lawfare* ban ».

Ces aspects transdisciplinaires font de la *lawfare* un phénomène omniprésent.

L'utilisation de tactiques de *lawfare* dans les conflits armés constitue d'emblée un grave problème pour le droit humanitaire international. Les droits et les devoirs des belligérants sont devenus plus clairs au fil du temps, les insurgés s'étant vu attribuer des droits et des devoirs en vertu du droit international similaire à ceux des États[3]. Le droit international humanitaire et le droit international des droits de l'homme sont deux branches distinctes, mais complémentaires du droit. Ils concernent tous

---

projet devant la Cour fédérale, affirmant qu'il aurait des effets négatifs sur le climat et les espèces menacées. En août 2015, la Cour fédérale a annulé la décision d'approuver le projet minier, ce qui a incité la Commonwealth Bank of Australia, l'une des plus grandes banques australiennes, à se retirer de son rôle de conseiller financier d'Adani.

[1]Carvalho, A., *Representing the politics of the greenhouse effect*, Critical Discourse Studies, 2(1), 2005, pp. 1-29.

[2]Lazarus, R., *Super wicked problems and climate change : Restraining the present to liberate the future,* Cornell Law Review, 94, 2009, p. 1153.

[3]Shaw, M., *The international status of national liberation movements*, Liverpool Law Rev 5, 1983, pp.19-34.

deux la protection de la vie, de la santé et de la dignité. Le droit international humanitaire s'applique aux conflits armés, tandis que le droit des droits de l'homme s'applique en tout temps, que ce soit en temps de paix ou en temps de guerre. Bien que leur formulation soit très différente, l'essence de certaines règles est similaire, voire identique. Les droits de l'homme concernent des aspects de la vie en temps de paix qui ne sont pas couverts par le droit humanitaire, tel que la liberté de la presse, la liberté de réunion, le droit de vote, le droit de grève, etc. « Dans l'ombre du débat sur *le lawfare [...]* les juristes militaires et humanitaires se considèrent de plus en plus comme des équipes concurrentes » dont l'objectif est de faire prévaloir leur propre vision du droit.[1]

Le travail forcé est une autre question très exposée à la *lawfare*. Le cas de l'Organisation internationale du travail (OIT), qui a investi beaucoup de temps et de ressources matérielles pour persuader le Conseil d'État pour la paix et le développement d'adopter des mesures efficaces dans ce pays afin d'éradiquer le recours au travail forcé, a été présenté dans la littérature. La pratique observée en Birmanie est internationalement considérée comme une forme contemporaine d'esclavages et donc une violation du *jus cogens*, une pratique qui se divise en quatre grandes catégories : 1) les opérations militaires, y compris le recrutement forcé et/ou de mineurs ; 2) les opérations commerciales appartenant à l'armée et aux entreprises privées affiliées aux forces armées ; 3) la construction et l'entretien d'infrastructures à petite échelle telles que les casernes militaires, les routes, les ponts et les clôtures ; et 4) l'exécution de projets

[1]Marouf Hasian Jr, *Biopolitics and Thanatopolitics at Guantánamo, and the Weapons of the Weak in the Lawfare over Force-Feeding*, Law & Literature, 26:3, 2014, pp. 344-351. Cet article commente : « En 2006, par exemple, des journalistes d'ABC News ont rapporté que les responsables américains essayaient d'évaluer l'ampleur de la menace en "calculant leur indice de masse corporelle", qui est une "mesure du poids par rapport à la taille". Alors que les défenseurs des droits de l'homme de l'époque attribuaient ces résultats au fait que les détenus n'étaient pas autorisés à faire suffisamment d'exercice, les défenseurs des soldats sur internet ont utilisé cette information comme une preuve empirique montrant que les détenus étaient en fait des ennemis gâtés qui n'avaient rien de substantiel à se reprocher ». (pp. 353, 356).

de développement à grande échelle tels que les autoroutes, les chemins de fer, les barrages et les travaux d'irrigation[1].

La dignité humaine continue d'être un sujet exposé à des tactiques de *lawfare*. Par exemple, la consolidation de l'État de droit en Indonésie, comme le montre le nombre croissant de procès pour blasphème depuis 1998. Dans ce contexte, il convient de mentionner les amendements à la Constitution qui ont introduit un certain nombre de droits de l'homme dans la Constitution, la création d'une Cour constitutionnelle et d'autres tribunaux spécialisés, ainsi que le renforcement de divers mécanismes de contrôle non judiciaire de l'action gouvernementale. La démocratie indonésienne s'est accompagnée d'une judiciarisation invoquée par divers groupes d'intérêt qui ont utilisé des moyens juridiques pour exprimer leurs revendications. L'exemple que l'on trouve à la fois en Indonésie et dans le monde est celui du contentieux électoral, qui est un autre type d'outil politique initié par des candidats politiques cherchant à invalider les résultats des élections[2]. La réputation déjà entachée du mécanisme judiciaire indonésien a donc été affectée par la perception que les tribunaux servent certains intérêts, confirmant l'hypothèse selon laquelle le pouvoir de la loi est toujours utilisé à certaines fins, avec des effets potentiellement « toniques », mais aussi « toxiques »[3].

Kari Telle montre également comment la législation indonésienne, emblématique de ce type de cas dans le monde, a été renforcée en janvier 1965, lorsque le président Sukarno a signé l'ordonnance présidentielle n° 1 sur la prévention de l'utilisation abusive et insultante de la religion, qui précisait que six religions (l'islam, le catholicisme, le protestantisme, le bouddhisme,

---

[1]Ken Maclean, *Lawfare and Impunity in Burma since the 2000 Ban on Forced Labour,* Asian Studies Review, 36:2, 2012, pp. 189, 190.

[2]Des observations peuvent être trouvées dans Mietzner, Marcus, *Electoral Contestations and Economic Resilience*, Asian Survey, 50 (1), 2010, pp.185-194 ; et Kari Telle, *Faith on Trial : Blasphemy and 'Lawfare' in Indonesia*, Ethnos, 83:2, 2018, pp. 371-378.

[3]Butt, Simon & Timothy Lindsey, *Judicial Mafia : The Courts and State Illegality in Indonesia,* chapitre dans *The State and Illegality in Indonesia,* édité par Edward Aspinall & Gerry van Klinken. Pp. 189-2013. Leiden : KITLV Press, apud Kari Telle, op. cit. pp. 378-383.

l'hindouisme et le confucianisme) étaient reconnues par la Constitution et que les déviations de leurs principes « de base » devaient être interdites. Il s'agit là d'un exemple clair d'utilisation de la loi comme outil de sécurisation de l'État, d'autant plus que cet ordre présidentiel a été introduit dans un contexte de tensions croissantes entre les principales organisations musulmanes et le parti communiste indonésien. Par la suite, souligne telle, le régime de l'Ordre nouveau du général Suharto (1966-1998) a vu le jour à la suite du coup d'État manqué du 1er octobre 1965, que les militaires ont imputé au parti communiste indonésien. Au moins 500 000 personnes ont été tuées, des milliers ont été emprisonnées sans procès et, une fois libérées, on fait l'objet de nouvelles persécutions[1].

On pourrait multiplier les exemples de menaces que la numérisation fait peser sur les droits de l'homme. L'une d'entre elles est illustrée par la doctrine récente et concerne le contrôle accru des agences gouvernementales sur les communications en ligne cryptées, qui sont considérées comme une atteinte au droit à la vie privée et à la liberté d'expression des utilisateurs ordinaires d'internet[2]. En termes de sécurité contre d'éventuelles attaques terroristes, par exemple, les théoriciens ont montré que les terroristes sont généralement enclins à n'exploiter que des technologies à source ouverte. Même si les gouvernements devaient introduire ces réglementations très controversées dans les applications *courantes*, des applications alternatives non officielles sont susceptibles d'émerger. Al-Qaeda et Daesh sont déjà connus pour avoir créé eux-mêmes de tels logiciels[3]. Toutefois, des analyses doctrinales ont montré qu'un contrôle

---

[1]Cribb, Robert (ed), *The Indonesian Killings : Studies from Java and Bali,* Clayton : Centre of Southeast Asian Studies, Monash University, 1990, apud Kari Telle, *op. cit.* pp. 372-376.

[2]Voir Jeroen Veen et Sergei Boeke, *No Backdoors : Investigating the Dutch Standpoint on Encryption*, Policy and Internet 2, no. 4, 2020, pp. 10, 11.

[3]Malcolm Nance et Chris Sampson, *Hacking ISIS. How To Destroy the Cyber Jihad*, New York : Skyhorse Publishing, 2017, p. 66, 67 ; Robert Graham, *How Terrorists Use Encryption*, CTC Sentinel 9, no 6, 2016 ; et Miron Lakomy, *Why Do Online Countering Violent Extremism Strategies Not Work ? The Case of Digital Jihad, dans* Terrorism and Political Violence, Routledge, 2022, p. 11.

accru des gouvernements et des entreprises sur les communications internet est considéré comme une voie directe vers le totalitarisme numérique : « Le rêve de l'émancipation numérique peut se transformer en cauchemar du totalitarisme numérique ». [1]

Suivant ce raisonnement, Lakomy note que l'importance du contrôle du contenu en ligne a été *fétichisée par* les gouvernements qui ont fait pression sur les sociétés internet pour qu'elles introduisent des mécanismes plus stricts à cet effet, ce qui s'est avéré insuffisant pour résoudre le problème du djihad numérique, mais a en fait accru les préoccupations concernant le respect des droits de l'homme, y compris la liberté d'expression et le droit à la vie privée sur l'internet.[2]

À un niveau plus global, la doctrine a identifié l'existence d'un autre événement-phénomène de *lawfare* technologique. Sieber déclare dans une étude : « Sans aucun doute, le développement humain le plus récent est la relation entre les êtres humains et leurs technologies hautement sophistiquées. Les technologies modernes se sont développées sans chiens de garde capables d'exprimer une opposition juridique à ce que l'on pourrait appeler la colonisation de l'esprit par les technologies modernes »[3]. Dans son étude, il qualifie les plateformes modernes et les dispositifs neurotechnologiques de colonisateurs de l'esprit en raison de l'insuffisance de la réglementation des protections des droits de l'homme face à ces menaces, et appelle au courage des scientifiques pour produire des protections des droits de l'homme « afin de protéger non seulement la vie psychologique des êtres humains, mais aussi l'esprit humain lui-même, car ces deux aspects restent largement ignorés »[4]. Ces

---

[1]Vincent F. Hendricks et Mads Vestergaard, *Lost Reality. Markets of Attention Misinformation and Manipulation* (Cham : Springer, 2019), pp. 117, 119-137, livre disponible en ligne à l'adresse suivante.
https://library.oapen.org/bitstream/handle/20.500.12657/27733/1002272.pdf?sequence=1&isAllowed=y, consulté le 28.11.2022.

[2]M. Lakomy, *op. cit.* p. 14.

[3]Alexander Sieber, "*Digital Barbarism : The New Colonization of the Mind*", Critical Arts, 35:5-6, 2021, p. 252.

[4]Ibid.

menaces contre les protections des droits de l'homme sont souvent comparées au colonialisme de l'esprit, l'Oxford Advanced American Dictionary définissant le colonialisme comme « la pratique par laquelle un pays puissant contrôle un ou plusieurs autres pays »[1]. Sieber conclut qu'un tel colonialisme se poursuit aujourd'hui par des moyens moins visibles tels que la *lawfare,* rejoignant ainsi d'autres théoriciens qui ont entrepris de dénoncer la *lawfare*[2].

Le droit de l'esclavage, le colonialisme, le féodalisme, le droit nazi et le système communiste sont d'autres exemples de *lawfare,* mais nous les laisserons pour de futures recherches.

Enfin, l'événement-phénomène *lawfare* peut affecter l'ADN même du droit ; il peut conduire à des erreurs, les erreurs peuvent conduire à des dommages, et les dommages conduisent à la responsabilité. Dans certaines circonstances, il a été observé qu'il peut être utilisé comme une forme de légitime défense, ce qui oblige la recherche juridique à travailler sur le lien de causalité entre la légitime défense possible et les exemptions de responsabilité, d'autant plus que ce concept a des effets directs sur les droits de l'homme, affectant le fonctionnement de la quasi-totalité des relations sociales. Sur le plan conceptuel, nous avons vu que le *lawfare* a été traité théoriquement de la manière suivante : 1) définition du *lawfare*, qui donne un aperçu des tentatives précédentes ; 2) identification de la prévalence de deux formes interdépendantes : (a) la « *lawfare* instrumentale » — l'utilisation d'instruments juridiques pour obtenir des effets identiques ou similaires à ceux traditionnellement recherchés par une action militaire cinétique et (b) la « *lawfare* de disparité avec effet de levier de conformité » — une législation conçue pour tirer parti de la plus grande influence que le droit et ses processus exercent sur un adversaire ; 4) l'analyse des raisons pour lesquelles l'impact et la prévalence du *lawfare* augmentent, y compris la résurgence du droit international et des tribunaux internationaux, la montée des organisations non

[1]Hornby, Albert Sydney, *Oxford Advanced Learner's Dictionary of Current English*, Londres : Oxford University Press, 1995.
[2]A. Sieber, *op. cit.* p. 256.

gouvernementales axées sur le droit des conflits armés et les questions connexes, et l'avancée de la mondialisation et, par conséquent, l'interdépendance économique[1].

Même le droit international humanitaire est sur le point d'imposer de nouvelles règles pour identifier, coordonner et sanctionner, le cas échéant, les normes de la *lawfare.* Il est souhaitable d'envisager un traité multilatéral pour soumettre cette question à une réglementation internationale. Comme pour d'autres traités dans divers domaines, les recommandations portent sur des amendements imposant des normes en matière de lutte contre *la criminalité*. La modification des traités par la pratique ultérieure s'étend à tous les domaines du droit international, du droit de la mer au droit humanitaire et aux droits de l'homme, en passant par le droit de l'environnement et le droit de l'investissement. Les modifications de ce type peuvent avoir des conséquences pratiques considérables, allant de la révision ou de la création de nouveaux droits et obligations à la mise en place de nouvelles dispositions institutionnelles[2]. La norme positive dont la violation peut engager la responsabilité de l'État est déterminée principalement par l'impact des différentes institutions du droit international qui peuvent justifier l'attribution d'un acte illégal, comme les droits de l'homme ou les obligations environnementales. Par exemple, aux États-Unis, l'*Alien Tort Claims Act* de 1876 a établi la compétence des tribunaux américains en matière de violations du droit international public, comme la responsabilité délictuelle. Les tribunaux américains ont été compétents pour des actes constituant des délits commis lors de l'exploitation de ressources naturelles ou de la construction de projets immobiliers par des entreprises multinationales, mais aucun dommage n'a jamais été

[1]Kittrie, Orde F., "A Conceptual Overview of Lawfare's Meaning, Variety, and Power", Lawfare : Law as a Weapon of War (New York, 2016 ; édition en ligne, Oxford Academic, 21 janvier 2016), p. 1-50.

[2]Voir pour plus de détails Buga Irina, *Modification of Treaties by Subsequent Practice*, Oxford, 2018, chapitre introductif.

accordé en vertu de cette loi et aucun dommage n'a jamais été établi qui pourrait être attribué à une autorité étatique[1].

Il ne s'agit pas d'une limitation, mais d'une compétence du droit international. Un certain nombre d'ouvrages se sont penchés sur cette question et ont lancé le débat sur la légalité et la *lawfare* dans l'application de certains régimes. Par la suite, le pouvoir de la légalité a été disséqué[2]. Même dans le cadre d'éventuelles discussions sur l'élaboration d'un traité multilatéral, le problème qui se poserait serait celui des effets dissuasifs que de nombreux États pratiquant le *lawfare* — la seule arme moderne incontrôlée et illimitée à l'heure actuelle — ressentiraient dans divers domaines, à savoir leur réticence à limiter ou à soumettre à une réglementation internationale le seul instrument efficace dont ils disposent à l'heure actuelle. Ces caractéristiques sont étroitement liées à certaines fonctions fondamentales du droit international : le maintien de la paix et de la sécurité internationales, la garantie des libertés fondamentales et des droits de l'homme, l'abstention de la menace ou de l'emploi de la force contre l'intégrité territoriale ou l'indépendance politique de tout État, le droit à l'autodétermination, la réalisation de la coopération internationale en vue de résoudre les problèmes internationaux de nature économique, sociale, culturelle et humanitaire, et le règlement des différends.

Les journalistes, les juristes (praticiens et universitaires) et les activistes de différents domaines jouent un rôle clé dans l'identification des cas de *lawfare,* pour lesquels la coopération est essentielle.

---

[1]M. Sornarajah, *The International Law on foreign investment,* troisième édition, Cambridge University Press, 2010, p. 27.

[2]Ranganathan, S., *Legality and lawfare in regime implementation,* in N. Rajkovic, T. Aalberts, & T. Gammeltoft-Hansen (Eds.), The Power of Legality : Practices of International Law and their Politics, ed. Cambridge University Press, pp. 287-308.

DEUXIÈME PARTIE
Les opportunités de développement

Le système international est en pleine mutation, avec un monde interconnecté à tous les niveaux et l'émergence de nouvelles menaces et controverses, ce qui est susceptible d'avoir un impact métamorphique sur le droit international, les États et les autres acteurs qui tentent de naviguer dans ces nouvelles réalités. Si nous réfléchissons à la dynamique du droit international public dans la société contemporaine et à son évolution future, nous pouvons nous engager dans un certain nombre de récits, qui ne sont pas tous exhaustifs.

Parmi les premiers, on peut citer la nature changeante du système international lui-même, qui subit des changements significatifs avec l'émergence de nouvelles puissances et le déclin des puissances traditionnelles, le processus d'interconnexion mondiale croissante et l'émergence de nouvelles menaces et controverses. Ces évolutions sont susceptibles d'avoir un impact métamorphique sur le droit international, car les États et les autres acteurs s'adaptent (ou non) à ces changements et tentent de naviguer dans les nouvelles réalités du système international. D'autre part, les acteurs non étatiques, y compris les organisations internationales, les organisations non gouvernementales et les sociétés multinationales, jouent un rôle de plus en plus important dans le système international en influençant le développement et la mise en œuvre du droit international et des institutions internationales. À cet égard, l'efficacité des institutions internationales, y compris les cours, les tribunaux et les autres organes, sera un facteur clé pour l'avenir du droit international. Comme ces institutions sont confrontées à des changements significatifs de leur autorité et de leur légitimité, il sera nécessaire de s'assurer qu'elles sont capables de s'adapter et d'évoluer afin de faire face à de nouvelles conditions, mais aussi de maintenir leur efficacité. Enfin, leur adéquation est remise en question.

C'est un fait que le droit international est en constante évolution, à mesure que de nouvelles orientations et situations apparaissent et que les États et d'autres acteurs cherchent à clarifier et à étendre la portée des principes juridiques existants. Comment le droit international peut-il s'adapter à ces changements et rester pertinent et efficace face aux nouvelles réalités et aux menaces émergentes ?

Nous pouvons constater que la dynamique du droit international public dans la société contemporaine est un phénomène multiforme et compliqué, mû par un certain nombre de facteurs, alors que le monde devient de plus en plus multiforme et interdépendant, et que les situations auxquelles il est confronté ressemblent à des équations de plus en plus difficiles dans lesquelles l'efficacité de la promotion de la paix, de la sécurité et de la prospérité dans le système international doit primer.

Est-il possible d'envisager de nouvelles sous-branches à l'avenir ? Oui, nous pouvons parler de nouvelles sous-branches du droit international public, car il s'agit d'un vaste domaine, qui couvre un éventail illimité de questions et de sujets et qui est en constante évolution. La liste pourrait inclure, mais n'est pas limitée à :

1. Le *droit de tous les êtres.* Une nouvelle branche du droit pourrait voir le jour, appelé droit de toute vie, comprenant des sous-branches connexes telles que le droit *de* la nature, le droit des animaux, le droit de l'âme et de la bioénergie des êtres vivants, le droit du changement climatique, la jurisprudence de la terre, etc.

2. Le *droit de la cybersécurité.* Compte tenu de l'importance croissante de la technologie numérique et des menaces grandissantes que représentent les cyberattaques, le droit de la cybersécurité est devenu un sous-domaine moderne et indispensable du droit international public. Son objectif est de réglementer la cyberguerre, la cybercriminalité et la protection des infrastructures critiques.

3. *Droit du changement climatique. Le* changement climatique *est l'*un des défis les plus pressants auxquels le monde est confronté aujourd'hui et a donné naissance à un nouveau sous-domaine du droit international public qui se concentre sur la gestion des questions juridiques et politiques liées au changement climatique, sur les mesures d'atténuation et d'adaptation, sur le rôle des organisations et institutions

internationales dans la gestion du changement climatique et sur les obligations légales des États de prendre certaines mesures.

4. Le *droit spatial moderne*. L'exploration et l'utilisation de l'espace ont pris de l'importance et ont propulsé le droit de l'espace qui a émergé et s'est développé comme un nouveau sous-domaine du droit international public. Il concerne l'utilisation de l'espace extra-atmosphérique à des fins pacifiques, la réglementation des activités spatiales et l'allocation des ressources dans l'espace.

5. *Droits de l'homme et droit des technologies.* Avec l'utilisation croissante de la technologie dans la vie quotidienne, il est devenu impératif d'aborder les implications juridiques et éthiques des nouvelles technologies de différentes manières, en particulier en ce qui concerne les questions de droits de l'homme telles que la protection de la vie privée et des données, la réglementation de l'intelligence artificielle et des systèmes autonomes, et la fonction de la technologie par rapport à la liberté d'expression et à l'accès à l'information.

À mesure que le monde continue de changer et que de nouvelles orientations se dessinent, il est probable que nous assisterons à la fois à l'émergence de nouveaux sous-domaines et à l'évolution des sous-domaines existants en réponse à ces nouvelles réalités. Le droit animalier, le droit de la nature et le droit de l'âme ne sont généralement pas considérés comme des sous-domaines du droit international public, mais plutôt comme des sous-domaines de la philosophie juridique ou de l'éthique, bien qu'ils relèvent de certains sous-domaines du droit international public, notamment le droit de l'environnement et la protection des droits des entités non humaines. De ce fait, et en raison des règles coutumières, ces nouveaux droits ont les conditions de base pour devenir des sous-domaines. Si l'on peut encore être optimiste en matière de développement durable, il en va tout autrement en ce qui concerne le changement climatique, où les avis sont de plus en plus pessimistes. « Nous sommes sur l'autoroute de l'enfer climatique, le pied sur l'accélérateur », a déclaré le secrétaire général des Nations unies, António Guterres, lors de l'ouverture du sommet sur le climat COP27 en Égypte. Il a ajouté, pessimiste : « Nous luttons pour notre vie. Et nous sommes en train de perdre ». ... « Notre planète s'approche rapidement de points de basculement qui rendront le chaos climatique irréversible.[1] Ces déclarations sont un signal d'alarme sur les changements négatifs qui menacent la planète et toutes les formes de vie, ce qui a conduit à la proposition de développer une nouvelle branche du droit, le droit de tous les êtres[2].

Bien que le droit animalier ait été considéré comme un sous-domaine de la philosophie du droit, il devient visible parce qu'il se concentre sur le traitement juridique et éthique des animaux et même sur les questions liées à leur statut juridique spécifique. Des questions telles que le bien-être animal, les droits des animaux et la répression de la cruauté envers les animaux sont mises en avant. Si le droit animalier se réfère principalement à la législation nationale, il existe également des catégories d'instruments et d'institutions internationales régissant le bien-être et la protection des animaux, telles que la Convention sur le commerce international des espèces de faune et de flore sauvages menacées d'extinction (CITES) et l'Organisation mondiale de la santé animale (OIE).

En ce qui concerne le droit naturel, il a également été considéré comme un sous-domaine de la philosophie juridique dont l'objet est le traitement juridique et éthique du monde naturel. Mais l'avenir semble prometteur pour l'émergence du droit de la nature en tant que sous-branche du droit international, englobant des questions telles que la protection de l'environnement, la biodiversité et la conservation. Le droit international de l'environnement, qui est une sous-branche du droit international public, s'intéresse à la recherche de questions spécifiques et à la protection de l'environnement naturel, qu'il peut intégrer dans son corpus juridique. En ce qui concerne l'utilisation de méthodes multidisciplinaires et

---

[1]Nations unies, *Remarques du secrétaire général lors de l'ouverture de haut niveau de la COP27*, 7 novembre 2022, disponible à l'adresse suivante https://www.un.org/sg/en/content/sg/speeches/2022-11-07/secretary-generals-remarks-high-level-opening-of-cop27, consulté le 05.06.2023.

[2]En tant que chercheur au Centre international de recherche transdisciplinaire-CIRET, Paris, j'ai mené un projet de recherche intitulé : La *possibilité d'un droit de toutes les formes de vie dans le contexte des mouvements transdisciplinaires en droit international.* Toutes mes références à l'existence d'un droit de toutes les formes de vie proviennent de ce projet.

transdisciplinaires, nous avons tous constaté leur importance dans la recherche de solutions. Nous nous référons à la récente réglementation du régime juridique de la Mar Menor. En juillet 2020, la municipalité espagnole de los Alcazares a reconnu la lagune de Mar Menor comme un sujet de droit, illustrant la tendance protectrice à inclure diverses entités non humaines dans le cadre moderne des droits juridiques. L'attribution de droits juridiques à l'écosystème exprime donc une nouvelle façon d'ordonner la relation entre l'homme et la nature, et les débats récents sur l'attribution de certains droits juridiques à la nature se sont concentrés soit sur les fondements normatifs, soit sur les implications procédurales du droit de la nature dans le système du droit de l'environnement. Le développement durable, souvent exprimé par le concept alternatif de bien vivre *dans le cadre du* développement intégral, a été différencié par ses composantes alternatives radicales et a parfois été interprété comme une « rupture avec le développement et un dépassement de la modernité ».

Le droit de l'âme et de la bioénergie des vivants est un autre sous-domaine dont l'avenir est encourageant. Il porte à la fois sur les êtres humains et sur les droits et intérêts juridiques des entités non humaines telles que les animaux, la nature et même l'intelligence artificielle. Le concept d'octroi de la personnalité juridique aux entités non humaines gagne du terrain dans certaines juridictions, notamment en ce qui concerne la protection de l'environnement et les droits des animaux.

Désormais, la recherche ne pourra plus contourner la transdisciplinarité, qui est déjà soutenue par un nombre croissant de résultats de recherche scientifique et de littérature. Au niveau fondamental, l'accent semble être mis sur le maintien de l'autonomie des branches, voire des disciplines, en incluant la méthode *transdisciplinaire* dans la « boîte à outils » de la recherche.

Par souci d'exhaustivité, nous pouvons remettre cela en question :

1. La prolifération de nouveaux défis mondiaux, tels que le changement climatique et la perte de biodiversité, où les questions scientifiques, économiques, sociales et politiques sont prises en compte.

2. Les dynamiques internationales qui se croisent et s'entrechoquent ne sont plus traitées de manière isolée et le changement climatique est lié à la politique énergétique, aux transports et à l'agriculture, entre autres secteurs.
3. L'innovation et la créativité sont des compétences qui peuvent être encouragées en réunissant des experts de différents horizons et en se mettant d'accord sur des solutions.
4. Impliquer le public, y compris les organisations de la société civile, les communautés locales et les décideurs, dans l'élaboration des politiques et des stratégies. Nous aurons des processus décisionnels plus participatifs et démocratiques, ce qui peut contribuer à renforcer le soutien du public aux politiques et aux stratégies.
5. La prise de décision fondée sur des données probantes, où les politiques et les stratégies sont élaborées sur la base des meilleures données scientifiques disponibles, peut conduire à des résultats positifs.

Tranquillement, la transdisciplinarité en droit international public a conduit au développement de nouvelles idées, visions et pistes d'analyse, telles que :

1. Les limites planétaires sont un concept développé par des scientifiques qui identifient neuf seuils environnementaux clés qui, s'ils sont dépassés, pourraient entraîner des changements catastrophiques et irréversibles dans les systèmes de la Terre. Ce concept a été intégré aux objectifs de développement durable des Nations unies et a servi de cadre à l'élaboration de politiques et de stratégies.
2. Les services écosystémiques, un cadre permettant de comprendre les avantages économiques et sociaux que les écosystèmes procurent à l'homme, tels que la pureté de l'air et de l'eau, la pollinisation et le piégeage du carbone. L'effort commun pour identifier les politiques et les stratégies de protection et de restauration des écosystèmes a été intégré dans des accords internationaux tels que la Convention sur la diversité biologique.

3. Le concept de droits de la nature, qui consiste à donner une personnalité juridique à des entités physiques telles que les rivières, les forêts et les écosystèmes afin de les protéger et de les conserver. Il a été intégré dans les constitutions de plusieurs pays, dont l'Équateur, la Bolivie et l'Espagne, et a été utilisé pour élaborer des politiques et des stratégies visant à protéger les écosystèmes naturels.
4. Les connaissances autochtones sont les connaissances et les pratiques développées par les communautés autochtones au fil des générations en relation avec leur environnement naturel. Ils sont déjà de plus en plus reconnus comme précieux pour l'élaboration de politiques et de stratégies durables et équitables sur des questions telles que la conservation de la biodiversité et le changement climatique.
5. L'économie circulaire est un modèle économique qui souligne l'importance de la réduction des déchets et de la promotion de la réutilisation et du recyclage des ressources. Elle est intégrée dans les politiques et les stratégies au niveau international, comme le plan d'action de l'Union européenne pour l'économie circulaire.
6. Le paiement des services écosystémiques consiste à rémunérer les propriétaires fonciers ou les communautés pour les avantages environnementaux que leur terre procure, telle que le piégeage du carbone ou la filtration de l'eau. Il est utile pour encourager la conservation et la restauration des écosystèmes et a été intégré dans les politiques et accords internationaux, tels que le programme des Nations unies sur la réduction des émissions dues à la déforestation et à la dégradation des forêts (REDD+).
7. Le concept de civilisation écologique, qui consiste à repenser la relation entre l'homme et le monde naturel pour créer une société plus durable et plus harmonieuse. Ce concept a été intégré dans les politiques et les stratégies nationales et internationales, notamment en

Chine, où il a été intégré dans le plan de développement national du pays.

8. La jurisprudence de la Terre, une philosophie juridique qui souligne l'importance de la reconnaissance des droits de la nature et des considérations écologiques dans la prise de décision juridique, a conduit à l'élaboration de nouveaux cadres juridiques et politiques, telles que la Déclaration universelle des droits de la Terre nourricière.
9. Le concept de « santé mondiale », un domaine émergent qui cherche à comprendre et à étudier les effets sur la santé des changements environnementaux tels que le changement climatique et la perte de biodiversité, s'appuie sur des connaissances issues d'un éventail de disciplines, notamment l'écologie, la santé publique et l'économie, et a été utilisé pour élaborer de nouvelles politiques et stratégies visant à promouvoir la santé humaine et environnementale.
10. Utiliser la technologie *blockchain* dans la gouvernance environnementale. La technologie *blockchain est* un grand livre numérique décentralisé qui permet de tenir des registres de manière sécurisée et transparente. Elle a été proposée comme outil pour améliorer la transparence et la responsabilité dans la gouvernance environnementale, par exemple pour le suivi des crédits carbone et la surveillance du commerce illégal d'espèces sauvages.
11. L'*économie bleue* est un concept visant à promouvoir le développement économique durable dans les zones océaniques et côtières, qui intègre les perspectives d'un éventail de disciplines, notamment les sciences marines, l'économie et le droit, et qui a été utilisé pour élaborer des politiques et des stratégies visant à promouvoir la pêche durable, à protéger la biodiversité marine et à réduire la pollution des océans.
12. Utiliser la science citoyenne pour la surveillance de l'environnement. La science citoyenne consiste à faire participer le public à la recherche scientifique et aux activités de surveillance afin d'améliorer le suivi des changements environnementaux, comme le suivi de la

propagation des espèces envahissantes et la surveillance de la qualité de l'air et de l'eau.

Il ressort clairement de ce qui précède qu'il existe un nombre considérable de domaines interférents. En fait, la multidisciplinarité et la transdisciplinarité sont courantes et évidentes et deviennent de plus en plus visibles. Au cours des dernières décennies, le lien entre le changement climatique et les droits de l'homme a été clairement reconnu. Ce lien a été exploré d'un point de vue transdisciplinaire, à travers des perspectives issues de domaines tels que la science du climat, le droit des droits de l'homme et le développement international.

Si l'on examine à nouveau le lien entre la santé environnementale et la justice sociale, on constate que le domaine de la santé environnementale reconnaît l'importance de la justice sociale dans la gestion des disparités. Ce type de lien a été exploré dans une perspective transdisciplinaire, à travers des domaines tels que l'épidémiologie, la science de l'environnement et la défense de la justice sociale, afin de s'attaquer à la charge disproportionnée des risques de santé environnementale sur les communautés marginalisées. Il en va de même pour le lien entre la santé des écosystèmes et le développement économique : le concept d'« économie verte » a été utilisé pour explorer la relation entre la santé des écosystèmes et le développement économique. Ce concept intègre des perspectives issues de domaines tels que l'écologie, l'économie et les affaires et vise à promouvoir un développement économique durable sur le plan environnemental. À cette fin, des politiques et des stratégies ont été élaborées pour promouvoir l'utilisation durable des ressources, comme la promotion des énergies renouvelables et de l'agriculture durable.

Enfin et surtout, les technologies émergentes telles que l'intelligence artificielle, l'édition de gènes et la *blockchain* ont soulevé de nouvelles questions juridiques et éthiques qui nécessitent une collaboration interdisciplinaire et même des méthodologies transdisciplinaires, y compris le droit international. Ces questions peuvent porter sur les sujets suivants :

1. qui sont responsables des actions des systèmes autonomes tels que les voitures autonomes ou les drones ?

2. Comment pouvons-nous garantir que les avantages de l'édition de gènes sont répartis équitablement et ne renforcent pas les inégalités existantes ?

3. Comment pouvons-nous nous assurer que la technologie *blockchain* est utilisée à bon escient et non pour commettre des activités illégales ou porter atteinte aux droits de l'homme ?

Ce ne sont là que quelques exemples de problèmes émergents en quête de solutions innovantes dans le domaine du droit international public. Ils sont rejoints par d'autres questions à fort impact international :

1. La *cybersécurité est* apparue avec la dépendance croissante à l'égard des technologies numériques et est devenue une question prioritaire pour les gouvernements, les entreprises et les particuliers. Des domaines tels que l'informatique, le droit et les sciences politiques sont concernés, car ils ont le potentiel de développer des solutions et des mesures efficaces pour lutter contre les menaces de cybersécurité et protéger les droits de l'homme fondamentaux.
2. *La protection et la confidentialité des données personnelles* comme réponse juridique à la collecte, l'utilisation et le stockage des données personnelles par les gouvernements et les entreprises privées. De nouvelles questions juridiques et éthiques ont été soulevées en relation avec la protection de la vie privée et des données. Des *analyses croisées* basées sur des perspectives issues de domaines tels que les technologies de l'information, le droit et l'éthique aident à développer des politiques et des stratégies qui protègent les droits individuels tout en promouvant une utilisation responsable des données.
3. *Les migrations et les déplacements* restent des questions complexes et multiformes qui font appel à des domaines tels que la sociologie, les relations internationales et le droit pour développer des moyens efficaces de protéger les droits de l'homme des migrants et des réfugiés, tout en analysant les causes profondes des migrations et des déplacements.

4. *Intelligence artificielle et armes autonomes.* Le développement et l'utilisation d'armes autonomes et d'autres technologies d'intelligence artificielle dans les opérations militaires soulèvent de nouvelles questions juridiques et éthiques sur le rôle de l'homme dans la prise de décision et la protection de la vie civile. Des domaines tels que le droit, l'informatique et la philosophie sont appelés à rechercher des solutions pour l'utilisation éthique et responsable de l'intelligence artificielle dans les opérations militaires.
5. *Le changement climatique est l'un des* développements les plus importants et les plus imprévisibles auxquels le monde est confronté aujourd'hui. Dans ce cas, la « boîte à outils trans » s'appuie sur les perspectives de la science environnementale, de l'économie et du droit pour le développement durable, l'atténuation et la protection des droits des populations vulnérables.
6. *La santé mondiale.* La pandémie de COVID-19 a mis en évidence l'importance primordiale de la santé mondiale et la nécessité d'une coopération internationale efficace dans la gestion des crises de santé publique. Dans ce cas, la méthode *trans* s'appuie sur des analyses issues de domaines tels que la médecine, la santé publique et le droit.
7. *Amélioration de l'être humain.* Les progrès de la biotechnologie et des neurosciences ont soulevé de nouvelles questions juridiques et éthiques sur l'amélioration humaine et les limites de la nature humaine. Plus que jamais, les méthodes analytiques s'appuient sur des domaines tels que la philosophie, la biologie et le droit pour garantir l'utilisation éthique et responsable des technologies d'amélioration humaine tout en protégeant les droits fondamentaux de l'homme.

D'autres aspects doivent également être mentionnés :

1. Développements juridiques dans le domaine du tourisme spatial et de l'exploration commerciale de l'espace ;
2. Une réglementation suffisante pour protéger les droits des réfugiés et des demandeurs d'asile à l'ère numérique ;

3. Questions juridiques liées à l'utilisation de la biométrie dans le contrôle des frontières et la gestion des migrations ;
4. Des réglementations efficaces régissant les écosystèmes artificiels tels que les fermes verticales intérieures et les récifs artificiels ;
5. Aspects juridiques du domaine émergent de l'édition de gènes et son impact sur le droit international des droits de l'homme ;
6. Cadres pour la réglementation juridique de l'utilisation de systèmes d'armes autonomes et d'autres technologies militaires avancées ;
7. Débats juridiques sur la protection des savoirs autochtones et des expressions culturelles traditionnelles dans l'économie mondiale ;
8. Aspects juridiques de la conservation de la biodiversité mondiale et de la conservation des espèces menacées ;
9. Méthodes d'analyse des défis de la sécurité alimentaire et de la durabilité dans le système alimentaire mondial ;
10. Effets juridiques des technologies numériques émergentes sur la protection des droits de l'homme tels que la vie privée et la liberté d'expression.

Jusqu'à présent, seules quelques possibilités ont été présentées qui ont le potentiel réel de changer le droit international.

Différentes dynamiques trans

dans différentes les sous-branches dans leur sens ordinaire, hybride ou connexe

Le droit international de la nature et des animaux

Il s'agit d'un sous-domaine relativement nouveau qui a attiré l'attention ces dernières années, à mesure que la sensibilisation à l'environnement et au bien-être des animaux s'est accrue. L'un des changements a sans doute été la reconnaissance des droits de la nature et des écosystèmes, de leur droit inhérent à exister et à fonctionner normalement, indépendamment des avantages qu'ils peuvent apporter à l'homme. Cela a donné lieu à plusieurs traités visant à protéger la nature et les animaux, tel que la Convention sur la conservation des espèces migratrices appartenant à la faune sauvage et la Convention sur le commerce international des espèces de faune et de flore sauvages menacées d'extinction. D'autres amendements sont fondés sur la protection des animaux, en particulier des animaux sauvages, et de la biodiversité, ou sur les pressions exercées sur les espèces sauvages par le changement climatique, la perte d'habitat et le braconnage. Les organisations non gouvernementales (ONG) jouent un rôle de premier plan dans la protection de la nature et des animaux, grâce à des campagnes de sensibilisation, au lobbying et à d'autres formes d'activisme qui ont mis la société civile en avant.

La transdisciplinarité dans le droit international de la nature est une méthode de recherche qui cherche à relier les différentes disciplines du droit de l'environnement, des relations internationales, du droit international et d'autres disciplines pertinentes afin de créer une manière plus durable et plus complète d'analyser la réglementation juridique des ressources naturelles et des écosystèmes. Le développement *transdisciplinaire* cherche à modifier la vision traditionnelle spécifique du droit international, qui tend à son tour à se fonder sur un modèle unique de gouvernance juridique du haut vers le bas[1]. Dans ce cadre, la transdisciplinarité cherche à favoriser une meilleure compréhension et une meilleure collaboration entre les différentes disciplines afin que la réglementation juridique des ressources naturelles et des écosystèmes reflète mieux la complexité de l'environnement et les intérêts de toutes les parties. Récemment, le droit de la nature a vu le jour et des tentatives ont également été faites pour codifier le droit animalier[2].

---

[1]Cristina Elena Popa Tache, *Vers un droit de l'âme et des bioénergies du vivant*, éd. L'Harmattan, Collection « Logiques juridiques », 2022, préface de Jean-Luc Martin-Lagardette. Cette monographie offre un aperçu de la corrélation *traductionnelle* propre au droit de la nature, dans la lignée de la vision intégrée du droit international public.

[2]Heureusement, en mai 2021, le Royaume-Uni a annoncé (et garanti en 2022) que les animaux seront reconnus dans la législation britannique comme des êtres dotés de droits, avec l'introduction de lois globales interdisant des

J'ai partiellement développé ce sujet dans mon livre "*Vers un droit de l'âme et des bioénergies du vivant », c'*est pourquoi je reprendrai de manière adaptée les considérations qui y sont exposées, afin de souligner le lien entre les disciplines et la création de nouvelles disciplines à l'avenir.[1] Dans ce contexte, il convient de rappeler la Déclaration universelle des droits de la Terre nourricière, adoptée en 2010 lors de la Conférence mondiale sur le changement climatique et les droits de la Terre. L'État plurinational de Bolivie a présenté le projet de résolution sur l'harmonie avec la nature. Le terme « Mère Nature » est important pour la proposition bolivienne, car il traduit le concept andin de Pachamama, la symbiose entre l'humanité et la nature, révélant ainsi le respect dû à la nature. La formulation initiale donnait une certaine orientation à l'approche des Nations unies, ce qui s'est reflété dans la version finale adoptée. Le projet de résolution sur l'harmonie avec la Terre nourricière proposait « une éventuelle déclaration de principes éthiques et de valeurs pour vivre en harmonie avec la Terre nourricière », tandis que celui sur l'harmonie avec la nature ne mentionnait ni n'excluait cette notion. En 2009, la soixante-quatrième session de l'Assemblée générale des Nations unies a examiné, entre autres, l'environnement, le développement durable, la biodiversité, le changement climatique, la désertification, l'eau en tant que ressource fondamentale et un projet de résolution intitulé « Harmonie avec la nature ». Le Département de l'information des Nations Unies a mentionné le projet de résolution dans un communiqué de presse, en soulignant sa nouveauté. Bien que le communiqué de presse fasse référence à une résolution sur l'harmonie avec la Terre nourricière, il s'agit en fait du projet intitulé « Harmonie avec la nature », qui est le même document, modifié ultérieurement pour répondre à certaines préoccupations.

---

pratiques telles que l'exportation d'animaux vivants ou la chasse au trophée ; les animaux protégés par la future législation comprennent les animaux de compagnie, les animaux d'élevage et les animaux sauvages. Les animaux protégés par la future législation comprennent les animaux de compagnie, les animaux de ferme et les animaux sauvages. Les nouvelles règles reconnaissent que les animaux sont capables de ressentir la faim et la douleur et qu'ils sont conscients de ce qui leur arrive.

[1]Voir généralement E.C. Popa Tache, *Vers un droit…*, *op. cit.*

La Déclaration consacre pour la première fois au niveau international les droits de la nature. Dans son préambule, le texte reconnaît la Terre comme source de vie et fait référence à la dépendance des droits de l'homme au respect préalable des droits des écosystèmes. En tant qu'être vivant, la Terre est considérée comme une communauté indivisible d'entités interdépendantes (article 1), avec une série de droits intrinsèques définis à l'article 2. Dans le troisième article, la Déclaration confère aux êtres humains, à tous les États et à toutes les institutions publiques et privées toute une série de devoirs, à commencer par le respect de la Terre et de la vie en harmonie avec elle.

Au niveau de l'UE, il a été noté que la question des droits de la nature n'est pas encore à l'ordre du jour des dirigeants européens, mais il convient de rappeler qu'en mars 2017, le Parlement de Bruxelles a accueilli une réunion inaugurale à l'initiative de l'ONG Nature's Rights. Cette réunion inaugurale pourrait s'avérer être le début d'une action à l'échelle européenne pour promouvoir les droits de la nature.

À cette fin, l'ONG Rights of Nature a rédigé une directive européenne avec le soutien des experts d'Harmony for Nature et de l'UICN[1] (Union internationale pour la conservation de la

---

[1]Selon les chiffres officiels, l'Union internationale pour la conservation de la nature (UICN) est l'une des plus importantes organisations de promotion des droits de la nature à l'échelle internationale. Ce desideratum a été au cœur des objectifs de son programme pour 2017-2020. Le manifeste d'Oslo qu'elle a publié en 2016 reconnaît d'ailleurs l'échec du droit de l'environnement à préserver les écosystèmes depuis des décennies et prône un droit de l'environnement non anthropocentrique, soutenu par la toute nouvelle ELGA (Ecological Law and Governance Association). Par ailleurs, en avril 2016, l'UICN a inscrit les droits de la nature parmi les principes de sa Déclaration mondiale sur l'état de droit de l'environnement. Le deuxième principe du texte stipule que « tout être humain et tout autre être vivant a droit à la préservation, à la protection et à la restauration de sa santé et de l'intégrité de ses écosystèmes. La nature a un droit inhérent à l'existence, à la prospérité et à l'évolution ». En pratique, l'engagement de l'Union en faveur des droits de la nature remonte à de nombreuses années. Dès 2012, dans sa résolution historique WCC-2012-Res-100, l'organisation a recommandé de placer « les droits de la nature comme la pierre angulaire absolue » de toutes ses activités et de tous ses processus décisionnels, invitant les États membres à participer à « l'élaboration d'une déclaration universelle des droits de la nature qui contribue au développement d'une nouvelle philosophie du bien-être humain ».

nature). Le texte prévoit la reconnaissance des droits de la nature et le cadre de leur protection, y compris la juridiction, ainsi que le mécanisme de sanctions en cas de violation. Les États membres sont invités à revoir leur législation nationale à la lumière des droits de la nature.

La méthode *trans* a été largement utilisée ces dernières années dans le domaine du droit animalier. Elle repose sur l'idée que les solutions juridiques doivent être élaborées dans une perspective holistique, où différentes disciplines, notamment le droit, la science, l'économie et l'éthique, sont réunies pour trouver les meilleures solutions aux problèmes de bien-être des animaux. Ce concept a été utilisé pour développer un certain nombre d'initiatives internationales en *matière de droit de la faune et de la flore sauvages*, telles que la Convention européenne sur la protection des animaux dans les élevages (Conseil de l'Europe, 1987) et la Convention sur la protection des animaux utilisés à des fins scientifiques (Conseil de l'Europe, 1987). En ouvrant cette voie multidisciplinaire pour le droit animalier, il a été possible de développer des solutions plus efficaces à une variété de problèmes spécifiques[1].

Dans le domaine du *wild law*, il est nécessaire d'imposer des règles de *hard law* qui donnent plus de force juridique aux tentatives de codification, comme la Déclaration universelle des droits de l'animal, proclamé solennellement à la Maison de l'UNESCO à Paris le 15 octobre 1978, qui affirme que la vie est une, tous les êtres vivants ayant une origine commune et se différenciant au cours de l'évolution des espèces[2]. Le lien entre

---

[1]Convention européenne sur la protection des animaux vertébrés utilisés à des fins expérimentales ou à d'autres fins scientifiques (STÉ n° 123), Strasbourg, 18/03/1986 ou Convention européenne sur la protection des animaux de ferme, 1987. Pour une approche moderne de cette question, voir David Favre, *The Future of Animal Law,* ed. Edward Elgar, 2021. Selon les théoriciens, Favre démontre dans ce livre, une fois de plus, sa compréhension globale du droit animalier à travers une approche transdisciplinaire qui va au-delà des études académiques, comme le note Hilâl Nur Şarbak dans *The Future of Animal Law*, Journal of international Wildlife Law & Policy, 25:2, 2022, pp. 191-200, DOI : 10.1080/13880292.2022.2103921.

[2]L'article 13 du document précise le respect dû aux animaux morts. Dans son préambule, la Convention considère que : le respect de l'animal par l'homme

la nature et l'archéologie a été et reste une excellente source pour le droit de la nature, et le lien entre l'archéologie et le règne animal peut être une source importante pour le droit des animaux. Si l'on reprend les sources que l'on peut identifier en droit de la nature et en droit animalier, on peut citer les exemples suivants : conventions sur les droits de l'homme, droits des animaux, faune et flore. À cet égard, il convient de noter qu'il existe une relation difficile entre le droit des animaux et le droit de l'environnement, même si l'on aurait pu s'attendre à ce que le statut supérieur du droit de l'environnement par rapport au droit des animaux et au droit de la nature conduise à une meilleure réglementation.

Ce n'est qu'à un niveau de base, au point zéro pour ainsi dire, que ces deux branches du droit se rejoignent dans l'observation fondamentale que les animaux et les humains existent dans l'environnement. Le droit de l'environnement se réfère généralement aux animaux au niveau de l'espèce (et en particulier aux espèces menacées ou en voie de disparition), tandis que le droit animalier se réfère à tous les animaux, quelles que soient leurs caractéristiques spécifiques[1]. Contrairement au droit de l'environnement, les droits des animaux (désignés dans la littérature comme des animaux non humains individuels) semblent être un phénomène juridique très récent. Seuls quelques pays incluent des dispositions relatives aux droits des animaux dans leur constitution : La Suisse, l'Inde, le Brésil, la Slovénie, l'Autriche,

---

est inséparable du respect de l'homme par l'homme ; la méconnaissance ou même le simple non-respect de ces droits naturels cause de graves dommages à la nature et conduit l'homme à commettre des crimes contre les animaux ; la coexistence des espèces dans le monde implique la reconnaissance par l'espèce humaine du droit à l'existence des autres espèces animales. L'article affirme que l'éducation et l'instruction publique doivent amener l'homme, dès l'enfance, à observer, comprendre et respecter les animaux.

[1]Voir *K. Stilt,* Animal Law. Rights of Nature. Rights of Animals.Commentary, in Harvard Law Review, May, 2021, 134 Harv. L. Rev. F. 276, pp. 276-286 (https://harvardlawreview. org/wp-content/uploads/2021/03/134-Harv.-L.-Rev.-F.-276.pdf), consulté le 23 août 2021, apud CE Popa Tache, *Vers un droit..., op. cit.* pp. 101-123.

l'Allemagne, le Luxembourg, l'Égypte et la Russie[1]. La constitution roumaine ne fait pas partie de ces pays.

Bien que le droit de l'environnement ne soit pas exhaustif et ne fournisse pas une réglementation suffisante, il reste une source pour les droits de la nature et la protection des animaux et de leurs droits.

Kristen Stilt souligne que les droits de la nature ont deux sources. Tout d'abord, ces droits sont nés de la reconnaissance récente du fait que la législation environnementale actuelle, y compris le droit de l'homme à un environnement sain, n'a pas réussi à résoudre la crise environnementale mondiale et, en particulier, le changement climatique. Deuxièmement, les traditions et la jurisprudence autochtones, qui ont toujours considéré que les êtres humains faisaient partie de la nature plutôt qu'ils n'en pas étaient distincts, fournissent depuis longtemps un cadre pour l'étude des droits de la nature qui s'inscrit en synergie avec les approches autochtones de la nature.

K. Stilt note également dans son étude que les visions égocentriques ou biocentriques d'un droit de la nature ou de ses éléments constitutifs peuvent également être prometteuses pour le développement de droits des animaux légalement reconnus. Les droits de la nature ne sont pas très répandus, mais ils ont un potentiel de croissance et d'impact. Au niveau constitutionnel, l'Équateur a été le premier à reconnaître les droits de la nature. L'article 71 commence ainsi : « La nature, ou Pachamama, où la vie se reproduit et se réalise, a droit au plein respect de son existence et au maintien et à la régénération de ses cycles vitaux, de sa structure, de ses fonctions et de ses processus évolutifs »[2]. La Bolivie a adopté la loi sur les droits de la Terre mère (2010) ; les droits énumérés sont : le droit à la vie, la diversité de la vie,

---

[1]J. Eisen, K. Stilt, *Protection and Status of Animals*, in Max Planck Encyclopedia of Comparative Constitutional Law, R. Grote, F. Lachenmann, R. Wolfrum (eds.), Oxford Constitutional Law 2016 (article mis à jour en décembre 2016).

[2]Constitution de la République de l'Équateur, 2008, art. 71, traduite dans World Constitutions Illustrated [J.J. Ruchti (ed.), M. Del Carmen Gress, J.J. Ruchti (trans.), 2018, apud K. Stilt, op. cit. p. 280, 281.

l'eau et l'air propres, l'équilibre, la restauration et l'absence de pollution. [1]

Cette étude part de l'axiome selon lequel, d'un point de vue juridique, « au niveau le plus fondamental, si la nature a des droits, et si la nature inclut les animaux, alors des revendications fondées sur des droits pourraient être faites au nom des animaux, en utilisant la doctrine et la stratégie existantes en matière de droits de la nature. Une affaire de la Cour suprême du Brésil en 2008, l'affaire du *perroquet sauvage*, illustre cette possibilité »[2]. Il s'agit là de sujets qui feront l'objet de recherches futures.

Vers un droit international de l'âme et de la bioénergie des organismes vivants[3]

Le droit international sur l'âme et la bioénergie des êtres vivants est en cours d'élaboration. Des métamorphoses naissent des nombreux débats sur la reconnaissance des droits des animaux et d'autres formes de vie, comme les plantes ou les micro-organismes, ou de certains débats sur les thérapies alternatives ou la religion. On s'est intéressé à la réglementation de la protection contre les abus et les mauvais traitements, mais ce n'est qu'une petite partie de ce qui pourrait se produire à l'avenir. Avec la découverte de nouvelles technologies, de nouvelles perspectives sur ces droits se développent et de nouveaux changements et évolutions sont susceptibles de se produire.

C'est peut-être le sujet le plus transdisciplinaire. Mon analyse part du constat que nous disposons de lois réglementant l'accès à la religion (en ce qui concerne les croyances fondées sur l'existence de l'âme) et de lois réglementant l'organisation et le fonctionnement des activités et pratiques de médecine

---

[1]*L. de Derechos de la Madre Tierra (Loi sur* les droits de la Terre mère), Loi 071 (2010), apud *K. Stilt*, op. cit, p. 280.

[2]Dans S.T.J., no. 1797.175/SP, rapporteur : Ministre OG Fernandes, 21.03.2019, Revista Eletrônica da Jurisprudência [R.S.T.J.], 13.05.2019 (Braz.) (https://processo.stj.jus.br/ processo/ revista/documento/mediado/ ? component=ITA&sequential=1806039&num_registration=201800 312300&data=20190513&peticao_numero=-1&format=PDF) [https://perma.cc / TZZ76-P4E3] (traduction dans les archives de la Harvard Law School Library).

[3]Ce chapitre s'inspire de l'ouvrage de l'E.C. Popa Tache, *Vers un droit de l'âme et des bioénergies du vivant*, Éd. L'Harmattan, Collection « Logiques juridiques », 2022.

complémentaire/alternative (thérapies basées sur les champs énergétiques et auriques), mais que nous n'avons pas encore déterminé et réglementé de manière adéquate un champ de droit concernant l'âme et les bioénergies, cet environnement de l'âme qui exige protection et liberté. Par conséquent, la réalité sociale, ou plutôt des fragments de cette réalité font l'objet d'actes législatifs dans divers systèmes juridiques nationaux, mais d'un point de vue juridique, il n'y a pas de concept soumis à une réglementation appropriée, ce qui est incomplet, car on peut dire qu'il y a les sources principales du droit, les moyens auxiliaires, mais c'est le droit lui-même, en tant que branche spécifique de la réglementation, qui fait défaut[1].

Comme toute modification du cadre législatif est liée à une politique spécifique, la qualité du niveau politique des États, au sens de l'art et de la science de gouverner, est un facteur qui peut accélérer ou ralentir tout acte réglementaire. Le degré de réforme politique atteint se reflète dans l'amélioration de la capacité administrative des autorités[2]. Par conséquent, l'environnement politique affecte désormais l'environnement juridique et la société civile, qui doit être considérée comme un tout, avec la capacité de voir, d'entendre et de s'exprimer. Nous assistons à une effervescence normative dans le domaine de l'exécution des sanctions et moins dans le domaine de la prévention par l'éducation et le développement d'une culture juridique, phénomène particulièrement visible dans les pays du Sud (dits en voie de développement). Comme je l'ai déjà soutenu dans un article traitant de l'objectif fondamental du droit, il existe une déviation de celui-ci basée davantage sur la coercition.

Pour en revenir au sujet, je constate que, dans tout système législatif, la quantité et la qualité de la réglementation semblent

---

[1]Le commentaire se trouve dans le C.E. Popa Tache, *Notes on legal logic regarding the law of the soul and the biofields of life forms from human rights point of view,* in Proceedings of the 26th International RAIS Conference on Social Sciences and Humanities, Washington DC, USA, 27-28 February 2022, The Scientific Press, Cambridge, MA, ISSN 2578-8574, p. 3, disponible en ligne à : http://rais.education/previous-conferences/ et https://ideas.repec.org/p/smo/raiswp/0176.html consulté le 21.10.2022.

[2]Voir Cătălin-Silviu Săraru, *Drept administrativ. Probleme fundamentale de drept public* , C. H. Beck, Bucarest, 2016.

directement proportionnelles à l'importance que la société accorde à l'objet de la procédure. Cette observation est également valable lorsqu'il s'agit de reconnaître et d'analyser le droit de l'âme et la bioénergie des vivants. Le point de départ de ce parcours juridique est le lieu où nous nous trouvons aujourd'hui, en commençant par la coutume, représentée par les règles juridiques inscrites dans la pratique ancienne, en continuant par les promesses et en terminant par la loi.

Ce chapitre étant basé sur mon livre *Vers un droit de l'âme et des bioénergies du vivant, j'en* reprendrait les principales idées dans ce document. Je vais donc continuer à présenter ici les principaux éléments qui ont façonné mon point de vue. Je conçois même cette théorie comme un exercice juridique dont le résultat sera tôt ou tard visible. Pour ce faire, j'ai pris en compte les coutumes, les traditions et toutes les coutumes de tous les temps issues du droit naturel, du droit canonique, du droit naturel et des droits de l'homme, selon lesquelles la plupart des gens expriment aujourd'hui leur croyance en l'existence de l'âme et des bioénergies des vivants, ce qui signifie que nous disposons d'une pratique internationale ancienne, répandue et reconnue. Des normes juridiques non écrites, formées dans la pratique de la vie sociale et transmise de génération en génération par la tradition, nous ont amenés, dans leur cheminement, à une destination où l'incertitude de l'existence de l'âme et de la bioénergie des vivants se heurte à une redondance juridique ; elles existent et nécessitent désormais une protection, et les problèmes qui se posent et doivent être examinées sont liés aux principes de droit applicables, aux acteurs de ce droit ainsi qu'aux institutions et mécanismes de protection et de défense.

Biologistes, philosophes et théologiens ont toujours tenté diverses analyses (y compris noologiques) de l'existence de l'âme humaine pour tenter d'en prouver l'existence, sans pour autant en avoir la certitude absolue. L'absence de certitude absolue ne justifie pas le silence sur le droit de l'âme ni l'ignorance du sujet.

Au contraire, les recherches actuelles deviennent suffisantes pour commencer l'étude de cette discipline, tout comme, à une certaine époque, les recherches étaient suffisantes pour commencer l'étude du droit de l'espace, par exemple, un domaine dans lequel l'origine, l'étendue, le cours ou la destination de l'univers sont encore inconnus. La situation est similaire. Il s'agit d'un phénomène de création et même de prise de conscience de connexions spectaculaires entre des domaines plus ou moins différents afin d'obtenir le meilleur résultat possible.

Ces dernières années, l'humanité a évolué vers une plus grande prise de conscience. La recherche en biologie a progressé et le droit ne peut rester indifférent à cette dynamique. Nous vivons une époque où nous passons du traditionnel à l'hybride comme étape du devenir. C'est cette évolution qui caractérise le droit de l'âme en tant que science juridique. L'objectif de mon travail est d'*élaborer*, à travers une théorie juridique, une nouvelle forme de droit — le droit de l'âme de toutes les formes de vie, analysé en abolissant tout intérêt, sans chercher à ne réfuter aucune théorie existante (tout dogme préexistant en référence à l'âme et à la bioénergie acquiert la valeur d'une source de droit) et sans entrer dans les domaines théologique, philosophique, biologique ou énergétique, qui sont laissés à leur propre orbite d'évolution naturelle. La construction de ce droit soutiendrait les autres sciences qui, selon leurs spécificités, étudient le même sujet, afin d'aplanir le chemin de la vérité et d'atteindre un dénominateur commun, utile à toute l'humanité.

La première étape consiste à affirmer un droit à l'âme et à la bioénergie des êtres vivants, et donc à passer du phénomène à la norme juridique, tandis que la deuxième étape vise à créer des institutions chargées d'assurer le respect de ces droits particuliers. Ce serait peut-être le changement le plus important du système juridique à l'avenir, son pilier même.

La source de tout droit se trouve au-delà de l'État (Dieu, la nature, la société), selon la théorie de l'hétérolimitation, car l'État ne peut qu'interpréter le droit, sans le fonder, puisque l'existence du fondement du droit est extérieure à l'État. Les normes constitutives tirent leur force obligatoire non pas du fait qu'elles sont édictées par l'État, mais de la norme objective sur laquelle elles se fondent[1].

---

[1]Voir J. Chevallier, *L'État de droit*, in Revue du droit public, tome cent quatre, éd. PUF, 1988, pp. 352, 355.

Et dans le cas du droit de l'âme, la source du droit est un facteur créateur de droit d'origine sociale et même économique, par lequel nous entendons les réalités et les nécessités de la vie, et qui fait du droit une création déterminée socialement et historiquement par toute une série de causes morales et sociales, comme le droit naturel, le droit canonique et le droit ecclésiastique, y compris des aspects tels que la manière d'être d'un peuple ou de plusieurs États dans le cas du droit international.

Les formes concrètes et spécifiques dans lesquelles les règles de droit sont ou peuvent être exprimées constituent la création du législateur ou la source formelle du droit. Pour le droit de l'âme, comme pour d'autres branches du droit, la source se trouve dans le droit ancien, c'est-à-dire dans les documents qui créent ou conservent le passé. Par exemple, les règles que les prêtres doivent suivre pour mieux soigner l'âme humaine, les règles que les praticiens des thérapies alternatives/complémentaires suivent pour mieux soigner les bioénergies des vivants, et même les règles que les gens doivent suivre pour construire la santé de l'âme et les bioénergies qui se répercutent sur la santé physique.

Les sources du droit de l'âme sont les lois fondamentales (constitutionnelles), les lois organiques et les lois ordinaires qui sont importantes pour la loi de l'âme et les bioénergies de l'être vivant et où l'on trouve des dispositions concernant la liberté de pensée, de conscience et de religion (la religion ne peut exister en dehors de la croyance de l'homme en l'existence et l'immortalité de l'âme) ; le droit à la santé (organisation des soins de santé et de la sécurité sociale en cas de maladie, d'accident, de maternité et de rééducation, contrôle de l'exercice des professions médicales et paramédicales, et autres mesures de protection de la santé physique et mentale de l'individu établies par la loi) ; le droit à la vie.

À cela s'ajoutent les lois de nombreux pays qui ont élargi le champ de la réglementation des pratiques et thérapies complémentaires, reconnaissant les thérapies qui reposent exclusivement sur l'énergie humaine et qui sont étroitement liées à l'âme. Nous savons que toutes les thérapies alternatives/complémentaires s'appliquent également aux animaux, aux plantes et à tout ce qui nous entoure. La plupart des pays ont adopté des mesures législatives pour garantir l'utilisation appropriée et correcte de la médecine complémentaire/alternative dans leurs systèmes de santé. La pratique de l'acupuncture, par exemple, a été réglementée dans presque tous les pays et dans le rapport de 2001 de l'Organisation mondiale de la santé intitulée « Legal Status of Traditional and Complementary/Alternative Medicine », plus de 120 pays ont été analysés en termes de prévalence de l'utilisation de ces pratiques par la population, et il a été constaté que, dans les pays en développement, 80 % de la population utilise des médecines complémentaires/alternatives pour se soigner. Dans l'UE et aux États-Unis, on observe des variations en fonction du type de médecine alternative choisi, allant de 9 % à 65 % : 41 % au Royaume-Uni, 65 % en Allemagne et 34 % aux États-Unis.

Toutefois, la tâche de cette analyse pourrait s'avérer difficile en raison de l'absence de certitude médicale physico-scientifique, une situation à laquelle on pourrait remédier en recourant aux sources émanant du droit coutumier, du droit naturel, du droit canonique et du droit ecclésiastique. Il est certain que, d'un point de vue juridique, il existe au moins une coutume[1]. Statistiquement parlant, il existe des pays où l'écrasante majorité des personnes pratiquent certaines confessions religieuses, d'où la croyance en l'existence de l'âme. Tout processus de codification est, selon toutes les définitions existantes, la systématisation et le rassemblement dans un code des règles juridiques d'une branche particulière du droit.

Par extrapolation du droit civil au droit de l'âme et de la bioénergie du vivant, les relations non matrimoniales de nature morale/immatérielle qui peuvent faire l'objet d'une réglementation de ce dernier droit sont : 1) les relations dont le contenu est constitué par des droits civils personnels qui donnent à leur titulaire la possibilité de revendiquer le respect de son existence physique (matérielle) ou morale (immatérielle) : le droit à la vie, à la liberté, à la santé, le droit à l'âme et le droit de contrôler ses propres champs d'énergie (de disposer de sa propre énergie) ; et 2) les relations dont le contenu est constitué par des droits qui individualisent les formes de vie dans le contexte de

[1]*Coutume* — règle de droit établie par une longue pratique ; usage. ♦ (Dans l'ancien droit) coutume du pays. Source : DEX « 09 (2009).

(mais non limité a) leurs relations spécifiques, telles que : le droit à un nom, à une désignation ou à un habitat naturel.

Les sujets ou parties entre lesquels sont établis les rapports juridiques du droit de l'âme et de la bioénergie peuvent être n'importe quelle forme de vie. Contrairement aux conditions requises par d'autres branches du droit pour la qualité de sujet, pour être sujet du droit de l'âme, il n'est pas nécessaire d'avoir un statut particulier, mais d'être une simple forme de vie. Si l'on veut identifier les sujets (acteurs) de ce nouveau droit, rien n'empêche d'établir pour eux un régime juridique particulier, sans chercher de similitudes avec d'autres régimes juridiques existants. Créons donc ! Le jeu en vaut la chandelle. La condition d'égalité des sujets de ce droit se réfère à l'égalité de statut et de traitement juridiques (propre aux caractéristiques d'un droit particulier), même s'il s'agit de sujets inégaux en termes de capacité de raisonnement, d'exercice et de consentement. Étant donné que, par définition, les sujets de droit sont des entités qui participent à la création de règles, sont les destinataires directs de ces règles et ont la capacité d'exercer leurs droits et d'acquérir ou d'assumer des obligations dans un ordre juridique donné, on peut dire que les formes de vie *non humaine* peuvent être considérées comme des destinataires directs de règles juridiques. Par conséquent, toute investigation de la théorie existante ne peut conduire à une assimilation avec une autre notion de droit. Dans ce cas, la recherche doit aboutir à la création d'un régime juridique particulier pour les autres formes de vie *non humaines.* Pour l'instant, elles ont le statut de bénéficiaires de droits. L'objectif de la discussion est de souligner l'urgence de cette réglementation, car il existe d'autres évolutions, notamment technologiques, où il est déjà question de créer un statut juridique particulier pour les robots, par exemple.

En ce qui concerne l'homme, les sources du droit international des droits de l'homme s'étendent logiquement à ce que l'homme possède d'intangible : son âme et ses bioénergies. Cela nous amène à constater la possibilité de réglementer le droit à l'âme en modifiant la législation existante, en la rendant plus efficace et en créant des départements spéciaux ou des départements au sein des institutions compétentes habilitées à traiter des droits de l'homme ou des droits de la nature, institutions capables de traiter des droits de l'âme et des bioénergies des vivants. La création de sujets d'étude dans les différentes institutions et formes d'éducation traitant de ce sujet serait un pas important dans le développement de ce domaine et pourrait avoir beaucoup plus de succès que prévu. [1]

En termes de définition, on peut dire que les sources du droit de l'âme et des bioénergies sont avant tout des manifestations normatives de la coopération institutionnelle des États, consolidée sous l'égide d'organisations intergouvernementales compétentes pour réglementer les droits de l'homme et les libertés fondamentales, et donc les droits de la nature.

Ces traités peuvent être regroupés en fonction de leur objectif normatif concernant la protection de certaines catégories de personnes (femmes, enfants, réfugiés, minorités, personnes handicapées, personnes âgées) ou la protection d'une catégorie de droits (politiques, économiques, sociales), ou en fonction du comportement qu'ils imposent aux États (discrimination, torture, peines ou traitements cruels, inhumains ou dégradants, génocides, apartheid, expulsions collectives). Cependant, suite à ces différenciations dans l'objet de la réglementation, de nouveaux traités peuvent être conclus ou les traités existants encore en vigueur peuvent être mis à jour/complétés par des amendements afin de réglementer de manière adéquate le droit de l'âme et de la bioénergie des organismes vivants[2]. Ces sources

---

[1]En Inde, les six systèmes de médecine traditionnelle officiellement reconnus (ayurveda, yoga, naturopathie, Médecine Unani, Siddha et Homéopathie) disposent déjà de systèmes d'enseignement institutionnalisés ; il existe environ 500 centres, connus sous le nom de collèges, qui accueillent environ 25 500 étudiants de premier cycle chaque année, et plus de 100 de ces collèges accueillent plusieurs milliers d'étudiants de troisième cycle.

[2]En voici une liste non exhaustive : Convention européenne de sauvegarde des droits de l'homme et des libertés fondamentales du 4 novembre 1950 ; Convention américaine des droits de l'homme du 22 novembre 1969 ; Charte africaine des droits de l'homme et des peuples de 1981 ; Convention européenne pour la prévention de la torture et des peines ou traitements inhumains ou dégradants du 26 novembre 1987 ; Convention européenne sur l'exercice des droits des enfants du 25 janvier 1996 ; Charte sociale européenne (révisée) du 5 mai 1996 ; Convention pour la protection des droits de l'homme et de la dignité de l'être humain à l'égard des applications de la biologie et de

sont particulièrement pertinentes pour refléter la mesure dans laquelle la sympathie humaine s'est étendue au fil du temps, et donc les droits des femmes, des enfants, des personnes handicapées et, surtout, les droits de la nature dans son ensemble, universellement reconnus.

L'existence d'une coutume juridique implique la conviction que cette répétition est absolument obligatoire (d'autres peuvent la revendiquer), qu'elle a une certaine durée et, par conséquent, qu'elle peut être interprétée comme l'expression d'une conviction juridique constante[1].

Les statistiques montrent que l'écrasante majorité des personnes dans le monde embrassent une forme de religion (croyant intimement à l'existence de l'âme et cherchant à la protéger pour l'éternité par la foi). Il en va de même pour ceux qui pratiquent des thérapies impliquant l'utilisation de la bioénergie vivante, ce qui prouve que le même pourcentage croit en l'existence de ces deux parties invisibles. *Error communis facit jus* ou opinion *commune* ? Même si ces croyances étaient fausses, on peut considérer, jusqu'à preuve du contraire[2], qu'il y a suffisamment d'apparence de droit pour que naisse et se développe le droit de l'âme et des bioénergies, si l'on considère que l'âme, comme les bioénergies, est la propriété exclusive de l'être vivant dont elles émanent. Bien que réglementée par le droit civil de nombreux États, avec une application orientée vers les droits civils, l'apparence en droit reste une source particulière de droits et d'obligations donnant lieu à des droits subjectifs[3], et se caractérise par deux éléments essentiels : l'un matériel

---

la médecine ou Convention sur les droits de l'homme et la biomédecine du 4 avril 1997.

[1]Giorgio Del Vecchio, *Leçons de philosophie juridique*, Éd. Europa Nova, p. 226-228.

[2]Voir le *Digeste de Justinien, premier livre,* traduction de T. Sâmbrian, Ed. Universitaria, Craiova, 2002, où Ulpien relate le cas de l'esclave Barbarius Philippus. Ce dernier parvint à déguiser son statut en occupant la fonction de préteur. Une fois son incapacité découverte, l'application stricte de la loi aurait dû conduire à l'annulation de tous les actes qu'il avait accomplis. Cependant, il a été décidé de maintenir la validité de ces actes.

[3]M. Ernotte, *L'application de la théorie du mandat apparent en matière de représentation des sociétés, J.D.S.C.*, 2008, p. 131-133.

(l'exercice en fait des prérogatives découlant de ce droit par le titulaire apparent du droit ; les sources de l'apparence peuvent être une mesure de publicité, un acte juridique ou certaines circonstances factuelles), l'autre psychologique (la croyance erronée de tiers de bonne foi, à condition qu'elle ne puisse leur être imputée). En même temps, la doctrine comprend des auteurs anciens et nouveaux qui, en comparant les différentes législations, mettent en évidence les principes sur lesquels repose cette branche du droit et fixent les règles pour résoudre les conflits de lois[1].

Actes unilatéraux des organisations internationales sont des sources très variées, en fonction du secteur spécifique dans lequel opère l'organisation émettrice. Il s'agit de sources quasi juridiques (parfois de nature exclusivement politique ou représentant l'expression de la politique de l'organisation), d'actes de *soft law*, d'actes de recommandation, promus par les États, mais qui, étant à la base de l'exposé des motifs des traités adoptés, peuvent devenir contraignantes après l'adoption des traités en question. Ils suivent donc la référence au droit réglementaire (autonomie réglementaire, marge de manœuvre politique, flexibilité dans l'introduction de nouvelles réglementations). C'est le cas des résolutions, déclarations et recommandations des Nations Unies, de l'Organisation mondiale de la santé, de l'UNESCO[2] et du Conseil de l'Europe.

Dans le domaine de la bioénergie, les travaux de l'Organisation mondiale de la santé (ci-après OMS) occupent une place de choix. Le système médical allopathique y est désigné comme dominant. La stratégie de l'OMS pour la médecine traditionnelle 2014-2023 a été élaborée et lancée en réponse à la résolution de l'Assemblée mondiale de la santé sur la médecine traditionnelle (WHA62.13). Cette stratégie, qui expire en 2023, vise à soutenir les États membres (194 États membres) dans l'élaboration de politiques proactives et la mise en œuvre de plans d'action qui renforceront le rôle de la médecine traditionnelle dans le maintien de la santé

[1]G. Meitani, *Curs de drept international public*, Ed. Al. T. Doicescu, 1930 , p.14.
[2]Comme la Déclaration universelle des droits de l'animal, proclamée solennellement à la Maison de l'UNESCO à Paris le 15 octobre 1978.

de la population. Ses objectifs stratégiques sont les suivants : créer une base d'information pour la gestion active de la médecine traditionnelle et populaire par le biais de politiques nationales appropriées ; renforcer la qualité, la sécurité, l'utilisation équitable et efficace de la médecine traditionnelle et populaire en réglementant les produits, les pratiques et les praticiens ; et, enfin, promouvoir la couverture sanitaire universelle en intégrant les services de médecine traditionnelle et populaire dans la prestation des soins de santé et l'autogestion de la santé. [1]

Nous vivons à une époque où nous assistons au passage de l'immuable au mutable. L'évolution des civilisations humaines et leur développement dans différents systèmes éducatifs ont amené l'humanité à un stade où le besoin se fait sentir d'établir des droits et des formes de défense modernes et adéquates pour les formes de vie. Cela montre que la liberté d'être heureux a une composante à la fois matérielle et spirituelle. Lorsque l'homme aura acquis cette liberté, d'abord pour lui-même, sera-t-il attentif aux autres formes de vie lorsqu'il considérera ce concept ? Cette phase a-t-elle déjà commencé ? Comment et quand cela se fera-t-il ?

L'âme et les bioénergies pourraient-elles être réglementées plus rapidement et plus facilement que les droits sur le corps ? Seraient-elles absorbées par ces droits ou fusionneraient-elles avec eux ?

L'acceptation, l'adaptation et l'ouverture au changement semblent être les seules réponses initiales.

Le droit international de la santé

Au vu des événements récents, nous voyons comment COVID-19 a eu un impact majeur sur le droit international de la santé et a conduit à des changements significatifs dans : 1) la réglementation de la vaccination au niveau international, le développement rapide et la distribution des vaccins au niveau mondial (en créant des réglementations et des normes pour faciliter le développement rapide et la distribution des vaccins) ;

---

[1]Voir le rapport intérimaire (2019) sur la médecine traditionnelle (Résolution WHA67.18 [2014]) — le document principal de la 72e session de l'Assemblée mondiale de la santé.

2) le développement rapide des technologies médicales et des solutions aux pandémies, y compris les tests rapides et les thérapies à base de plasma ou d'anticorps ; 3) le renforcement de la capacité à répondre aux urgences en matière de santé publique, les plans de réponse nationaux et internationaux et la création d'organisations et d'institutions spécialisées pour gérer ces situations ; ou 4) l'importance accrue de la santé mentale.

En général, le droit international de la santé fait référence à un ensemble de normes internationales régissant la coopération entre les États en matière de prévention et de contrôle des maladies transmissibles et de protection de la santé publique. L'une des premières sources du droit international de la santé est la Conférence de Venise de 1897 sur la lutte contre les maladies transmissibles[1]. Cette conférence faisait partie d'une série de 14 conférences sanitaires internationales visant à normaliser les règlements internationaux de quarantaine contre la propagation du choléra, de la peste et de la fièvre jaune. Il s'agit d'un premier exemple d'effort multidisciplinaire sur des questions de santé mondiale. Ces conférences reposaient sur la collaboration entre des spécialistes de la santé publique, des représentants des gouvernements nationaux et des diplomates internationaux afin d'élaborer des normes et des pratiques internationales pour la prévention et le contrôle des maladies transmissibles. Les connaissances et l'expérience acquises dans des domaines aussi divers que la médecine, la biologie, l'épidémiologie, le droit international et la diplomatie, les questions d'hygiène et de santé publique, ainsi que les questions de droits individuels et de souveraineté nationale, ont été mises en évidence. L'objectif principal a été et reste la création de normes internationales en matière de notification, de prévention et de contrôle des maladies transmissibles et l'établissement de procédures normalisées pour faciliter la coopération internationale dans ce domaine. Cela a conduit à l'identification des principes fondamentaux du droit international qui s'appliquent dans de telles situations, telles que

[1]Venise, Italie : du 16 février au 19 mars 1897. Il est à noter que l'épidémie de peste à Bombay a provoqué des troubles en Europe et a conduit à la tenue de cette réunion à Venise.

le principe de souveraineté et le principe de libre circulation des personnes[1].

Au fil des ans, d'autres conventions internationales ont été adoptées pour réglementer divers aspects des problèmes de santé mondiaux, comme le protocole concernant la prohibition d'emploi à la guerre de gaz asphyxiants, toxiques ou similaires et de moyens bactériologiques, signé à Genève le 17 juin 1925, ainsi que la convention de Vienne de 1988 pour la protection de la couche d'ozone et le protocole de Montréal de 1988 pour la protection de la couche d'ozone stratosphérique de la Terre par l'élimination progressive des produits chimiques qui l'appauvrissent. Sa dynamique actuelle est fortement influencée par la pandémie de COVID-19, qui a touché tous les pays du monde. Un certain nombre de mesures ont été prises au niveau international pour lutter contre la propagation du virus et protéger la santé humaine. L'Organisation mondiale de la santé (OMS) a joué et continue de jouer un rôle considérable dans ce processus, en fournissant des conseils et des recommandations aux pays membres. Outre la réponse à la pandémie, la dynamique actuelle du droit international de la santé englobe d'autres questions de

[1]Jusqu'au milieu du XIXe siècle, les pays n'appliquaient des mesures sanitaires pour les voyages internationaux que lorsqu'une maladie atteignait leurs côtes. Les pratiques de quarantaine étaient primitives et variaient considérablement d'un endroit à l'autre. Les autorités portuaires décidaient des mesures à imposer au cas par cas. Les décisions étaient donc arbitraires et dépendaient des caprices des fonctionnaires locaux. Les nations européennes ont reconnu pour la première fois la nécessité de coopérer dans la gestion des maladies et, au milieu du XIXe siècle, les épidémies qui balayaient l'Ancien Monde constituaient la principale préoccupation sanitaire. La peste noire a marqué l'histoire du continent européen pendant des siècles ; le choléra était le principal fléau à l'époque des conférences sanitaires internationales en Europe. L'expansion rapide du commerce et des voyages internationaux à la suite de l'avènement de la navigation à vapeur et la grande diversité des pratiques de quarantaine ont incité le gouvernement français à convoquer la première des nombreuses conférences internationales à Paris en 1851. L'objectif de cette conférence était de parvenir à un accord entre les différents pays sur les meilleures mesures de prévention contre le choléra, la peste et la fièvre jaune et de discuter de l'adoption d'un code sanitaire uniforme pour réglementer le trafic international. Cependant, les réticences à l'adoption d'un code commun étaient fortes et la conférence n'a pas eu le succès escompté.

santé mondiale telles que le changement climatique et la santé mentale. À cela s'ajoute une tendance à une vision très large de la santé et à son intégration dans toutes les politiques et tous les secteurs, y compris l'économie et l'environnement. Parallèlement, la nécessité de garantir un accès universel à des services de santé de qualité et de remédier aux inégalités entre les systèmes de santé des différents groupes de population fait l'objet d'un débat de plus en plus vif. À cette fin, le droit international de la santé est essentiel pour promouvoir la santé et garantir un accès équitable aux services de santé pour tous les peuples du monde. L'étude actuelle du droit international de la santé repose sur le principe qu'aucune discipline n'est suffisante à elle seule et que des solutions efficaces ne peuvent être trouvées que par la collaboration entre les disciplines. Les événements interdisciplinaires ont pris forme dans les années 1900, avec l'organisation d'une série de conférences internationales sur la santé, qui ont abouti à la création de l'Office international d'hygiène publique en 1907[1].

En fait, l'Organisation mondiale de la santé (OMS) a identifié la transdisciplinarité comme une méthode indispensable pour aborder les questions de santé mondiale. Un exemple récent de l'application pratique du droit international de la santé est la pandémie de COVID-19. Dans ce cas, le droit international de la santé a une fois de plus souligné sa valeur dans la coordination de la réponse mondiale aux pandémies, par le biais de l'Organisation mondiale de la santé et d'autres organisations et accords internationaux, ainsi que par le biais des lois et réglementations nationales. L'OMS a déclaré que la pandémie de COVID-19 constituait une urgence de santé publique de portée internationale et a émis des recommandations pour prévenir et contrôler la propagation du virus. L'OMS a contribué à coordonner la distribution de vaccins dans les pays en développement dans le cadre du programme COVAX. De nombreux pays ont mis en place des mesures de contrôle aux frontières et des restrictions de voyage pour empêcher la propagation du virus, et ces mesures ont soulevé des questions quant au respect des droits de l'homme et des normes

---

[1]H.D.C. Roscam Abbing, Les *organisations internationales en Europe et le droit aux soins de santé*, Deventer : Kluwer, 1979.

et principes du droit international. La pandémie a suscité un débat sur la nécessité d'améliorer la préparation et la coordination internationale pour les futures urgences de santé publique. Elle a démontré l'importance du droit international de la santé dans la protection de la santé publique et a mis en évidence la nécessité d'une réponse intégrée et collaborative aux urgences sanitaires mondiales. Dans les stratégies et plans d'action mondiaux de l'OMS sur la santé publique, l'innovation et la propriété intellectuelle, la transdisciplinarité est présentée comme une solution clé pour traduire la recherche en santé en politiques et pratiques efficaces. La stratégie souligne la nécessité d'une collaboration entre les différentes parties prenantes, telles que les scientifiques, les décideurs politiques et la société civile, afin d'identifier, de comprendre et de réglementer correctement les défis internationaux en matière de santé. En conséquence, le potentiel multifocal de la mondialisation aborde les interrelations en matière de santé d'un point de vue interdisciplinaire et multiréférentiel[1].

Pour élaborer des solutions efficaces, le droit international de la santé doit prendre en compte les facteurs juridiques, politiques, économiques, sociaux et culturels mondiaux afin de traiter efficacement des questions telles que l'accès aux médicaments, les droits de propriété intellectuelle et le commerce.[2] Dans ce contexte, le formalisme et l'instrumentalisme peuvent être utilisés pour exposer des mentalités, des sensibilités et des cultures professionnelles contrastées, dont l'interaction est souvent considérée comme constitutive de la pratique juridique internationale[3]. Les exemples sont nombreux. Le Règlement

---

[1]Véronique Lapaige, « *Global Public Health. A transdisciplinary comprehensive framework for analyzing contemporary globalization's influences on the field of public health"*, in Risk Management and Healthcare Policy, 2, 2009, pp. 73-89, DOI : 10.2147/RMHP.S6134.

[2]Labonte R, Torgerson R, *Interrogating globalization, health and development : Towards a comprehensive framework for research, policy and political action*, in Critical Public Health. 2005 Jun 1;15 (2), pp. 157-79 ; et Lapaige Véronique, *La santé publique globalisée*, Ed. Les Presses de l'Université Laval, 2009.

[3]Pierre Bourdieu, *La force du droit : vers une sociologie du champ juridique* (1986), 38 Hastings Law Journal, pp. 805, 824 ; Martti Koskenniemi, *What is International Law for ?* in Malcolm Evans (ed), International Law, Oxford

sanitaire international (RSI) a été adopté par la 58e Assemblée mondiale de la santé en 2005 par le biais de la résolution WHA58.3, il fournit le cadre juridique qui, entre autres, définit les capacités nationales de base, y compris aux points d'entrée, pour la gestion des événements de santé publique aigus, potentiels ou réels, de portée nationale et internationale, ainsi que les procédures administratives qui s'y rapportent. Le RSI (2005) vise à « prévenir la propagation internationale des maladies, à s'en protéger, à la contrôler et à y réagir par des mesures de santé publique proportionnées et limitées aux risques qu'elles présentent pour la santé publique, tout en évitant de créer des obstacles inutiles au trafic et au commerce internationaux ». Le RSI stipule que :

« Le directeur général sélectionne les membres du comité d'examen sur la base des principes de la représentation géographique équitable, de l'équilibre entre les sexes, de la représentation équilibrée des pays développés et des pays en développement, de la représentation des différentes écoles de pensée, des approches et des expériences pratiques des différentes régions du monde, et d'un équilibre interdisciplinaire approprié ». L'action dans le domaine de la santé publique repose sur la capacité « d'établir, de mettre en œuvre et de tenir à jour un plan national d'intervention d'urgence en matière de santé publique, y compris la création d'équipes multidisciplinaires/multisectorielles pour répondre à des événements susceptibles de constituer une urgence de santé publique de portée internationale ».

Les principes de Syracuse sont un autre exemple de multidisciplinarité. Ils limitent l'application de la clause de « santé publique » aux mesures prises spécifiquement pour prévenir la propagation de maladies. Les mesures ne sont pas justifiées que lorsqu'elles soutiennent un objectif légitime et sont : prescrites par la loi, strictement nécessaires,

---

University Press, 2010, pp. 96-107, pp. 110-111 ; Terry Nardin, *Law, Morality, and the Relations of States*, Princeton University Press, 198, pp. 8-23 ; et Robert O Keohane, *international Relations and International Law : Two Optics*, 1997, 38 Harvard International Law Journal, p. 487.

proportionnées, d'une durée limitée et soumises à un contrôle contre les demandes déraisonnables. Lors de l'examen de ces conditions, plusieurs facteurs relevant de différentes disciplines doivent être pris en compte[1].

Il s'agit d'une analyse à multiples facettes dans laquelle nous considérons à la fois les aspects évidents et certains aspects plus « cachés ». Des problèmes pluridisciplinaires ont été observés tant au niveau de l'exercice des droits que de leur violation. Les mesures de santé publique, comme nous l'avons vu pendant la pandémie, peuvent violer les droits civils et politiques des personnes, y compris le droit à la vie privée et à la liberté de mouvement. Il existe une « relation complexe » entre la santé publique, les droits de l'homme et le droit international, qui nécessite une étude et un engagement intégrés du droit international de la santé, y compris les droits de l'homme, les droits civils, politiques et économiques, sociaux et culturels. La santé de la population, ou « santé publique » est une préoccupation vitale qui doit être mise en balance avec des intérêts tels que le commerce, le profit industriel, la protection de la propriété intellectuelle et la guerre militaire (la pollution de l'environnement, le changement climatique et la guerre militaire ont un impact dévastateur sur la santé des populations du monde entier). Les régimes commerciaux adoptés par les États peuvent affecter l'accès à des médicaments abordables, en particulier dans les pays en voie de développement. Autre exemple : alors que l'industrie du tabac a tout intérêt à vendre ses produits, il est clairement prouvé que le tabagisme nuit à la santé[2].

Les aspects transdisciplinaires du droit international de la santé sont les suivants : 1) l'identification, la prévention et le traitement des maladies transmissibles et non transmissibles, le développement de vaccins et de thérapies, la promotion de la santé et la prévention des maladies par l'éducation et des modes de vie

[1]Commission des droits de l'homme des Nations unies, principes de Syracuse concernant les dispositions du Pacte international relatif aux droits civils et politiques relatives à la prescription et à la dérogation, 28 septembre 1984, E/CN.4/1985/4.

[2]Brigit Toebes, *Human rights and public health : towards a balanced relationship*, The International Journal of Human Rights, 19:4, 2015, pp. 488-504, DOI : 10.1080/13642987.2015.1044814.

sains ; 2) le respect des droits de l'homme et des normes et principes du droit international, et l'élaboration de politiques et d'accords internationaux visant à protéger la santé des populations et à prévenir la propagation des maladies ; 3) les aspects liés à la recherche et au développement, tels que le développement de technologies et d'innovations en matière de santé, et la recherche et le développement de nouveaux médicaments et de nouvelles thérapies ; 4) les questions d'éthique et de responsabilité sociale, telles que la promotion d'orientations éthiques dans la recherche et le développement de médicaments et de thérapies et la prise en compte de l'impact social des décisions et des politiques en matière de santé ; ou 5) l'élaboration de programmes et de matériel de communication et d'éducation afin d'informer et d'éduquer la population sur les questions de santé et d'améliorer la communication et la collaboration entre les différents domaines d'expertise.

Par conséquent, toute discussion sur le droit international de la santé est liée à de nombreuses autres disciplines, notamment le droit national de la santé, la médecine sociale, la santé publique et l'éthique médicale, ainsi que le droit commercial international, le droit humanitaire international et le droit international de l'environnement.

Le droit international *bio*

Le caractère pluridisciplinaire et dynamique du droit international *organique* reflète les spécificités de ce domaine qui réunit principalement des aspects de la biologie, de la médecine, de l'éthique et du droit. Il s'agit d'une branche du droit qui régit les relations juridiques entre les États, les organisations internationales, les individus et d'autres entités impliquées dans des activités biomédicales et de recherche. En raison de l'interaction entre plusieurs disciplines, la tendance est clairement à l'analyse multidisciplinaire et à la collaboration entre spécialistes de différents domaines. À cet égard, la coopération entre les juristes, les biologistes, les médecins et les éthiciens est essentielle pour comprendre et réglementer les questions liées au droit international de la *biologie*. Ce droit est influencé par l'évolution de la science et de la technologie. Les nouvelles technologies et les découvertes en biologie et en médecine peuvent conduire à des situations nouvelles et complexes nécessitant une réglementation juridique appropriée, comme la possibilité de remplacer certains organes ou parties du corps humain par certaines catégories de prothèses, y compris les prothèses robotiques, artificielles ou biologiques. Le droit international bio doit rester à jour et s'adapter à l'évolution des besoins sociaux et technologiques. Étant donné la nouveauté de la question, qui se pose dans le contexte du projet de législation sur l'intelligence artificielle adopté par l'Union européenne, certaines différences évidentes sont mises en évidence à l'adresse suivante :[1].

Si ce projet considère qu'« il est approprié qu'une personne physique ou morale particulière, définie comme un fournisseur, assume la responsabilité de la mise sur le marché ou de la mise en service d'un système d'IA à haut risque, que cette personne physique ou morale soit ou non celle qui a conçu ou développé le système », il n'en reste pas moins que certaines lacunes réglementaires devront être comblées à l'avenir. Un aspect qui n'est pas mentionné est la considération de l'intelligence artificielle comme une extension de l'être humain, une sorte de prothèse médicale, auquel cas elle ne peut plus être traitée comme un outil séparé, mais comme un ajout aux capacités physiques ou mentales de l'être humain. L'avenir est probablement au droit international « bio », qui inclut également cet aspect de l'amélioration de l'être humain.

Toutefois, l'UE pourrait ne pas disposer de la base juridique des traités sur laquelle fonder de nouvelles réglementations telles que celle dont il est question ici, étant donné que l'article 114 du traité sur le fonctionnement de l'Union européenne (TFUE) prévoit l'adoption de mesures visant à assurer l'établissement et le fonctionnement du marché intérieur. Il s'agit uniquement de la possibilité de réglementer certains aspects qui ne concernent que le marché intérieur de l'UE, à savoir le marché unique

[1]Il s'agit de la *proposition de règlement du Parlement européen et du Conseil établissant des règles harmonisées en matière d'intelligence artificielle (Acte législatif sur l'intelligence artificielle) et modifiant certains actes de l'Union*, com/2021/206 final.

numérique[1]. Notons toutefois l'un des grands mérites de la Cour de justice de l'Union européenne, à savoir l'affirmation du principe selon lequel les traités ne doivent pas être interprétés de manière rigide, mais doivent être analysés dans le contexte du stade d'intégration et des objectifs qu'ils ont fixés. Ce principe a permis à l'UE de légiférer dans des domaines non couverts par des dispositions spécifiques des traités, comme la lutte contre la pollution (dans un arrêt du 13 septembre 2005 — affaire C-176/03 — la Cour a effectivement autorisé l'UE à prendre des mesures de droit pénal lorsqu'elles étaient considérées comme « nécessaires » pour atteindre l'objectif de protection de l'environnement).

Cependant, quelle réglementation internationale pourrait être élaborée et adoptée d'urgence pour faire face à la situation décrite ? Comment le concept d'*amélioration de l'être humain* par l'intelligence artificielle sera-t-il réglementé au niveau international ?[2] Il ne s'agit là que d'une des nombreuses lacunes réglementaires.

---

[1]Le projet prévoit que « certaines règles spécifiques relatives à la protection des personnes physiques à l'égard du traitement des données à caractère personnel, en particulier les restrictions à l'utilisation de systèmes d'intelligence artificielle pour l'identification biométrique à distance "en temps réel" dans les zones accessibles au public à des fins répressives, devraient, en ce qui concerne ces règles spécifiques, être fondées sur l'article 16 du TFUE ».

[2]Pour comprendre ce concept, voir Iulian Savulescu, Nick Bostrom et collab., *Human* Enhancement, édité par Iulian Savulescu et Nick Bostrom, Oxford University Press, 2009, qui part du principe suivant : « Dans quelle mesure devrions-nous utiliser la technologie pour essayer de rendre les êtres humains meilleurs ? (...) L'amélioration humaine vise à élever les capacités humaines au-dessus du niveau normal. De nombreuses formes d'amélioration humaine sont déjà utilisées. Voir également Bakken, Borge, *The Exemplary Society : Human Improvement, Social Control, and the Dangers of Modernity in China*, Oxford University Press, 2000, pp. 12-19, https://EconPapers.repec.org/RePEc:oxp:obooks:9780198295235. Voir également Seckington, Ian, *The Exemplary Society : Human Improvement, Social Control and the Dangers of Modernity in China. D'après Børge Bakken.* [Oxford : Oxford University Press, 2000. xiii 516 pp. ISBN 0-19-829523-5], in The China Quarterly, 167, pp. 790-791, 2001, doi:10.1017/S 000944390140043 X.

Une autre question est de savoir, si les technologies sont utilisées pour *améliorer les animaux,* quel sera leur statut juridique, étant donné que le statut juridique des animaux reste une notion qui a été marginalisée, voire complètement négligée, au profit de l'attention obsessionnelle portée au statut juridique des robots[1]. L'homme devient la victime de son propre manque d'intérêt pour l'efficacité des règles juridiques. Si l'homme n'est pas en mesure d'appliquer les améliorations technologiques à sa propre personne, il cherchera d'autres voies, y compris leur application aux animaux. Il existe des débats théoriques sur divers concepts relatifs à la modification technologique des animaux, utilisés indistinctement et faisant référence à l'*élevage*, à la reproduction et au démembrement des animaux[2]. Ces discussions ne sont pas nouvelles. Elles remontent à plus de dix ans. Dans un livre publié en 2022, je proposais l'introduction urgente d'un statut juridique pour les animaux similaire à celui des mineurs[3]. Un article de 2009 considérait que « Étant donné, cependant, que l'intelligence augmentée est un avantage pour (certains) animaux aussi bien que pour les humains, alors les raisons que nous avons pour améliorer l'intelligence d'un enfant humain peuvent également s'appliquer à la création d'obligations similaires pour améliorer ces animaux. En d'autres termes, nous avons une obligation *prima facie* d'améliorer à la fois les chimpanzés et les humains ». [4]

Les robots peuvent être considérés comme des prolongements de l'homme à bien des égards, en fonction de la manière dont ils sont conçus, utilisés et intégrés dans les activités humaines, ainsi que de leurs caractéristiques. Dans les secteurs de la fabrication et de l'industrie, les robots ont été conçus à l'origine comme des extensions des capacités humaines pour effectuer des tâches

---

[1]Voir Cristina Elena Popa Tache, *Vers un droit..., op. cit*, pp. 27-105.

[2]Gayozzo, Piero, *Animal Enhancement, Uplift or Augmentare ? Clarifying Concepts*, in International Journal of Social Sciences and Humanities Invention, 8(09), 6542-6547, 2021, https://doi.org/10.18535/ijsshi/v8i09.02.

[3]Voir l'argumentation complète dans Cristina Elena Popa Tache, *Vers un droit..., op. cit*, pp. 27-105.

[4]Chan Sarah, *Should we enhance animals,* in J Med Ethics. 2009, Nov. ;35 (11) : 678-83. doi : 10.1136/jme.2009.029512. PMID : 19 880 704 ; PMCID : PMC4829097.

répétitives, dangereuses ou lourdes telles que l'assemblage, le soudage ou la manipulation de matériaux. Il était envisagé qu'ils puissent être contrôlés par des humains capables de les programmer, de les surveiller et de les contrôler en temps réel, dans ce cas en tant qu'extension de la main-d'œuvre humaine pour accroître l'efficacité et la précision des processus de production. Cette évolution a été suivie par le développement du secteur des soins de santé, où les robots peuvent être utilisés comme une extension des compétences et des connaissances des médecins et des infirmières : dans les opérations peu invasives, telles que la chirurgie assistée par robot, où un chirurgien humain contrôle un robot pour effectuer des procédures chirurgicales complexes et précises. Dans ces situations, les robots deviennent une extension des mains et des compétences du médecin, lui permettant de réaliser des procédures plus précises et plus sûres[1]. La troisième étape a été l'émergence des robots comme extension des compétences irrémédiablement perdues par les personnes handicapées, afin de les aider à améliorer leur autonomie et leur indépendance. Il s'agit notamment des personnes à mobilité réduite, en particulier pour certaines tâches quotidiennes telles que le nettoyage, la cuisine ou l'interaction avec l'environnement. La quatrième étape a été marquée par

[1]Les études ont mis en évidence la notion fragmentée de soins et la relation entre deux entités indépendantes (l'homme et la machine), mais aussi une compréhension plus complexe de l'action sociale et des environnements de soins technico-scientifiques. Sur la base de la notion de répertoires interprétatifs, nous identifions deux répertoires mobilisés dans les perspectives des citoyens sur la robotique : un répertoire du bien-être, associé aux relations interhumaines et à la notion de « bon soin », et un répertoire de la responsabilité, associé à la responsabilité individuelle et collective du bon fonctionnement du système et de la garantie des soins de santé dans le contexte des pressions sur la santé. Du fait de la mobilisation de différents répertoires interprétatifs par les citoyens, les robots sont des entités virtuelles qui acquièrent des significations différentes à travers les débats qui les entourent. Ces analyses sont largement présentées dans Vallès-Peris N, Barat-Auleda O, Domènech M., *Robots in Healthcare ? What Patients Say*, in Int J Environ Res Public Health 2021, Sep 21;18(18):9933, DOI : 10.3390/ijerph189933, PMID : 34 574 861 ; PMCID : PMC8466583. Voir également les détails dans Gilbert G. N., Mulkay M., *Opening Pandora's Box : A Sociological Analysis of Scientists' Discourse*, Cambridge University Press ; Cambridge, 1984.

l'émergence de robots utilisés comme extensions des capacités humaines dans l'exploration spatiale et la recherche scientifique, telle que les rovers spatiaux télécommandés, comme ceux envoyés sur Mars, qui peuvent être considérés comme des extensions des chercheurs basés sur Terre, étendant leur capacité à explorer et à étudier des environnements inaccessibles. L'examen de la personnalité juridique des systèmes autonomes soulève la question de savoir si (et, le cas échéant, à quelles conditions) ces systèmes devraient se voir accorder le statut de sujets de droit, capables d'agir devant la loi et/ou d'être tenus pour responsables devant la loi.[1] Cela est-il possible dans les cas mentionnés ici ou faut-il envisager une autre institution juridique ? L'octroi de la personnalité juridique aux robots résoudrait-il le problème de la responsabilité de droit privé pour les dommages causés par des systèmes semi-autonomes ?

L'intelligence artificielle devient de plus en plus sophistiquée et s'intègre dans divers aspects de la société humaine. Dans le contexte de la réalité virtuelle et augmentée, les robots peuvent être utilisés comme des extensions des mouvements et actions humaines pour interagir avec des mondes virtuels ou augmentés. Même les capacités d'un enseignant peuvent être étendues grâce à des robots qui peuvent être programmés pour expliquer, démontrer ou fournir un retour d'information, étendant ainsi la capacité d'un enseignant ou d'un instructeur à enseigner des concepts complexes ou à développer les compétences des étudiants.

En termes de santé humaine et d'amélioration de la santé, nous constatons que les robots peuvent être utilisés comme prothèses humaines dans les cas où ils sont conçus et utilisés pour remplacer ou compléter les fonctions biologiques perdues ou dégradées d'une personne : comme prothèses pour les membres amputés, tels que les prothèses de bras, de main, de jambe ou de bas de jambe, contrôlées par des signaux électriques provenant

---

[1]Hildebrandt, Mireille, *Legal Personhood for AI ?,* Law for Computer Scientists and Other Folk (Oxford, 2020 ; online edn, Oxford Academic, July 23, 2020), pp. 237-250,https://doi.org/10.1093/oso/9780198860877.003.0009 ; et Bryson, Joanna J., Mihailis E. Diamantis, et Thomas D. Grant. *Of, for, and by the People : The Legal Lacuna of Synthetic Persons,* Artificial Intelligence and Law 25 (3) 2017, pp. 273-291, https://doi.org/ 10.1007/s10506-017-9214-9.

des muscles ou des nerfs restants, permettant à la personne amputée de retrouver une certaine fonctionnalité et d'améliorer sa qualité de vie. Les robots peuvent être utilisés comme prothèses pour les personnes souffrant de déficiences motrices, telles que la paraplégie ou la tétraplégie, qui peuvent être contrôlées par des signaux électriques provenant du cerveau ou d'autres parties du système nerveux, de sorte que les personnes souffrant de diverses déficiences motrices peuvent retrouver une certaine capacité de mouvement et jouir d'une plus grande indépendance dans les activités quotidiennes. Il est également fait référence aux prothèses robotiques pour animaux. Cette catégorie couvre les prothèses auditives et visuelles, telles que les implants cochléaires pour les personnes ou les animaux souffrant de déficiences auditives ou les yeux artificiels pour les personnes (ou les animaux) souffrant de déficiences visuelles, les prothèses cognitives pour les personnes ou les animaux souffrant de déficiences cognitives telles que des troubles neurologiques ou des lésions cérébrales traumatiques. Les prothèses robotiques à usage humain ou animal sont encore en phase de développement et de recherche, mais cela ne signifie pas que nous ne pouvons pas créer dès maintenant les leviers réglementaires pour qu'elles soient largement disponibles et acceptées dans la pratique médicale et sociale. Pour reprendre les termes d'un auteur relativement récent, « Mais pour quoi s'arrêter à la restauration ? Les moteurs prothétiques peuvent être plus puissants que les muscles humains ; en effet, l'un des principaux objectifs de la recherche sur les exosquelettes est de mettre au point des exosquelettes qui améliorent considérablement les capacités humaines.[1] En effet, les prothèses robotiques soulèvent des questions éthiques et juridiques sur la frontière délicate entre la thérapie et l'amélioration, des questions

[1]Ronald Leenes, Erica Palmerini, Bert-Jaap Koops, Andrea Bertolini, Pericle Salvini & Federica Lucivero, *Regulatory challenges of robotics : some guidelines for addressing legal and ethical issues*, Law, Innovation and Technology, 9:1, 1-44, 2017, DOI : 10.1080/17579961.2017.1304921. Les auteurs notent que certaines spécifications, telles que l'indigne de confiance, l'équité, l'iniquité et la dignité, se chevauchent avec de nombreuses autres considérations, ce qui rend la résolution de ces questions encore plus complexe.

qui se posent dans les débats philosophiques et qui sous-tendent la politique et la réglementation. Les débats universitaires ont mis en évidence une distinction entre *restitutio ad integrum (* reconstitution de l'intégrité humaine) et *transformatio ad optimum* (remodelage de l'être humain d'une meilleure manière)[1]. La question qui demeure est de savoir comment l'humanité sera prête à compléter et à améliorer sa personnalité de cette manière, tant que, même à ce jour, les humains ne disposent d'aucune réglementation sur la propriété de leur propre corps.

La transdisciplinarité dans le droit international *bio* peut être observée dans les diverses conventions, réglementations et traités qui ont été adoptés au fil des ans pour protéger l'environnement et les droits de l'homme. Par exemple, la Convention sur la diversité biologique (CDB) fournit aux pays un cadre pour la protection et la gestion durable de la diversité biologique mondiale[2]. Les États doivent prendre des mesures pour contrôler l'utilisation, le développement et le transfert des ressources génétiques et pour conserver la diversité biologique. Parallèlement, la Convention-cadre des Nations unies sur les changements climatiques (CCNUCC) s'attaque à la crise climatique mondiale et appelle les nations à prendre des mesures pour réduire les émissions de gaz à effet de serre. Dans le cadre de la Convention, les gouvernements se sont engagés à prendre des mesures pour protéger la biodiversité et assurer l'utilisation durable des ressources liées à la biodiversité[3].

Les droits de l'homme sont la source de la protection des droits des individus en matière de droit biologique. Le Pacte international relatif aux droits civils et politiques, par exemple,

---

[1]Federica Lucivero et Anton Vedder, *Human Enhancement : Multidisciplinary Analyses of a Heated Debate* in Federica Lucivero and Anton Vedder (eds), *Beyond Therapy v Enhancement ? Multidisciplinary Analyses of a Heated Debate*, Pisa University Press, 2014 ; et Urban Wiesing, *The History of Medical Enhancement : From Restitution Ad Integrum to Transformatio Ad Optimum ?* in Bert Gordijn and Ruth Chadwick (eds), Medical Enhancement and Posthumanity, Springer, 2010, pp. 9-24.

[2]Convention de 1993 sur la diversité biologique et documents connexes.

[3]Accord de Paris — Convention-cadre des Nations unies sur les changements climatiques. Il s'agit du premier accord mondial juridiquement contraignant. Il a été signé le 22 avril 2016 et ratifié par l'Union européenne le 5 octobre 2016.

stipule que toute personne a le droit de jouir du meilleur état de santé physique et mentale qu'elle soit capable d'atteindre, et notamment de ne pas être soumise à la discrimination et à l'exploitation. La Convention relative aux droits de l'enfant contient également des dispositions sur la protection des enfants contre l'exploitation, les abus et la négligence, ainsi que sur le droit à la santé et l'accès à l'éducation.

D'autres actions entrent dans le champ d'application de ce droit, comme 1) le clonage humain, qui est un sujet controversé et soulève des questions éthiques, religieuses, biologiques et juridiques et doit être réglementé par le droit international bio, qui doit prendre en compte les questions de protection des droits de l'homme, de la santé publique, de la propriété intellectuelle et de la sécurité nationale ; 2) l'expérimentation de médicaments sur des êtres humains soulève des questions d'éthique, de droits des patients et de protection des données médicales, raison pour laquelle nous essayons d'établir des normes éthiques et juridiques claires et de veiller à ce que les patients soient protégés contre les abus ; 3) le développement de la biotechnologie et des modifications génétiques soulève des questions de sécurité alimentaire, de protection de l'environnement, de droits de propriété intellectuelle et de droits des consommateurs ; c'est pourquoi il est préférable de réglementer le développement de la biotechnologie d'une manière qui protège les intérêts de tous ; 4) la réglementation des pratiques de procréation assistée, telles que la fécondation in vitro, le don d'ovules et de sperme et la transmission génétique, est importante pour protéger les droits des enfants et des familles ; 5) la protection des données médicales et de la vie privée nécessite une réglementation efficace de la collecte, du stockage et de l'utilisation des données médicales, ainsi que la protection de la vie privée des patients.

En termes de jurisprudence, on peut rappeler l'affaire Pathway Genomics Corporation v. FDA, qui concerne Pathway Genomics Corporation, une société américaine qui vendait des tests génétiques directement aux consommateurs. La Food and Drug Administration (FDA) a interdit ces tests, déclarant qu'ils n'étaient pas approuvés pour une utilisation directe par les consommateurs. Pathway Genomics Corporation a contesté cette interdiction devant les tribunaux. Le tribunal a finalement décidé que la FDA avait le droit de réglementer les tests génétiques destinés directement aux consommateurs et a maintenu l'interdiction. Ces dernières années, les domaines des tests génétiques, de la médecine personnalisée et de la santé des consommateurs ont connu une évolution vertigineuse, rendue possible par la confluence de recherches à grande échelle sur les effets de la génétique sur la santé humaine, d'une forte demande des consommateurs et d'une forte concurrence commerciale. Le projet du génome humain, associé à la révolution technologique dans le traitement des métadonnées, a ouvert un tout Nouveau Monde pour les tests génétiques : un monde dans lequel d'énormes quantités d'informations génétiques sur les patients peuvent être fournies et analysées rapidement et à peu de frais. Ces développements annoncent un avenir où la médecine sera adaptée aux besoins de chaque patient, ce qui serait idéal. L'exploitation de quantités massives de données génétiques promet un avenir proche dans lequel les responsables de la santé publique, les laboratoires pharmaceutiques, les médecins, les compagnies d'assurance et les entreprises de biotechnologie seront en mesure d'exploiter efficacement les « big data » pour découvrir les sources de maladies jusqu'alors inconnues. Le séquençage du génome est devenu très accessible, tandis que le mouvement de responsabilisation des patients a pris de l'ampleur. Un aspect important de cette évolution, qui donne lieu à des débats réglementaires animés, est qu'avec l'avènement des tests génétiques *directs aux consommateurs*, les informations génétiques passent de plus en plus des institutions médicales au secteur commercial privé[1].

Myriad Genetics, Inc. v. Association for Molecular Pathology est une autre affaire découlant du fait que Myriad Genetics détenait des brevets sur deux gènes associés au cancer du sein. L'Association for Molecular Pathology a contesté ces brevets, arguant qu'ils devaient appartenir à la communauté scientifique et non à une société privée. La Cour suprême des États-Unis a

---

[1]Catherine M. Sharkey, *Direct-to-Consumer Genetic Testing : The FDA's Dual Role as Safety and Health Information Regulator*, article 11, vol. 68 DePaul L. Rev., 2019, p. 344-384.

statué que les gènes ne pouvaient être brevetés parce qu'il s'agissait d'un produit naturel[1]. Dans le cas d'Henrietta Lacks, une Afro-Américaine décédée d'un cancer en 1951, ses cellules cancéreuses ont été prélevées sans son consentement et utilisées pour la recherche médicale. Ces cellules, connues sous le nom de HeLa, ont été utilisées pour développer des médicaments et des vaccins, mais la famille Lacks n'a jamais été indemnisée pour leur utilisation. Cette affaire a soulevé des questions sur les droits de propriété des cellules humaines et sur le consentement éclairé dans la recherche médicale[2].

Terri Schiavo est le cas d'une Américaine tombée dans un coma végétatif après un arrêt cardiaque en 1990. En 2005, son mari a demandé au tribunal de retirer la nutrition artificielle, affirmant que Terri aurait voulu qu'on la laisse mourir dans de telles circonstances. Les parents de Terri se sont opposés à cette requête et ont demandé que leur fille soit maintenue en vie. Cette affaire a soulevé des questions sur les droits des patients et les décisions en

---

[1]Association for Molecular Pathology v. Myriad Genetics, Inc. 569 U.S. 576 (2013), était une affaire portée devant la Cour suprême des États-Unis contestant la validité des brevets génétiques aux États-Unis, et plus précisément contestant certaines revendications de brevets délivrés, détenus ou contrôlés par Myriad Genetics couvrant des séquences d'ADN isolées, des méthodes de diagnostic de susceptibilité au cancer par la recherche de séquences d'ADN mutantes, et des méthodes d'identification de médicaments à l'aide de séquences d'ADN isolées.

[2]Lacks a été la source involontaire de ces cellules à partir d'une tumeur biopsiée lors du traitement d'un cancer du col de l'utérus à l'hôpital Johns Hopkins de Baltimore, dans le Maryland, aux États-Unis, en 1951. Ces cellules ont ensuite été cultivées par George Otto Gey, qui a créé la lignée cellulaire connue sous le nom de HeLa, toujours utilisée pour la recherche médicale. En octobre 2021, les descendants d'Henrietta Lacks ont annoncé qu'ils poursuivraient Thermo Fisher Scientific pour avoir utilisé les cellules de Lacks dans la recherche médicale sans son autorisation, dans le cadre d'un « système médical racialement injuste ». Le tissu prélevé sur la tumeur de cette femme avant qu'elle ne meure d'un cancer du col de l'utérus a été la première cellule humaine clonée avec succès. Reproduites à l'infini depuis lors, les cellules HeLa sont devenues une pierre angulaire de la médecine moderne, permettant d'innombrables innovations scientifiques et médicales, notamment la mise au point du vaccin contre la polio, la cartographie génétique et même les vaccins COVID-19.

matière de soins de santé pour les patients qui ne peuvent pas exprimer leurs souhaits[1].

Il convient également de rappeler que la Cour pénale internationale est compétente pour juger les personnes qui commettent des génocides, des crimes contre l'humanité, des crimes de guerre et d'autres crimes graves, ou des crimes liés à la législation biologique, tels que la biopiraterie et le commerce illégal d'espèces menacées d'extinction. Au niveau institutionnel, l'Organisation mondiale de la santé (OMS) établit des normes, fournit des lignes directrices et encourage la recherche dans le domaine de la santé. Dans le contexte de la législation biologique, l'OMS a publié un certain nombre de lignes directrices, y compris des codes de pratique internationaux et des stratégies mondiales sur la conservation et la gestion de la biodiversité. Ensemble, les divers instruments internationaux et organisations mentionnés ci-dessus offrent des solutions pluridisciplinaires et transdisciplinaires pour la protection de l'environnement et des droits de l'homme en ce qui concerne les aspects de la législation biologique[2].

---

[1]L'affaire Terri Schiavo est une série d'actions juridiques et législatives menées aux États-Unis entre 1998 et 2005 concernant les soins prodigués à Theresa Marie Schiavo (née Schindler : décembre 1963 - 31 mars 2005), une femme dans un état végétatif persistant et irréversible. Le mari et le tuteur légal de Mme Schiavo ont fait valoir qu'elle ne souhaitait pas être maintenue en vie artificiellement pendant de longues périodes sans perspective de guérison et, en 1998, ont choisi de retirer sa sonde d'alimentation. Selon des sources publiques, le tribunal a déterminé que Mme Schiavo ne souhaitait pas être maintenue en vie et, le 24 avril 2001, la sonde d'alimentation a été retirée pour la première fois, avant d'être réintroduite quelques jours plus tard. Le 25 février 2005, un juge du comté de Pinellas a de nouveau ordonné le retrait de la sonde d'alimentation de Terri Schiavo. Plusieurs appels et interventions du gouvernement fédéral ont suivi, y compris le retour de Bush à Washington, D.C., pour signer une loi renvoyant l'affaire devant un tribunal fédéral. À la suite des appels interjetés devant les tribunaux fédéraux, qui ont confirmé la décision initiale de retirer la sonde d'alimentation, le personnel de l'établissement hospitalier de Pinellas Park a débranché la sonde d'alimentation le 18 mars 2005, et Terri Schiavo est décédée le 31 mars 2005.

[2]Voir Montserrat Abad Castelos, *Marine Renewable Energies : Opportunities*, Law, and Management, Ocean Development & International Law, 45:2, 2014, pp. 221-237, DOI : 10.1080/00908320.2014.898926 ; et M. Yokota, A. J. Karis & W. J. Tharion, *Thermal-work strain in law enforcement personnel during chemical, biological, radiological, and nuclear (CBRN) training,* in

Les ramifications jurisprudentielles du droit organique international sont variées et peuvent concerner : 1) la réglementation et la protection des droits de l'homme, la protection du droit à la vie, à la santé et à l'intégrité physique et mentale, où la jurisprudence peut être utilisée pour fixer des normes pour les gouvernements et les institutions en ce qui concerne l'utilisation de la biotechnologie et d'autres technologies connexes ; 2) la responsabilité civile et la responsabilité en cas d'utilisation abusive de la biotechnologie et les garanties juridiques pour prévenir les dommages à la santé publique et à l'environnement ; 3) la protection de l'environnement, où la jurisprudence peut être utilisée pour fixer des normes environnementales et de sécurité pour l'utilisation de la biotechnologie et d'autres technologies connexes ; 4) la réglementation des brevets et de la propriété intellectuelle, qui met l'accent sur l'utilisation des brevets pour prévenir l'abus et l'utilisation abusive des technologies.

Selon un pronostic théorique, le droit international bio deviendra de plus en plus pertinent à l'avenir, car les progrès technologiques dans le domaine de la biotechnologie conduiront à de nouvelles confrontations sur la protection des droits de l'homme et de la sécurité. Ces développements seront induits par les progrès réalisés dans ces domaines. Le domaine de la génétique et des thérapies géniques montre que les technologies qui permettent la modification de l'ADN humain et d'autres technologies génétiques ont créé un fort besoin de réglementation et de surveillance. Dans ce contexte, des questions d'éthique et de sécurité se posent et le droit international bio devra s'adapter à cette dynamique. L'intelligence artificielle et les robots soulèvent des questions sur la responsabilité en cas d'accidents ou de dommages, mais aussi sur les droits et la sécurité des personnes qui interagissent avec ces dispositifs.

Dans le contexte des pandémies et autres menaces pour la santé publique, le droit international bioest en première ligne pour réglementer l'accès aux médicaments et aux vaccins et protéger les droits et libertés fondamentales des personnes.

International Journal of Occupational and Environmental Health, 20:2, 2014, pp. 126-133, DOI : 10.1179/2 049 396 714 Y .0000000056

Une réglementation claire et responsable dans ce domaine sera essentielle pour protéger les droits de l'homme et la sécurité d'une manière durable et éthique.

Le droit international économique

Les changements ont été induits par le processus de mondialisation économique, qui a conduit à une interdépendance économique accrue entre les pays et à la nécessité de réglementer ce phénomène au niveau international. Les avancées technologiques ont permis le développement du commerce électronique et la création de nouvelles règles et institutions pour faciliter le commerce transfrontalier. Parallèlement aux nouvelles technologies, les défis du changement climatique et du développement durable sont devenus de plus en plus évidents ces dernières années et le droit international économique a dû s'adapter à ces changements. D'autres développements incluent, sans s'y limiter, la prolifération des investissements étrangers directs dans les pays du monde entier, ou le fait que certains pays ont commencé à adopter des politiques économiques protectionnistes et nationalistes, avec des stratégies juridiques et des réglementations créées pour éviter les conflits économiques.

Dans ce cadre, la méthode *trans* analyse un problème sous tous les angles possibles, en tenant compte des disciplines et des systèmes de connaissances impliqués. Ceci est particulièrement important dans la sphère internationale, où différents pays, cultures et systèmes juridiques ont leurs propres perspectives. Un exemple de transdisciplinarité en droit international économique est le concept *d'investisseur responsable*. Ce concept repose sur l'idée que les investisseurs doivent tenir compte d'une série de facteurs, y compris les préoccupations environnementales, sociales et de gouvernance, lorsqu'ils prennent des décisions d'investissement. La typologie est interdisciplinaire et combine des éléments de droit international, d'économie et de finance afin de créer un cadre complet pour l'investissement responsable[1]. Le

---

[1]Jahn, Thomas, Matthias Bergmann et Florian Keil, *Transdisciplinarity : Between mainstreaming and marginalization*, in Ecological economics 79 (2012) : 1-10 ; et Breuste, Jürgen, Hildegard Feldmann et Ogarit Uhlmann, eds, *Urban ecology,* eds. Springer Science & Business Media, 2013.

concept de « développement durable » va dans le même sens. Le développement durable n'est rien d'autre qu'une vision holistique de la croissance économique basée sur des préoccupations économiques et environnementales, combinant des éléments de droit international, d'économie, de science environnementale et d'autres disciplines pertinentes[1].

Le droit économique international, au sens large, est un domaine du droit international qui englobe à la fois le comportement des États souverains dans les relations économiques internationales et le comportement des parties privées dans les transactions économiques et commerciales transfrontalières.

Il couvre, entre autres, le droit commercial international, le droit des institutions financières internationales (ou ce que l'on appelle le droit financier international) et les domaines traditionnels du droit international privé : l'intégration économique régionale telle que l'Union européenne, l'ANASE et d'autres organisations commerciales régionales ; le droit international et le développement ; l'arbitrage commercial international ; le droit international de la propriété intellectuelle ; et la réglementation internationale des affaires[2].

Malgré une évolution rapide d'année en année, certains experts continuent à placer à tort le droit international des investissements dans la catégorie du droit international économique. Comme nous le verrons plus loin, la principale différence réside dans le développement distinct du droit international des investissements, qui a conservé ce domaine

---

[1]Voir Birgit Blättel-Mink & Hans Kastenholz, *Transdisciplinarity in sustainability research : Diffusion conditions of an institutional innovation,* in International Journal of Sustainable Development & World Ecology, 12:1, 2005, pp. 1-12, DOI : 10.1080/13 504 500 509 469 613. Cette étude met en évidence le rôle substantiel joué par la recherche extra-universitaire dans la garantie de l'ouverture et de l'indépendance.

[2]Cornell Law School, Legal Information Institute (https://www.law.cornell.edu/wex/ international_economic_law), consulté le 24.08.2022.

comme l'une de ses sources, même si les deux avaient à l'origine un point de départ commun[1].

En même temps, la nature interdisciplinaire du droit international économique a fait que, pendant plusieurs décennies, il a été associé au commerce international, en raison du fait que ce dernier a largement développé les institutions juridiques multilatérales les plus matures (le GATT et plus tard l'OMC[2]) pour réglementer le commerce international. Aujourd'hui, cependant, plusieurs disciplines se sont scindées et ont formé des branches distinctes, d'où la tendance à regrouper certaines branches, en ignorant les délimitations généralement considérées comme ayant un impact et une pertinence pour le domaine, notamment : le droit monétaire international ; la réglementation financière internationale (y compris la réglementation des banques, des produits dérivés, des assurances et des valeurs mobilières) ; le développement international ; le droit international du travail et des services ; le droit international de l'investissement, y compris l'arbitrage commercial international ; le droit international de la propriété intellectuelle ; le droit fiscal international ; et le droit international de l'environnement[3].

Le groupe d'intérêt sur le droit international économique de l'American Society of International Law a établi la liste non exhaustive suivante de sujets sous l'intitulé « droit économique international » : 1) le droit commercial international, y compris le droit international de l'Organisation mondiale du commerce et du GATT et les réglementations commerciales nationales ; 2) le droit international de l'intégration économique, y compris le droit de l'Union européenne, l'ALENA et le Mercosur ; 3) le droit

---

[1]Pour une analyse complète, voir C.E. Popa Tache, *Introduction to International Investment Law*, ed. Adjuris international Academic Publisher, 2020.

[2]Organisation mondiale du commerce.

[3]La déclaration de Stockholm de 1972 de la conférence des Nations unies sur l'environnement humain a probablement été le premier instrument majeur du droit international de l'environnement à inscrire l'idée de la conservation des ressources naturelles à l'ordre du jour du droit économique international, suivi par la Charte des droits et obligations économiques des États de 1974 à l'article 30.

international privé, y compris l'élection de droit, l'élection de for, l'exécution des jugements et le droit commercial international ; 5) le droit financier international, y compris le droit des transactions privées, le droit des investissements directs étrangers et le droit monétaire international, y compris le droit du Fonds monétaire international et de la Banque mondiale ; 6) le rôle du droit dans le développement ; 7) le droit fiscal international ; et 8) le droit international de la propriété intellectuelle.

L'ampleur des activités et des transactions économiques internationales a fait de ce droit un domaine d'étude hautement interdisciplinaire. Les décisions prises dans un domaine, tel que la réglementation fiscale ou financière, peuvent affecter la transmission de la politique monétaire qui, à son tour, peut affecter l'efficacité ou le fonctionnement d'un régime commercial et vice versa. Par conséquent, un large éventail d'organisations gouvernementales et intergouvernementales notables jouent des rôles différents dans la formulation du droit international économique et de la politique[1]. Parmi les plus importantes figurent : les ministères des finances nationaux, les responsables du commerce et les autorités de surveillance des marchés financiers ; les institutions (organisations) multilatérales, notamment le FMI, l'OMC, la Banque des règlements internationaux, la SIF, la Banque mondiale, l'UE, l'OIT, les Nations unies et la Commission européenne ; les institutions multilatérales associées au commerce régional et bilatéral, à la propriété intellectuelle, aux accords sur la réglementation financière et à d'autres efforts diplomatiques pertinents.

Le droit international économique repose sur des principes traditionnels du droit international tels que *pacta sunt servanda*, la liberté, l'égalité souveraine, la réciprocité et la souveraineté économique. Il repose également sur des principes modernes en constante évolution, tels que le devoir de coopération, la souveraineté permanente sur les ressources naturelles et le traitement préférentiel des pays en développement en général et

[1]Pour plus de détails, voir le site web de l'Institute of International Economics at Georgetown University Law Center (https://www.law.georgetown.edu/iiel/), consulté le 24.08.2022.

des pays les moins avancés en particulier. Plus précisément, dans sa tentative de mettre en œuvre les objectifs du nouvel ordre économique international (résolutions du nouvel ordre économique international des Nations unies) et d'établir les règles des relations économiques internationales, l'Assemblée générale des Nations unies a adopté, dans le cadre de ses résolutions sur le nouvel ordre économique international, la Charte des droits et obligations économiques des États (CERDS) en 1974.

Le premier chapitre de cet ouvrage expose les fondements des relations économiques internationales dans les termes suivants : « Les relations économiques, ainsi que les relations politiques et autres entre les États, sont régies notamment par les principes suivants : 1) la souveraineté, l'intégrité territoriale et l'indépendance politique des États ; 2) l'égalité souveraine de tous les États ; 3) la non-agression ; 4) la non-intervention ; 5) l'avantage mutuel et équitable ; 6) la coexistence pacifique ; 7) l'égalité des droits et l'autodétermination des peuples ; 8) le règlement pacifique des différends ; 9) la réparation des torts qui ont été imposés par la force et qui privent une nation des moyens naturels d'assurer son développement normal… ; 10) l'exécution de bonne foi des obligations internationales ; 11) le respect des droits de l'homme et des libertés fondamentales ; 12) le devoir des États de ne pas rechercher l'hégémonie et les sphères d'influence ; 13) la promotion de la justice sociale internationale ; 14) la coopération internationale pour le développement ; 15) le libre accès des pays enclavés à la mer et à partir de la mer, dans le cadre des principes susmentionnés. »

Il s'agit de principes de nature générale, englobant à la fois des principes économiques et politiques et reflétant la tendance observée depuis le début des années 1970. Les articles 1, 2, 4 et 5 énoncent plus concrètement les droits et obligations économiques des États.

On constate que les sources du droit international économique sont les mêmes que les sources du droit international général décrites à l'article 38 du statut de la Cour internationale de justice[1].

Cette branche du droit international est vaste et en constante évolution, c'est pourquoi nos recherches futures se concentreront sur certains aspects de ce sujet intéressant.

Le droit international des investissements

Alors que le nombre de traités d'investissement conclus entre pays a augmenté ces dernières années, nous les avons vus évoluer et s'adapter aux nouvelles réalités économiques et technologiques. Des changements sont intervenus en raison de l'évolution des procédures d'arbitrage et des règles juridiques applicables, de l'accent mis sur la protection des droits de l'homme ou du développement de nouvelles technologies telles que l'intelligence artificielle, la *blockchain* ou les cryptomonnaies.

Le droit international des investissements étrangers se compose de règles de droit international général, de principes généraux de droit international économique et de règles distinctes spécifiques à son domaine[2].

Bien que le droit international public donne généralement la priorité aux droits humains fondamentaux et au droit de la paix et de la sécurité internationales (les tribunaux d'investissement ont rarement été confrontés à des normes de droit international aussi élevées), le droit international des investissements est une sous-branche du droit international public, notamment en raison de l'importance de cette nouvelle branche du droit, constituée de traités internationaux spécifiques (ou comprenant des dispositions spécifiques) régissant les relations dans le domaine du droit international des investissements.

La métamorphose de ces relations juridiques a vu le passage du droit économique au droit international des investissements

---

[1]S.P. Subedi, *International Economic Law, Section A : Evolution and Principles of International Economic Law*, version révisée - décembre 2006, Ed. University of London Press, p. 21, 22.

[2]R. Dolzer, C. Schreuer, *Principles of International Investment Law*, Oxford University Press (OUP), 2e édition, 2012, chap. I, p. 2.

étrangers[1]. Un rôle remarquable a été joué dans ce domaine par les éditions successives d'auteurs qui ont publié des monographies de droit international économique[2] depuis la fin des années 1970.

Andreas F. Lowenfeld définit le droit international économique comme l'ensemble des règles de droit international régissant l'ordre juridique international et les relations économiques entre les États, tout en précisant que ce terme peut inclure un large éventail de règles, allant du droit international public aux questions de droit commercial, en passant par le régime des investissements étrangers, les questions fiscales, etc.[3] En ce qui concerne les différentes caractéristiques fondamentales des relations internationales en matière d'investissement, il convient de noter que, bien que l'hypothèse fondamentale du droit international public soit l'égalité souveraine, les relations juridiques entre les États d'accueil et les investisseurs étrangers restent asymétriques, car les États d'accueil sont en position de supériorité, étant en mesure d'influencer à la fois le droit national et les règles pertinentes du droit international (généralement par leur participation à la négociation et à la signature de traités internationaux, telle que les TBI ou les TIP, qui établissent des droits et des obligations pour les investisseurs étrangers, tierces parties aux traités).

Dans le développement du droit international économique, toute une série de règles et de principes inspirés du droit international a été cultivée dans le domaine du droit des investissements, allant jusqu'à la création d'organes et d'institutions chargés du règlement et de la résolution des différends en matière d'investissement. Cette évolution a donné lieu à certaines positions doctrinales qui affirment l'émergence

---

[1]Voir également le premier rapport du comité de l'ILA sur le droit international des investissements étrangers, Toronto, 2006, dans le rapport de la dix-septième conférence de l'ILA, Toronto, 2006, Londres, ILA, 2006, p. 410 et suivantes.

[2]D. Carreau, P. Juillard, T. Flory, *Droit international économique,* 2e éd., LGDJ, Paris, 1980, et éditions ultérieures.

[3]A. Lowenfeld, *International Economic Law*, ed. 1, Oxford University Press, 2002, p. 3.

d'un droit international des investissements étrangers, traité individuellement dans des ouvrages spécialisés[1].

Aujourd'hui, le débat sur ce nouveau domaine du droit ne porte plus sur son existence ou sa non-existence, mais plutôt, par exemple, sur la réforme du droit de la protection des investissements étrangers ou sur les relations entre les investissements, les questions environnementales ou le développement durable des collectivités locales, qui sont autant de possibilités de réforme découlant des tensions actuelles autour du droit international ?

La conclusion est que nous sommes en présence d'un droit international des investissements, une nouvelle branche du droit qui a dépassé la phase de découverte, justifiant son existence et se métamorphosant à travers son évolution ascendante.

En ce qui concerne les sujets de cette branche du droit, la conception dominante, fondée sur la théorie de la pluralité des sujets, admet l'existence d'autres sujets à côté des États[2]. Le droit international des investissements étrangers est sans aucun doute la partie du droit international dans laquelle les acteurs non étatiques jouent un rôle clé[3]. Il semblerait anormal qu'un traité d'investissement établisse des obligations et des sanctions pour des acteurs qui ne sont pas partis à ce traité et qui ne sont même pas reconnus comme des sujets initiaux du droit international de l'investissement.

Les lois, contrats et traités en matière d'investissement réglementent non seulement les investissements, mais aussi les investisseurs, c'est-à-dire les personnes et les organisations qui investissent. Du fait de la mondialisation, le nombre de personnes

---

[1]M. Sornalajah, *The International Law on Foreign Investment*, Cambrige University Press, 2e ed., 2004.

[2]A. Preda-Mătăsaru, *Tratado de Drept International Public*, 2e édition, Lumina Lex, Bucarest, 2006, p. 93.

[3]P. Dumberry, E. Labelle-Eastaugh, Les *acteurs non étatiques dans le droit international de l'investissement : la personnalité juridique des entreprises et des ONG dans le contexte de l'arbitrage entre investisseurs et États*, 2011, in Participants au système juridique international : Multiples Perspectives on Non-State Actors in International Law, Jean D'Aspremont, ed. Routledge-Cavendish, 2011, pp. 360-371.

et d'organisations investissant à l'étranger a augmenté et elles sont donc susceptibles d'être considérées comme des investisseurs étrangers. L'univers des investisseurs étrangers potentiels se compose donc de millions de personnes, d'entreprises et d'organisations, et ce nombre ne cesse de croître. Chacun de ces millions d'individus, d'entreprises et d'organisations, ainsi que leur important capital en dollars, pourrait être affecté par les lois sur l'investissement international. Il existe plusieurs types d'investisseurs internationaux :[1].

Les participants aux relations d'investissement mentionnées ci-dessus ont chacun un rôle différent à jouer dans le traitement et le développement de ces relations. Les États doivent être considérés sous l'angle de différents régimes en relation avec des conditions économiques spécifiques. Les organisations non gouvernementales et les sociétés transnationales jouent un rôle important en raison de leur interaction avec les États dans l'élaboration de règles juridiques ou dans la détermination des conditions économiques qui conduisent à l'élaboration et à l'achèvement de règles juridiques. Il s'ensuit que nous disposons de suffisamment d'arguments pluriels et même transdisciplinaires.

Il est clair que les États jouent le rôle principal[2] dans la société économique internationale, car la plupart de ses règles sont créées par les États et s'adressent à eux.

En droit international, l'attribut essentiel de l'État est la souveraineté, et le principe fondateur des relations entre États sur le plan politique est l'égalité souveraine. Les règles et le modèle de l'économie de marché — le capitalisme libéral — imposent certaines limites à l'égalité souveraine. Abordant la question du droit économique international, certains auteurs ont souligné que c'est la première fois qu'un modèle unique est imposé à l'échelle mondiale[3], les États étant obligés de procéder aux ajustements internes nécessaires pour s'y conformer.

---

[1]J.W. Salacuse, *The Three Laws of International Investment,* OUP, 2014, p. 7.
[2]K. Abbott, R. Keohane, A. Moravcsik, A.-M. Slaughter, D. Snidal, *Le concept de légalisation*, 54, Organisation internationale, 2000, pp. 401-419.
[3]Idem, p. 25.

L'un des principes clés est le traitement plus favorable des pays en développement (du Sud), qui permet aux pays développés d'être traités différemment sur le plan juridique. L'appartenance à l'une de ces catégories nécessite l'utilisation de critères économiques. Les États développés (du Nord) peuvent également adhérer à un réseau de traités d'amitié, de commerce et de navigation qui protègent non seulement le commerce, mais aussi les investissements ; ces traités ont parfois été directement applicables devant les tribunaux locaux[1], comme c'est le cas aux États-Unis.

En ce qui concerne les organisations internationales, nous avons considéré celles qui ont un profil économique, qu'il s'agisse d'organisations mondiales ou régionales. Outre le Fonds monétaire international (FMI) et la Banque internationale pour la reconstruction et le développement (BIRD), l'Organisation mondiale du commerce, créée par l'accord de Marrakech en 1995, joue un rôle particulier.

Comme mentionné ci-dessus, mais aussi comme le confirmeront les développements ultérieurs de la recherche scientifique, une place essentielle est occupée par les organisations régionales, qu'il s'agisse d'organisations de coopération ou d'intégration. La première catégorie comprend l'OCDE, qui a mis en place des zones d'intégration économique (zones de libre-échange), des unions douanières, des marchés communs et des formes de fédéralisme économique, ainsi que l'Union économique et monétaire. Bien que constitué par des traités, leur mécanisme de décision, pour des raisons d'efficacité, n'est pas l'unanimité. Le transfert de compétences souveraines à ces organisations s'observe aussi bien dans le Benelux historique que dans les formes plus récentes de l'Accord de libre-échange nord-américain (ALENA), aujourd'hui abandonné au profit de l'USMCA. Le 30 novembre 2018, le Canada, les États-Unis et le

[1]Voir le traité d'amitié, de commerce et de navigation entre les États-Unis et le Japon (signé le 2 avril 1953), qui prévoit que les citoyens japonais résidant aux États-Unis ne peuvent être tenus de payer des impôts plus élevés que ceux payés par les citoyens américains et conformément au statut de nation la plus favorisée du Japon. Voir Japan Line Ltd v. Los Angeles County, 441 U.S. 434 (1979) (l'impôt foncier de la Californie sur les filiales japonaises de transport maritime est déclaré inconstitutionnel parce qu'il entraîne une imposition multiple).

Mexique ont signé le nouvel accord Canada-États-Unis-Mexique lors du sommet des dirigeants du G20 à Buenos Aires. Les parties vont maintenant entamer le processus national de ratification et de mise en œuvre de l'USMCA), l'Espace économique européen, le Mercosur.... Certaines organisations ont pour mandat d'intervenir dans les relations économiques dans des cas précis, comme le financement de pays ou de projets (FMI et BIRD) ou la garantie d'opérations d'investissement (MIGA).

L'ensemble du processus de codification du droit international sous l'égide d'organismes spécialisés des Nations unies tels que la Commission du droit international (CDI), la Commission des Nations unies pour le droit commercial international (CNUDCI), la Conférence des Nations unies sur le commerce et le développement (CNUCED) et d'autres organisations hautement techniques a mis en évidence le rôle essentiel et dynamique des organisations non gouvernementales regroupant des professionnels et des praticiens dans les domaines d'activité concernés par le processus de normalisation et de codification et qui, par leurs contributions, ont marqué l'aspect pratique de nombreuses solutions normatives adoptées.

Bien que les sociétés transnationales ne soient pas encore reconnues comme des sujets traditionnels du droit international, elles occupent une position importante en raison d'un certain nombre de facteurs. En raison de leur puissance économique particulière, elles exercent une influence politique sur les décisions des États, ce qui leur permet de formuler certaines règles conventionnelles ou coutumières de droit international. Des efforts ont été déployés pour obtenir des législations favorables à la création de nouveaux marchés, des avantages fiscaux ou des traités commerciaux bilatéraux avantageux. Il convient également de souligner l'influence juridique de ces entreprises en établissant les éléments constitutifs des « contrats d'État ». Les réglementations visant à encadrer le rôle, l'activité et la position de ces entreprises transnationales, même si elles n'ont pas toujours atteint leur but, couvrent un large éventail de préoccupations.

En ce qui concerne le règlement des différends, le droit international ne s'applique traditionnellement qu'aux différends entre États. L'émergence et le développement du droit international des investissements, marqués par les activités spécifiques des principaux acteurs dans ce domaine, à savoir les particuliers et les entreprises, ont soulevé la question de savoir si ces acteurs devraient avoir certains droits directs pour régler les différends contre les États dans lesquels ils opèrent. En vertu du droit international coutumier, un investisseur étranger doit chercher à résoudre un tel différend devant les cours et/ou tribunaux de l'État concerné, et lorsque ces recours échouent ou sont inefficaces — soit parce que leur contenu substantiel n'est pas pertinent, soit en raison de l'absence de procédures d'exécution et/ou de recours efficaces, soit parce qu'ils résultent d'un déni de justice[1] — la protection diplomatique est recherchée auprès de l'État d'origine de la personne ou de la société concernée (en refusant un recours effectif devant une juridiction nationale, l'État d'accueil s'expose à une violation du droit international, s'il peut être démontré que ce refus constitue une violation des normes juridiques internationales[2]). Il en résulte la nature mixte des méthodes de règlement des différends en matière d'investissement, démontrant leur position entre le droit international et le droit national ; l'État d'accueil soumis au droit international fait face à un investisseur privé soumis aux règles nationales de l'État d'origine.

La jurisprudence récente des tribunaux d'arbitrage des investissements (sous la juridiction de l'OIT) et de la Cour européenne (sous la juridiction de la CEDH) démontre que le droit international public peut être une arme inestimable à la fois pour protéger les accords d'arbitrage commercial et les sentences arbitrales commerciales rendues par les tribunaux nationaux ou les tribunaux des États avec lesquels les investisseurs sont en contact[3]. Une clause importante de ces accords bilatéraux est la clause de règlement des différends.

---

[1]Voir I. Brownlie, *Principles of Public International Law*, Clarendon Press, 1998, chapitre XXII, in Dispute Settlement : Investor-State, UNCTAD Series on issues in international investment agreements, p. 4.

[2]Voir *Azanian c. États-Unis du Mexique* (CIRDI), affaire ARB (AF) 97/2, décision du 1er novembre 1999.

[3]S. Fietta, J. Upcher, *Public international law, investment treaties and commercial arbitration : an emerging system of complementarity,* Arbitration

Nous notons l'importance du CIRDI (Centre international pour le règlement des différends relatifs aux investissements) pour résoudre les litiges dans le cadre de sa propre procédure d'arbitrage, à la seule condition que les parties respectent les dispositions de la Convention de Washington de 1965 établissant le CIRDI[1].

D'autres organismes et institutions sont également impliqués dans la pratique du règlement des différends, comme la Cour permanente d'arbitrage de La Haye, qui est également compétente pour régler les différends commerciaux et d'investissement, notamment à la suite de la modification (en 1993) de son règlement et de l'adoption de règles facultatives pour l'arbitrage des différends entre deux parties dont l'une seulement est un État.

L'investissement étranger est un domaine des relations internationales dans lequel les actions des facteurs économiques, juridiques et surtout politiques se combinent, pas toujours de manière satisfaisante, malgré la tendance générale à s'éloigner de la sphère d'influence politique[2]. Il ne fait aucun doute que toute une série de relations s'est développée dans les relations économiques internationales, étayées par une riche jurisprudence, fermement ancrée dans les principes et les normes

---

International Journal, 29 (2), 2013, p. 187-222, First published online : 1 June 2013, Published by Kluwer Law International & London Court of International Arbitration, p. 187.

[1]Pour une rétrospective des travaux du *CIRDI*, voir M. Kinnear Kinnear, G. Fischer, J. Minguez Almeida, L. F. Torres, M. Uran Bidegain, *Building International Investment Law : The First 50 Years of ICSID*, Wolters Kluwer Publishing, 2015.

[2]Voir H. Ibrahim, I. Shihata, *Towards a Greater Depoliticization of Investment Disputes : The Roles of ICSID and MIGA*, in Investing with Confidence Understanding Political Risk Management in the 21 st Century, Kevin W. Lu, Gero Verheyen, Srilal Mohan Perera, World Bank Publications, 2009, p. 177 et s. et dans ICSID revue — Foreign Investment LJ, 1986 ; pour un point de vue sceptique, voir Paparinskis, *Limits of Depoliticisation in Contemporary Investor-State Arbitration*, ou dans J. Crawford, S. Nouwen, Bloomsbury Publishing, 2012, Select Proceedings of the European Society of international Law, vol. III, 2010, p. 271.

du droit international public[1]. Le fondement demeure, étant donné que des instruments tels que de nombreux accords bilatéraux sont utilisés pour mettre en œuvre ces relations. En ce sens, le nouveau droit international des investissements ne pourra jamais « échapper » à son appartenance au droit international, et surtout, ce qui est une réalité, au droit international public[2].

Le droit international de la culture

La protection du patrimoine et de l'héritage culturel des peuples suscite un intérêt général croissant. Un nombre croissant de pays considèrent la culture comme un facteur indispensable au développement économique et concentrent leurs efforts sur la promotion de la culture et du tourisme culturel. Des efforts ont également été déployés pour harmoniser les législations nationales et internationales en matière de protection des droits d'auteur. La protection des minorités culturelles et la promotion de la diversité culturelle au niveau international sont d'autres moteurs de changement.

Le droit international de la culture est une branche d'étude qui est devenue visible ces dernières années et qui cherche à réglementer une variété de questions, y compris la protection du patrimoine culturel, le patrimoine, la promotion de la diversité culturelle et la réglementation des activités culturelles. La transdisciplinarité est un concept utile à considérer lors de l'examen de ce domaine, car il contient, comme mentionné, l'intégration de différentes disciplines et perspectives pour créer des solutions appropriées. Dans le contexte du patrimoine culturel, la transdisciplinarité peut être utilisée pour rassembler différentes perspectives telles que le droit, l'anthropologie,

---

[1]J. Crawford, *International Protection of Foreign Direct Investment : Between Clinical* Isolation *and* Systemic *Integration*, in *R. Hofmann and C. Tams* (eds.), International Investment Law and General International Law : From Clinical Isolation to Systemic Integration, 2011, p. 25.

[2]R. Hofmann, C. Tams, International Investment *Law and the Law of State Immunity : Antagonists or Two Sides of the Same Coin*, International Investment Law and General International Law, Nomos Publishing, 2011, p. 231-275.

l'histoire, l'architecture et la littérature, entre autres[1]. Cela peut aider à identifier les solutions juridiques et politiques qui protègent au mieux le patrimoine culturel, en tenant compte des contextes sociaux, culturels et économiques plus larges dans lesquels il existe. Bien qu'il s'agisse d'un développement récent et passionnant, cette préoccupation existe depuis l'Antiquité. Les étapes historiques du droit international de la culture sont apparues dans un contexte spécifique. Depuis l'Antiquité, le statut juridique du patrimoine et des biens culturels a été défini principalement par les traditions et les coutumes des communautés et des royaumes. Le Moyen Âge a vu une grande diffusion de la culture et du patrimoine culturel avec le développement des villes et du commerce international. La Renaissance et le siècle des Lumières ont vu fleurir l'art, la culture et la philosophie, ce qui a permis d'apprécier l'importance de la culture et du patrimoine culturel. Cela a conduit à la création des premières institutions spécialisées dans la protection du patrimoine culturel, comme la bibliothèque du Vatican.

Mais d'une manière générale, si l'on considère l'histoire du droit international et les grandes évolutions de la pensée et de la pratique dans ce domaine, il faut noter qu'avant le IXe siècle, la protection de la culture et du patrimoine culturel n'a pas fait l'objet d'une préoccupation spécifique au niveau international et universel.

Du début du XIXe siècle à la fin de la Première Guerre mondiale, les premières conventions internationales sur la protection du patrimoine culturel en temps de guerre ont vu le jour et les premières organisations internationales telles que

---

[1]Baron, Jane B., *Law, Literature, and the Problems of Interdisciplinarity*, in The Yale Law Journal 108 (1999) 5, pp. 1059-1085. doi : 10.2307/797370 ; et Hu Lung-Lung 胡龍隆, *Guoxue and Transdiscipline as Illustrated by Law and Literature,* Monumenta Serica, 68:2, 2020, 473-493, DOI : 10.1080/02549948.2020.1831255. Guoxue est une enquête à l'ancienne sur la Chine et les choses chinoises, démontrant que l'idée de disciplines existe depuis des temps anciens dans l'académie chinoise traditionnelle et qu'elle possède une nature transdisciplinaire. Guoxue est transdisciplinaire parce qu'il utilise le droit et la littérature, par exemple, pour montrer comment les disciplines peuvent collaborer et se transcender.

l'Association internationale de droit international et l'Association internationale des sociétés de protection des monuments historiques ont vu le jour. L'entre-deux-guerres et la Seconde Guerre mondiale ont naturellement été marqués par une préoccupation pour la protection du patrimoine culturel en temps de guerre. En 1935, le Pacte Roerich pour la protection des biens culturels en temps de guerre est adopté à Genève. L'auteur du Pacte Roerich, l'artiste, écrivain, philosophe et théosophe russe Nicholas Roerich (Nikolai Konstantinovich Rerih), a parlé d'une Journée universelle de la culture dans plusieurs articles et lettres entre 1931 et 1935. Dans son « Discours à la Conférence de Bruges de 1931 », Roerich définit la Journée universelle de la culture comme une journée « consacrée à la pleine appréciation des trésors nationaux et universels de la culture ». Selon lui, la célébration aurait lieu dans les écoles et les établissements d'enseignement. En 1933, dans sa « Prière pour la paix et la culture », Roerich inclut les églises dans sa liste de trésors, déclarant qu'en ce jour « le monde se souviendra des véritables trésors de l'humanité, de l'enthousiasme créatif héroïque et de l'amélioration de la vie des êtres humains ». Le 15 avril 1935, lors de la signature du Pacte Roerich à Washington, Roerich a noté cette date comme « un jour mémorable et significatif », ce qui a conduit par la suite à la célébration de la Journée mondiale de la culture le 15 avril. Le Pacte Roerich est le premier traité au monde sur la protection des institutions artistiques et scientifiques et des monuments historiques. C'est sur la base de ce pacte et de ses idées qu'ont été signées la « Convention pour la protection des biens culturels en cas de conflit armé » (1954), la « Convention pour la protection du patrimoine mondial, culturel et naturel » (1972), la « Convention sur la protection et la promotion de la diversité des expressions culturelles » (1972) et la « Convention pour la sauvegarde du patrimoine culturel immatériel » (2003).

La période d'après-guerre a intensifié la préoccupation pour la protection du patrimoine culturel en temps de paix. En 1954, la Convention pour la protection des biens culturels en cas de conflit armé a été adoptée à La Haye et en 1972, la Convention pour la protection du patrimoine mondial, culturel et naturel a été adoptée à Paris[1]. La Convention établit le cadre juridique pour la protection du patrimoine culturel et naturel mondial et encourage la coopération internationale dans ce domaine.

La Convention de l'UNESCO sur la protection du patrimoine culturel subaquatique, adoptée en 2001, établit des règles pour la protection du patrimoine culturel subaquatique et encourage la coopération internationale dans ce domaine. Aux fins de cette Convention : « (a) le patrimoine culturel subaquatique désigne toutes les traces d'existence humaine présentant un caractère culturel, historique ou archéologique qui se trouvent partiellement ou totalement sous l'eau, périodiquement ou en permanence, depuis au moins 100 ans, et en particulier : (i) les sites, structures, bâtiments, objets et vestiges humains, ainsi que leur contexte archéologique et naturel ; (ii) les navires, aéronefs, autres véhicules ou toute partie de ceux-ci, ainsi que leur cargaison ou autre contenu, ainsi que leur contexte archéologique et naturel ; et (iii) les objets de caractère préhistorique. (b) Les pipelines et les câbles posés sur le fond marin ne sont pas considérés comme faisant partie du patrimoine culturel

[1]La Convention fournit certaines définitions, telles que Article 1 : « Aux fins de la présente Convention, sont considérés comme patrimoine culturel : — les monuments : œuvres d'architecture, de sculpture ou de peinture monumentale, éléments ou structures de caractère archéologique, inscriptions, habitats rupestres et ensembles de ces éléments, qui ont une valeur universelle exceptionnelle du point de vue de l'histoire, de l'art ou de la science ; — les ensembles : les ensembles de constructions isolées ou réunies qui, en raison de leur architecture, de leur homogénéité ou de leur insertion dans le paysage, ont une valeur universelle exceptionnelle du point de vue de l'histoire, de l'art ou de la science ; — les sites : œuvres de la nature et de l'homme, créées par l'homme ou combinées entre elles, et les zones, y compris les sites archéologiques, qui ont une valeur universelle exceptionnelle du point de vue de l'histoire, de l'esthétique, de l'ethnologie ou de l'anthropologie. « Monuments naturels constitués par des formations physiques et biologiques ou des ensembles de telles formations qui ont une valeur universelle exceptionnelle du point de vue esthétique ou scientifique ;
— les formations géologiques et physiologiques et les zones strictement délimitées qui constituent l'habitat d'espèces animales et végétales menacées ayant une valeur universelle exceptionnelle du point de vue de la science ou de la conservation ; — les sites naturels ou les zones naturelles strictement délimitées ayant une valeur universelle exceptionnelle du point de vue de la science, de la conservation ou de la beauté naturelle ».

subaquatique. c) Les installations, autres que les pipelines et les câbles, posées sur les fonds marins et encore en usage ne sont pas considérées comme faisant partie du patrimoine culturel subaquatique.

D'autres conventions pertinentes sont : 1) la Convention de Paris de 2005 sur la protection et la promotion de la diversité des expressions culturelles, qui reconnaît l'importance de la diversité culturelle et promeut le droit à la diversité culturelle[1] ; la Convention de Paris de 2003 pour la sauvegarde du patrimoine culturel immatériel ; la Convention de Paris de 1970 concernant les mesures à prendre pour interdire et empêcher l'importation, l'exportation et le transfert de propriété illicites des biens culturels ; la Convention de La Valette de 1992 pour la protection du patrimoine archéologique européen ; la Convention de Grenade de 1985 pour la sauvegarde du patrimoine architectural de l'Europe ; la Charte internationale de Venise de 1964 sur la conservation et la restauration des monuments et des sites ; ou la Résolution du 11 septembre 2018 sur l'égalité linguistique à l'ère numérique (JO C 433 du 23.12.2019).

À l'heure actuelle, la protection du patrimoine culturel suscite un intérêt croissant dans le contexte de la mondialisation et du changement climatique, en raison des efforts accrus déployés pour protéger le patrimoine culturel immatériel et pour impliquer les communautés locales dans la réalisation de cet objectif. Parmi les initiatives internationales récentes visant à protéger et à promouvoir le patrimoine culturel dans le monde, on peut citer les suivantes :

1) Le programme du patrimoine mondial de l'UNESCO (mis à jour en 2020), qui vise à aider les États parties à relever les défis de la protection et de la gestion de leur patrimoine urbain. En 2020, le programme a été mis à jour pour couvrir de nouvelles questions telles que le renforcement des capacités pour la gestion des sites, l'implication des communautés locales et des groupes culturels et une plus grande transparence dans la sélection des sites.

---

[1]La Convention de l'UNESCO a été adoptée lors de la Conférence générale de l'UNESCO à Paris le 20 octobre 2005.

2) Les conventions sur le trafic et la restitution des biens culturels, visant à prévenir et à combattre le trafic illicite de biens culturels et à promouvoir leur restitution aux pays d'origine. Le 1er avril 2022, la Convention du Conseil de l'Europe sur les infractions visant les biens culturels (la Convention de Nicosie ou la Convention), ouverts à la signature de tous les États du monde le 19 mai 2017, est entrée en vigueur, exprimant la portée du patrimoine culturel en tant que seul témoignage fondamental de l'histoire et de l'identité des différents peuples, qui mérite la protection la plus forte au profit des générations présentes et futures.

3) La Déclaration d'Abou Dhabi sur le patrimoine culturel numérique (2018), adoptée par l'UNESCO en 2018, souligne l'importance de protéger et de promouvoir le patrimoine culturel numérique. La déclaration souligne la nécessité de préserver et de faciliter l'accès au contenu numérique et de veiller à ce qu'il soit protégé contre la perte, la destruction ou la modification non autorisée.

Les étapes historiques du droit international de la culture décrites ci-dessus reflètent l'évolution de la pensée et de la pratique dans ce domaine, ainsi que les changements majeurs survenus dans l'histoire récente de l'humanité.

Les nombreuses affaires portées devant les tribunaux internationaux qui traitent des différents aspects de ce domaine offrent une perspective intéressante.

Dans l'affaire des marbres d'Elgin, la Grèce a exigé que les marbres du Parthénon, connus sous le nom de marbres d'Elgin, soient restitués à Athènes. Ils se trouvent actuellement au British Museum de Londres. Malgré la pression internationale, le British Museum a refusé de restituer les marbres, arguant qu'il les avait acquis légalement au 19e siècle. Ce litige est toujours en cours et la Grèce a déposé une plainte auprès de la Cour internationale de justice en 2019. Depuis le début du XXe siècle, la Grèce réclame officiellement — mais en vain — la restitution d'un fragment de 75 mètres de la frise prélevée sur le Parthénon, ainsi que de l'une des célèbres cariatides de l'Érechthéion, un petit temple antique adjacent au Parthénon sur la colline de l'Acropole à Athènes, deux chefs-d'œuvre du British Museum. Londres affirme que les sculptures ont été "légalement acquises" en 1802 par le diplomate britannique Thomas Bruce, 7e comte d'Elgin, qui les a vendues au British Museum. La Grèce, pour sa part, affirme que les œuvres d'art ont été "volées" pendant l'occupation ottomane. Cependant, selon des sources citées par le Telegraph, l'accord négocié entre le British Museum et la Grèce est un accord de prêt pour la restitution rapide des frises à la Grèce. Toutefois, ce "geste" ne mettrait pas fin au différend, les autorités d'Athènes laissant entendre qu'elles continueront d'exiger le retour intégral des objets anciens.

Une autre affaire intéressante est celle des Statues confédérées (États-Unis), qui concerne des litiges relatifs à des statues commémorant des dirigeants confédérés pendant la guerre civile américaine. Plus de 160 monuments confédérés, mémoriaux et figures associées ont été retirés de lieux publics aux États-Unis, tous sauf cinq depuis 2015. Certains ont été retirés par les États et les collectivités locales, d'autres ont été arrachés par des manifestants. Plus de 700 monuments et mémoriaux de ce type ont été érigés dans des lieux publics, principalement dans le Sud, à l'époque des lois Jim Crow, entre 1877 et 1964. Les partisans de leur destruction citent des analyses historiques selon lesquelles ces monuments n'ont pas été construits en tant que monuments commémoratifs, mais pour intimider les Afro-Américains et réaffirmer la suprématie blanche de l'après-guerre civile, dont le principe fondateur était la perpétuation et l'expansion de l'esclavage. Ils affirment que la présence de ces monuments, plus de cent ans après la défaite des Confédérés, continue d'attirer l'attention et d'aliéner les Afro-Américains.

L'affaire du temple de Preah Vihear concernait la demande du Cambodge de retirer les troupes thaïlandaises de la zone entourant le temple de Preah Vihear, un site archéologique situé au Cambodge. En 1962, la Cour internationale de justice (CIJ) a statué que le temple appartenait au Cambodge et que la Thaïlande devait retirer ses troupes. Selon les informations officielles disponibles sur le site de la Cour internationale de justice, "le Cambodge s'est plaint de l'occupation par la Thaïlande d'une partie de son territoire autour des ruines du temple de Preah Vihear, lieu sacré de pèlerinage et de culte pour le peuple cambodgien, et a invité la Cour à déclarer que la souveraineté territoriale sur le temple lui appartient et que la Thaïlande est tenue de retirer le détachement de forces armées qu'elle y avait établi depuis 1954". Dans son arrêt sur le fond, rendu le 15 juin 1962, la Cour a considéré qu'une convention franco-siamoise de 1904 prévoyait que la frontière dans la région en question devait suivre la ligne de démarcation des eaux et qu'une carte établie à la suite des travaux d'une commission mixte de délimitation avait placé le temple du côté cambodgien de la frontière. La Thaïlande a présenté divers arguments pour nier le caractère contraignant de la carte. L'un de ces arguments était que la Thaïlande n'avait jamais accepté la carte ou, alternativement, que la carte n'avait été acceptée que parce que la Thaïlande croyait à tort que la frontière marquée suivait la ligne de partage des eaux. La Cour a estimé que la Thaïlande avait accepté la carte et conclu que le temple se trouvait en territoire cambodgien. La Cour a également déclaré que la Thaïlande était tenue de retirer tous les éléments des forces armées ou de la police qu'elle avait installés sur place et de restituer au Cambodge les objets qui avaient été enlevés depuis 1954 ». [1]

Dans une autre affaire controversée[2], les tribus Adivasi en Inde ont protesté contre la construction du barrage de Narmada, qui aurait provoqué des inondations et des dégâts. Ce cas a soulevé toute une série de questions pertinentes. La construction et l'entretien des équipements publics impliquent plusieurs catégories d'acteurs : les dirigeants politiques qui décident en dernier ressort quand, si et ce qui sera construit ; les ingénieurs et autres fonctionnaires qui conçoivent, construisent et entretiennent l'équipement ; les entreprises privées qui fournissent des services de conception, de construction ou d'entretien ; les contribuables, dont l'argent financera le projet ; les bailleurs de fonds, qui autorisent la réalisation du projet avant que les impôts ne soient perçus ; les utilisateurs de l'équipement ; et les résidents.[3]

---

[1]Les détails de l'affaire sont disponibles sur le site web de la Cour internationale de justice : https://www.icj-cij.org/case/45, consulté le 21.03.2023.

[2]Cour suprême de l'Inde, Narmada Bachao Andolan vs Union Of India And Others, 18 octobre 2000.

[3]M. J. Peterson, *Narmada Dams Controversy*, in International Dimensions of Ethics Educationin Science and Engineering, 2010, disponible sur www.umass.edu/sts/ethics, consulté le 21.03.2023.

Un autre cas intéressant est celui du patrimoine culturel palestinien. Disséminés le long des modestes plages de Gaza, ensevelis sous les décombres et les bombes israéliennes, se trouvent d'extraordinaires sites archéologiques remontant à l'âge du fer. En 2022, une nouvelle enquête menée par le groupe de recherche Forensic Architecture a révélé qu'Israël avait délibérément pris pour cible les sites archéologiques de la bande de Gaza assiégée, s'attaquant ainsi de manière flagrante au patrimoine culturel palestinien. Au cours des campagnes de bombardement successives, ces sites situés le long de la côte de Gaza, qui comprennent une fontaine romaine et un bastion de l'âge de fer, sont désormais confrontés à une « menace existentielle ». En collaboration avec des journalistes, des archéologues et des militants de Gaza et d'ailleurs, Forensic Architecture a rassemblé un large éventail de preuves pour cartographier et reconstruire ces sites. Ces opérations ont été décrites comme des formes pionnières d'« archéologie à source ouverte » et peuvent constituer un outil précieux dans la lutte contre l'effacement culturel. Il ne s'agit là que d'une des facettes des problèmes liés au patrimoine culturel dans le cadre des relations entre Israël et la Palestine.

La jurisprudence comprend également l'affaire de l'Holocauste (Communauté des survivants c. France). En 2006, la Cour d'appel de Paris a jugé que la France n'avait pas protégé de manière adéquate les biens culturels confisqués par les nazis pendant la Seconde Guerre mondiale et a établi le droit des victimes et de leurs héritiers à réclamer leurs biens.

Dans l'affaire Rosia Montana (Roumanie c. Gabriel Resources Ltd.), la société canadienne Gabriel Resources Ltd. a poursuivi la Roumanie devant un tribunal d'arbitrage, le Centre international pour le règlement des différends relatifs aux investissements, pour le rejet par la Roumanie d'un projet minier à Rosia Montana, l'une des raisons invoquées étant la destruction d'importants sites archéologiques. L'affaire est toujours en cours.

Les cas cités révèlent certaines possibilités multidisciplinaires et transdisciplinaires. Au niveau hypothétique, un exemple concret et réel de multidisciplinarité dans le droit international de la culture serait la collaboration entre les experts en droit international et les archéologues dans l'identification et la protection des sites culturels pendant les conflits armés. Dans d'autres situations, les archéologues peuvent offrir leur expertise dans l'identification des sites culturels et des objets de valeur, tandis que les experts en droit international peuvent offrir leur expertise dans l'application des lois et conventions internationales pour protéger ces sites.

Sur le plan théorique, nous pourrions viser à développer un programme qui encourage la collaboration entre les experts en droit international, les historiens et les anthropologues culturels afin de mieux comprendre les effets du colonialisme sur le patrimoine culturel et les peuples indigènes, par exemple. Comment cela pourrait-il être réalisé ? En analysant les documents historiques, les artefacts culturels et les pratiques culturelles des populations. Des méthodes multidisciplinaires et transdisciplinaires peuvent être expérimentées pour examiner la réglementation des activités culturelles, telles que la production et la distribution de biens et de services culturels, et l'impact de la technologie sur la production et la consommation de la culture. En examinant le problème sous différents angles disciplinaires, il est possible d'identifier des solutions juridiques et politiques pertinentes, voire innovantes, qui tiennent compte des intérêts de toutes les parties. Enfin, la transdisciplinarité peut être une méthode pour explorer la promotion de la diversité culturelle, en particulier en ce qui concerne la protection des cultures minoritaires et la reconnaissance des droits culturels, afin d'identifier des solutions juridiques et politiques qui soient à la fois pratiques et respectueuses des identités culturelles et des aspirations des groupes minoritaires[1].

---

[1]Pour plus d'informations, voir *Culture and International Law Proceedings of the Centre for International Law Studies International Conference* (CILS 2018), 2-3 octobre 2018, Malang, Indonésie, édité par Hikmahanto Juwana, Jeffrey Thomas, Mohd Hazmi Mohd Rusli, Dhiana Puspitawati, Ed. Routledge, 2019. Les articles de ce volume portent sur la culture et les conflits armés : la destruction du patrimoine culturel comme méthode de nettoyage ethnique ; la célébration de la culture traditionnelle par les technologies de l'information et la science ; la culture face à la domination mondiale ; le relativisme culturel de la liberté religieuse ; la protection du patrimoine culturel subaquatique en vertu

Un exemple hypothétique de l'application de la multidisciplinarité au droit international de la culture pourrait être le retour d'un objet du patrimoine culturel à son pays d'origine. Dans ce cas, la coopération d'experts en archéologie, en histoire de l'art, en droit international et autres pourrait être particulièrement utile pour déterminer l'histoire et l'origine exactes de l'objet, ainsi que tous les aspects juridiques de la restitution.

En termes abstraits, l'élaboration d'une politique de protection du patrimoine culturel dans une région en proie à un conflit armé pourrait impliquer la collaboration d'experts dans les domaines de l'histoire, de l'anthropologie culturelle, du droit humanitaire international, de la psychologie sociale et autre, afin de mettre au point une stratégie de protection qui tienne compte des multiples possibilités et des vastes dimensions du conflit. La collaboration entre les gouvernements, les organisations non gouvernementales et les communautés locales pour développer un programme de protection du patrimoine culturel dans une région à l'histoire riche et à la situation économique difficile peut également impliquer la coopération entre des experts dans les domaines de l'archéologie, de la conservation, de la gestion culturelle, de l'économie et autres pour développer un plan de protection qui prenne en compte les points de vue des communautés locales et garantisse la viabilité à long terme du programme.

Le droit international de l'environnement

L'évolution des normes internationales de protection de l'environnement et de la responsabilité internationale pour les dommages causés à l'environnement a entraîné des changements considérables. Le droit international a reconnu que l'État doit être responsable des dommages causés à l'environnement, ce qui a conduit à la conclusion de conventions internationales sur la responsabilité. La protection de l'environnement a également été

du droit indonésien ; la protection du temple Preah Vihear dans une situation de conflit armé entre le Cambodge et la Thaïlande en vertu du droit international ; et l'interprétation et le conflit dans la préservation du patrimoine culturel de la propriété privée en Indonésie.

intégrée dans d'autres domaines du droit international, tels que le commerce international et les investissements étrangers, le droit international humanitaire et le droit international des droits de l'homme. La société civile et le monde universitaire ont apporté leur contribution en encourageant le débat et l'échange d'idées, en soulevant des questions environnementales et en faisant pression en faveur d'une réglementation.

Le concept de transdisciplinarité n'est pas nouveau pour le droit international de l'environnement, qui a d'ailleurs assimilé plusieurs disciplines telles que la santé, la chimie, la physique, l'économie et la politique. La méthode pourrait être expérimentale, afin de développer une bonne compréhension des différents facteurs influençant la dégradation de l'environnement, dans l'espoir que de nouvelles solutions puissent émerger pour améliorer la myriade de problèmes qui existent ou résultent des activités environnementales. À un certain niveau, la transdisciplinarité a jusqu'à présent trouvé des applications dans des domaines tels que le changement climatique, la conservation de la biodiversité et le développement durable. Il s'agit notamment de plusieurs instruments internationaux qui reconnaissent la nécessité d'un large éventail de disciplines et de perspectives pour une réglementation appropriée. L'approche transdisciplinaire a fait ses preuves dans le développement du droit international de l'environnement. Le Programme des Nations unies pour l'environnement (PNUE) a développé la série Global Environmental Outlook (GEO), une série de rapports qui fournissent une analyse multidisciplinaire avec des caractéristiques transdisciplinaires pour comprendre et traiter les questions environnementales mondiales. La série GEO permet à diverses disciplines de travailler ensemble pour trouver les solutions les plus appropriées[1].

---

[1]Voir le 7e rapport sur l'avenir de l'environnement mondial (GEO-7), disponible à l'adresse https://www.unep.org/global-environment-outlook, consulter le 04.03.2023. La directrice exécutive du PNUE, Inger Andersen, a nommé un groupe de 30 experts multidisciplinaires de classe mondiale au Groupe consultatif scientifique multidisciplinaire d'experts (MESAG). Le groupe est équilibré en termes de genre et de région, avec 6 membres de chaque région de l'ONU et un mélange d'expertise scientifique pour superviser

La déclaration de Stockholm de 1972 de la conférence des Nations unies sur l'environnement humain a probablement été le premier instrument majeur du droit international de l'environnement à inscrire l'idée de conservation des ressources naturelles à l'ordre du jour du droit économique international, suivi par la Charte des droits et obligations économiques des États de 1974 à l'article 30. Ces dernières années, le droit international de l'environnement est devenu un domaine multidisciplinaire et transdisciplinaire, influencé par une variété de disciplines et de visions complexes. L'utilisation des aspects économiques et sociaux dans le droit international de l'environnement au cours des dernières années a révélé la nature inhérente des mouvements environnementaux actuels. Dans un premier temps, ce droit a décidé de prendre en compte ces aspects, en associant les principes du développement durable et des droits de l'homme dans les traités et accords environnementaux. Les traités visant à réduire les émissions de gaz à effet de serre et à s'adapter aux effets du changement climatique jouent un rôle fondamental. De même, la science et la technologie sont essentielles à la gestion de l'action et conduisent à la codification de la surveillance de l'environnement et des rapports sur l'état de l'environnement par le biais de traités et d'accords sur l'environnement. Tous les problèmes environnementaux sont souvent mieux compris et résolus au niveau régional ou local. C'est pourquoi ces développements ont permis aux États et aux communautés régionales de travailler ensemble pour résoudre les problèmes environnementaux à ces niveaux.

Il existe des cas concrets où les tribunaux et les cours du monde entier ont été confrontés à des demandes qui ont nécessité l'identification d'une solution multidisciplinaire, voire transdisciplinaire, à des degrés divers. Dans l'affaire Chevron v. Lago Agrio (Équateur), une communauté équatorienne a intenté une action en justice contre Chevron pour pollution massive de

---

l'intégrité scientifique de l'ensemble du processus de l'Avenir de l'environnement mondial, comme indiqué dans la section 4.3 du document sur les procédures de la GEO. Ce groupe devrait se réunir pour la première fois à Bangkok du 14 au 16 mars 2023.

la région de Lago Agrio. En 2011, un tribunal équatorien a accordé à la communauté 9,5 milliards de dollars de dommages et intérêts. Chevron a contesté le jugement, mais a finalement été condamné à payer un montant total réduit à la communauté. En 1993, des citoyens locaux ont lancé une action collective, Aguinda v. Texaco, Inc, pour obliger l'ancien exploitant de puits Texaco (racheté par Chevron Corporation en 2001) à nettoyer la zone et à assumer la responsabilité des 30 000 résidents touchés par la contamination pétrolière. En février 2011, un tribunal équatorien a condamné Chevron à verser 8 milliards d'euros de dommages et intérêts. Cette décision a été confirmée par la Cour suprême de l'Équateur en 2013, le montant étant fixé à 9,5 milliards de dollars. Bien qu'elle ait précédemment insisté pour que l'affaire soit transférée du tribunal de New York aux tribunaux équatoriens et que Chevron Corporation accepte la compétence de ces derniers, elle a refusé de payer les dommages et intérêts, arguant que la décision était « illégitime et inapplicable ». Un tribunal américain a déclaré le verdict équatorien inapplicable en 2014, et une cour d'appel a fait de même deux ans plus tard. En 2018, la Cour permanente d'arbitrage de La Haye s'est prononcée en faveur de Chevron et a déclaré que le jugement équatorien de 2013 était entaché de corruption. En 2004, les défendeurs ont engagé le biologiste Charles Calmbacher pour étudier les conditions environnementales sur le terrain et en rendre compte. En 2005, les défendeurs ont déposé auprès du tribunal un rapport signé par Calmbacher indiquant des concentrations élevées de polluants sur deux sites. Cependant, Calmbacher a nié ces rapports et a déclaré que sa signature avait été apposée sur des rapports qu'il n'avait jamais rédigés et qui déformaient ses conclusions. En fait, il a constaté que les niveaux de contaminants sur les deux sites étaient trop faibles pour présenter un risque pour la santé humaine ou l'environnement[1].

[1]Chevron s'est défendue contre les fausses accusations selon lesquelles elle serait responsable de prétendus dommages sociaux et environnementaux dans la région amazonienne de l'Équateur. Le 4 mars 2014, le tribunal de district américain du district sud de New York a jugé que l'indemnisation de 9,5 milliards de dollars accordée par l'Équateur était le fruit d'une fraude et

L'affaire Texaco (Équateur) est un autre cas de pollution en Amazonie équatorienne. Dans cette affaire, les tribunaux équatoriens et américains ont été saisis d'un litige environnemental[1]. Plus précisément, l'affaire concernait les droits d'exploration et d'exploitation pétrolières dans la région amazonienne de l'Équateur dans le cadre de contrats de concession avec le gouvernement. Le litige s'est résumé à des plaintes pour sept ruptures de contrat déposées par Texaco contre le gouvernement équatorien devant des tribunaux locaux et au retard apparent dans la résolution de l'affaire par le système judiciaire équatorien ; l'investisseur a gagné. La seconde affaire, Chevron Corporation et Texaco Petroleum Company contre la République de l'Équateur, est toujours pendante devant la Cour permanente d'arbitrage[2]. Ces affaires illustrent l'application de méthodes pluridisciplinaires pour traiter les questions juridiques et leur impact sur l'environnement et les communautés locales. Dans cette affaire, Chevron a été accusée par le gouvernement équatorien et des groupes sociaux et environnementaux de contaminer la région amazonienne de l'Équateur avec des substances pétrolières lorsqu'elle y opérait sous le nom de Texaco. Chevron a affirmé avoir respecté les normes environnementales de l'Équateur et avoir payé tous les frais de remise en état nécessaires. Pour évaluer cette demande, une série d'expertises scientifiques et d'analyses juridiques ont été nécessaires pour établir les faits et interpréter le droit. Des équipes d'avocats des deux parties ont travaillé avec des experts en géologie, chimie, biologie, ingénierie et autres disciplines pour analyser les données et présenter leurs arguments au

---

d'un racket, et l'a déclarée inapplicable. Cette décision a été confirmée à l'unanimité par la Cour d'appel des États-Unis pour le deuxième circuit le 8 août 2016. La cour d'appel a déclaré que M. Donziger et son équipe s'étaient livrés à une « parade d'actes de corruption, y compris la coercition, la fraude et les pots-de-vin ».

[1]Chevron Corporation et Texaco Petroleum Corporation c. Équateur (II), affaire PCA n° 2009-23. Voir : jugement du tribunal de district de La Haye du 2 mai 2012 ; rejet par le tribunal de district du recours de l'Équateur contre le jugement final du 6 juin 2013 ; et décision de la Cour suprême des Pays-Bas confirmant le jugement du 26 septembre 2014.

[2]Pour plus de détails, voir : https://pca-cpa.org/en/cases/49/, consulté le 21/03.2023.

tribunal. Au cours du procès, des discussions ont eu lieu avec les communautés locales d'Amazonie afin d'évaluer l'impact de la pollution sur les populations et l'environnement.

Dans l'affaire Fukushima (Japon), après la catastrophe nucléaire de Fukushima en 2011, de nombreuses actions en justice pour dommages causés par les radiations ont été intentées contre Tokyo Electric Power Co. En 2021, un tribunal japonais a accordé une indemnisation à un groupe de plus de 3 000 résidents de Fukushima. Les aspects interdépendants de la médecine, de la santé, de la chimie, de la physique, de la biologie, de la psychologie, de la finance et de l'environnement ont été pris en compte pour parvenir à cette décision.

Le cas d'ExxonMobil (États-Unis) reflète également les tendances multidisciplinaires et transdisciplinaires. ExxonMobil a été accusée d'avoir dissimulé des informations sur les effets du changement climatique et les risques environnementaux. En 2021, un tribunal de New York a jugé qu'ExxonMobil avait trompé les investisseurs et lui a infligé une amende de 3 milliards de dollars. En 2022, la presse rapporte qu'une cour d'appel fédérale a rejeté la tentative d'Exxon Mobil Corp (XOM.N) d'empêcher le Massachusetts et l'État de New York d'enquêter pour savoir si la compagnie pétrolière a menti aux investisseurs et au public sur ce qu'elle savait du changement climatique. La Cour d'appel du deuxième circuit de Manhattan a décidé qu'Exxon ne pouvait pas poursuivre le procureur général du Massachusetts, Maura Healey, devant un tribunal fédéral parce qu'elle poursuivait la même affaire devant les tribunaux de l'État du Massachusetts. L'entreprise a poursuivi le Massachusetts et New York en juin 2016 après avoir reçu des citations à comparaître pour obtenir des documents relatifs à son accord sur le changement climatique et à ses communications avec les actionnaires. Elle a fait appel du rejet de cette affaire en mars 2018. Exxon et ses avocats n'ont pas fait de commentaires. Exxon a fait l'objet de nombreuses poursuites ces dernières années, alléguant qu'elle avait tenté de stimuler l'opinion publique, ses profits et le cours de ses actions en minant la façon dont ses produits à base de combustibles fossiles affectaient le changement climatique et l'impact des réglementations climatiques sur son activité. L'affaire Exxon porte sur des allégations selon lesquelles ExxonMobil, l'une des plus grandes compagnies pétrolières au monde, connaissait les effets du changement climatique depuis des décennies, mais a dissimulé ces informations et a continué à promouvoir les combustibles fossiles. L'affaire a donné lieu à plusieurs enquêtes et procédures judiciaires. En 2015, le procureur général de l'État de New York a ouvert une enquête sur la manière dont ExxonMobil a informé le public et les investisseurs de l'impact du changement climatique sur ses activités. À la suite de cette enquête, les procureurs de l'État de New York ont intenté une action en justice contre ExxonMobil en 2018, accusant l'entreprise de fraude à l'investissement et de violation des lois sur la protection des consommateurs. Par la suite, en 2019, un juge fédéral de New York a statué qu'ExxonMobil n'avait pas violé les lois fédérales sur la protection des consommateurs, mais que l'entreprise avait été « trompeuse » dans son évaluation des risques liés au changement climatique et dans sa communication aux investisseurs. Toutefois, le juge a estimé que les allégations n'étaient pas suffisamment graves pour justifier des sanctions financières[1].

Dans l'affaire Exxon, les tribunaux ont examiné si l'entreprise avait correctement divulgué des informations sur l'impact du changement climatique sur ses activités et si elle avait violé les lois sur la protection des consommateurs et des investisseurs. Les décisions des juges diffèrent, mais soulèvent des questions importantes sur la transparence et la responsabilité des compagnies pétrolières en ce qui concerne leur impact sur l'environnement et le changement climatique. L'affaire ExxonMobil est un exemple intéressant d'application pratique multidisciplinaire et transdisciplinaire, car l'entreprise opère dans un domaine qui nécessite une compréhension approfondie de plusieurs domaines scientifiques, tels que la géologie, l'ingénierie pétrolière, la chimie et la technologie d'extraction, étendue aux domaines socio-économiques et politiques, qui doivent prendre en compte les réglementations

[1]Un certain nombre d'autres enquêtes et actions en justice ont été menées dans d'autres États américains et dans d'autres pays tels que le Canada et l'Australie.

gouvernementales, les impacts sur les communautés et l'économie de l'entreprise.

Pour réussir dans cette entreprise complexe, ExxonMobil a réuni des équipes de spécialistes de divers domaines scientifiques et techniques pour développer et mettre en œuvre des solutions innovantes, appropriées et durables dans l'extraction, le raffinage et la commercialisation du pétrole et du gaz, en tenant compte de la durabilité et de l'environnement, notamment en s'attaquant au changement climatique et en réduisant les émissions de gaz à effet de serre. L'entreprise a investi dans des projets d'énergie renouvelable et des technologies alternatives telles que les batteries de stockage d'énergie et le captage et le stockage du carbone.

Ces affaires montrent que les cours et tribunaux jouent un rôle clé dans la résolution des problèmes environnementaux et la protection de l'environnement, et que les règlements visent souvent à obtenir une compensation financière ou d'autres mesures correctives pour réparer les dommages. La complexité de la gestion de la lutte contre la pollution de l'air dans les villes indiennes est un exemple récent de l'utilisation de solutions multidisciplinaires. Ces dernières années, la pollution de l'air est devenue un problème majeur en Inde et le gouvernement a favorisé certaines approches multidisciplinaires. Dans la ville indienne de Bengaluru, des experts en technologie et en environnement ont commencé à utiliser des capteurs IoT (*abréviation pour* internet des objets) pour mesurer la qualité de l'air à différents endroits de la ville[1]. Ces données ont ensuite été traitées et analysées par des spécialistes de l'ingénierie afin d'identifier les sources de pollution et de développer des solutions technologiques pour la réduire. Des experts en santé publique ont analysé l'impact de la pollution sur la santé des personnes et ont développé des stratégies pour protéger les personnes des effets négatifs de la pollution. Des représentants

---

[1]Les habitants de Bengaluru considèrent l'utilisation et l'occupation des sols (LULC), qui comprennent l'appauvrissement des espaces verts et la surexploitation des eaux souterraines, comme les principaux problèmes environnementaux, selon le « Bengaluru Environment Report Card », publié par le Centre for Science and Development (Centre pour la science et le développement).

de la société civile ont également participé au processus, discutant des perspectives sociales et économiques et de l'impact de la pollution sur les communautés locales. Cela montre comment, grâce à une approche pluridisciplinaire, les experts ont pu identifier les sources de pollution et élaborer des solutions pour lutter contre la pollution de l'air dans les villes indiennes, démontrant ainsi les avantages de la collaboration entre experts. Les lignes directrices du droit international de l'environnement — actuellement peu développées — sont en corrélation directe avec les développements dans le domaine de la protection de l'environnement dans son ensemble[1].

Nous pouvons identifier quelques tendances notables pour l'avenir : 1) l'approche intégrée de l'environnement ; 2) la protection des droits de l'homme et de l'environnement, qui peut inclure le droit à un environnement sain, le droit d'accès à l'information et le droit de participer au processus décisionnel en matière d'environnement ; 3) le changement climatique restera un défi majeur pour le droit international de l'environnement, et des éléments tels que la réduction des émissions de gaz à effet de serre, l'adaptation aux effets du changement climatique et la compensation des pertes et des dommages seront pris en compte ; 4) le développement de la technologie et de la numérisation montre comment de nouveaux outils et mécanismes de surveillance, d'évaluation et de protection de l'environnement peuvent être introduits à l'avenir ; et 5) la coopération internationale restera essentielle pour protéger l'environnement. Les États et les autres parties prenantes devront collaborer efficacement pour trouver les solutions les plus appropriées aux problèmes environnementaux et pour garantir le respect des normes et réglementations internationales.

En conclusion, le droit international de l'environnement suivra son chemin en tant que domaine important, étant donné que la protection de l'environnement sera une préoccupation mondiale constante et que certains développements ne peuvent être exclus qui nous conduiront vers la transdisciplinarité, avec

[1]Francioni, Francesco, *Realism, Utopia and the Future of International Environmental Law,* EUI LAW, 2012/11 - https://hdl.handle.net/1814/21755, consulté sur Cadmus, EUI Research Repository, consulté le 26.03.2023.

pour rôle d'assurer l'avenir durable que nous recherchons pour notre planète.

La dynamique trans dans la théorie juridique internationale

L'une de ces métamorphoses a été le passage d'une vision centrée sur l'État à une vision cosmopolite, reconnaissant que non seulement les États, mais aussi d'autres entités telles que les organisations non gouvernementales et les individus occupent des positions importantes dans un système mondial de gouvernance. Parmi ces éléments, citons : 1) la perspective des droits de l'homme et du développement durable ; 2) la nécessité d'un système judiciaire international plus efficace et plus équitable, y compris la création d'une Cour pénale internationale dotée d'une compétence universelle ; 3) la reconnaissance de l'importance de la coopération internationale ; 4) la diversité culturelle, les différentes valeurs des sociétés et la reconnaissance du pluralisme juridique ; et 5) le champ d'application de plus en plus large du droit international privé, compte tenu de l'évolution du système de droit international, qui est passé d'un système fondé principalement sur les traités à un système fondé sur les principes généraux, la coutume internationale et la jurisprudence. Le concept de responsabilité de l'État a été étendu pour couvrir la responsabilité individuelle des chefs d'État et des agents publics pour les violations graves des droits de l'homme et du droit humanitaire.

La théorie juridique internationale examine les aspects juridiques des interactions mondiales, un domaine où l'on peut observer la multidisciplinarité et la transdisciplinarité. En effet, son contenu consiste en une variété d'analyses théoriques et méthodologiques utilisées pour expliquer et étudier le contenu, la formation et l'efficacité du droit international et des institutions publiques, et pour suggérer des améliorations. Des questions telles que : le problème de la conformité (l'absence d'une force de police en droit international, qui n'empêche pas le non-respect des règles internationales, y compris les règles de droit international coutumier) ; le problème de la formation des règles internationales (les acteurs traditionnels adoptent librement des règles internationales qui les obligent à se comporter d'une certaine manière) ; la politique (dans la formation d'un *corps de* droit spécifique, ils soutiennent la vision critique et encouragent le développement continu) ; et la théorie du droit interne (qui est au moins interdisciplinaire par le biais de la relation interne/internationale). Ici, on peut observer les métamorphoses juridiques issues de la sphère des activités transnationales, qui ont une influence sur le droit international, les droits de l'homme, les relations internationales et le commerce international. Nous utilisons la transdisciplinarité, en tant que développement récent de la théorie juridique, pour combler le fossé plutôt évident et souvent rigide entre les disciplines et pour examiner les interactions mondiales à partir d'une variété de perspectives.

Le concept de transdisciplinarité dans la théorie juridique internationale a été exploré par des universitaires tels qu'Eric A. Posner, qui a soutenu que l'étude traditionnelle de la théorie juridique internationale est inadéquate et que les analyses transdisciplinaires, s'appuyant sur de multiples disciplines, offrent une solution plus appropriée[1]. De même, des universitaires comme Jutta Brunnée et Stephen Toope ont défendu les mêmes propositions[2]. Outre Posner, Brunnée et Toope, d'autres universitaires ont exploré ces possibilités dans le cadre de la théorie juridique internationale, affirmant que le temps est venu d'adopter une nouvelle méthode d'étude compatible avec la gouvernance mondiale[3]. Tout cela est nécessaire parce que nous discutons d'une branche du droit qui traite des relations entre les États et d'autres entités internationales.

Il existe plusieurs analyses classiques du droit international qui ont été développées au fil du temps par divers théoriciens et

---

[1]Eric A. Posner, *Law and Social Norms*, compte rendu de John Armour, Journal of Law and Society, Vol. 30, no. 4 (décembre 2003), pp. 609-614.

[2]Philip Liste, Jutta Brunnée, Stephen J. Toope, *Legitimacy and Legality in International Law*, in European Journal of International Law, Volume 22, Issue 2, May 2011, pp. 589-593, https://doi.org/10.1093/ejil/chr032.

[3]Martti Koskenniemi, *International law and hegemony : a reconfiguration,* Cambridge Review of International Affairs, 17:2, 2004, pp. 197-218, DOI : 10.1080/0955757042000245852 ; pour une analyse complète, voir Martti Koskenniemi, *To the uttermost parts of the earth : legal imagination and international power, 1300-1870,* Cambridge University Press, 2021.

qui ont influencé le développement du domaine. Vues de loin, toutes ces analyses peuvent avoir un ou plusieurs points d'intersection *multiples* et *transversaux*. D'une manière générale, on peut citer 1) le positivisme, selon lequel le droit international est créé exclusivement par un accord entre les États, consacré par des traités ; dans cette optique, le droit international est considéré comme un ensemble de règles acceptées et appliquées volontairement par les États et il n'y a pas d'autorité centrale réglementant le comportement des États ; 2) le naturalisme, selon lequel le droit international est l'expression de principes et de valeurs universelles, telles que la justice et l'équité ; le droit international n'est pas considéré comme créé par un accord entre les États, mais comme l'expression de règles et de principes moraux et juridiques qui sont valables pour tous et ont un fondement moral, et les États doivent obéir à ces règles en vertu de leur responsabilité en tant que membres de la communauté internationale ; 3) l'analyse réaliste, selon laquelle le droit international est une forme de pouvoir utilisée par les États pour promouvoir leurs propres intérêts ; ainsi, le droit international n'est pas considéré comme un ensemble de règles à respecter en vertu d'une responsabilité morale, mais comme un instrument permettant aux États de promouvoir leurs propres intérêts politiques et économiques ; et 4) le marxisme, selon lequel le droit international est l'expression des rapports de force économique et politique entre les États, utilisés pour perpétuer les inégalités entre eux ; dans cette perspective, le droit international est considéré comme un instrument qui permet aux États puissants de maintenir leur position privilégiée dans le système international, tandis que les États plus faibles sont exclus ou subordonnés. Il y a une oscillation entre le naturalisme et le positivisme (face à la question « qu'est-ce que le droit international, comment existe-t-il ? »), entre la facticité et la normativité, et entre les perspectives internes et externes[1]. La nature et le contenu du droit international font l'objet d'un débat permanent, notamment entre l'approche positiviste et l'approche

---

[1]Wouter G. Werner, *Buribunks and foundational paradoxes of international law*, Griffith Law Review, 28:2, 2019, p. 259-271, DOI : 10.1080/10383441.2019.1646195.

normativiste. Les positivistes estiment que le droit international est créé par les États et trouve son fondement dans la coutume internationale et les accords interétatiques, tandis que les normativistes affirment que le droit international est fondé sur des principes moraux et éthiques universels.

La métamorphose actuelle de la théorie juridique du droit international concerne son développement et son adaptation aux changements sociaux, politiques et économiques mondiaux, et plus ces changements sont divers, plus il est nécessaire d'utiliser des méthodes d'analyse inter-, multi- et transdisciplinaires. Comme, par exemple, la question de l'universalité de la citoyenneté cosmopolite, qui a commencé par divers débats tels que le patriotisme *contre le* cosmopolitisme. Cela permettrait de résoudre la question des droits de la femme. Dans ce contexte, nous rappelons l'idée croissante d'une citoyenneté globale et planétaire. Selon cette idée, les vrais cosmopolites se considèrent avant tout comme des « citoyens du monde », liés par le devoir de reconnaître une humanité commune et d'agir conformément aux exigences de l'universalisme moral. En revanche, les partisans du patriotisme ne croient pas en l'idéal de l'universalisme moral. Ils le considèrent comme inatteignable, « désespérément élevé », et ne voient aucun sens à l'aspiration cosmopolite. Le lien semble être le sentiment communautaire, la politique de groupe, une sorte de local comme prémisse du global. La citoyenneté cosmopolite renvoie à l'idée que les gens devraient s'identifier avant tout comme des citoyens du monde, plutôt que de s'identifier uniquement à leur nation d'origine ou au groupe auquel ils appartiennent. Cette idée repose sur une vision du monde qui transcende les frontières nationales et promeut une préoccupation commune pour les questions mondiales et le bien-être de tous. En ce qui concerne la relation entre la théorie juridique du droit international et la citoyenneté cosmopolite, on peut dire que le droit international est l'un des moyens de parvenir à une citoyenneté cosmopolite.

Cavallar n'a pas l'intention de fournir une étude exhaustive du cosmopolitisme, mais cherche plutôt à distinguer ses nombreux visages, unifiés sous une même apparence, et identifie quatre types : moral, de droit naturel, politique et culturel[1]. Historiquement, les classiques du droit des gens, Vitoria, Grotius et Vattel, sont des universalistes moraux. La présentation peut se poursuivre avec le droit universel de Grotius en relation avec les intérêts commerciaux de l'époque. Cavallar construit une dichotomie entre le nationalisme, ou le patriotisme, et le cosmopolitisme, ou l'universalisme[2] Koskenniemi a soutenu qu'« un cosmopolitisme profondément structuré soutient que, par essence, le monde est déjà uni. Le problème est que les principes profondément structurés revendiqués varient, sont conflictuels et ne reçoivent un sens et une applicabilité qu'à travers des structures formelles de prise de décision. *Le cosmopolis* doit attendre ».[3] La pluridisciplinarité dans la théorie juridique du droit international est l'utilisation d'un large éventail de disciplines académiques, telles que le droit, la politique internationale, l'économie, l'histoire ou la philosophie, pour l'étude approfondie des phénomènes et processus juridiques en droit international.

L'une des questions majeures du débat actuel concerne la relation entre le droit international et le droit national, autrement dit entre le monisme et le dualisme. Alors que certains pays attachent une grande importance au droit international et l'intègrent dans leur système juridique national, d'autres sont plus sceptiques et préfèrent s'appuyer sur le droit national en cas de conflit entre les deux. Il existe également des situations hybrides, comme dans le cas de l'Indonésie.

Une autre question soulevée par la dynamique actuelle concerne la responsabilité des États pour les violations du droit

---

[1]Georg Cavallar, *Le cosmopolitisme intégré de Kant. Histoire, philosophie et éducation des citoyens du monde*, volume 183 de la série Kantstudien-Ergänzungshefte, Berlin, Munich, Boston : De Gruyter, 2015. https://doi.org/10.1515/9783110429404.

[2]Theodore Christov, *Imperfect Cosmopolis : Studies in the History of International Legal Theory and Cosmopolitan Ideas,* The European Legacy, 20:7, 2015, pp. 784-785, DOI : 10.1080/10848770.2015.1065605.

[3]Martti Koskenneimi, *The Gentle Civilizer of Nations, The Rise and Fall of International Law, 1870-1960,* Cambridge University Press, 2001, pp. 47-54 ; Martti Koskenneimi, *Legal Cosmopolitanism, Tom Franck's Messianic World,* 35 New York University Journal of International Law and Politics, 2003, p. 476.

international et les instruments utilisés pour les punir. On peut se référer ici au débat sur la responsabilité pénale des représentants des États et d'autres personnes pour certaines violations, qui témoigne d'une forte préoccupation pour la justice internationale et pour la responsabilité individuelle et étatique pour les violations du droit international. C'est ainsi que certains mécanismes internationaux d'enquête et de poursuite des crimes internationaux se sont développés, tout en augmentant l'influence du droit international sur les affaires et la politique internationales. L'une des questions actuellement débattues est l'existence ou la non-existence du droit des autres États à intervenir en cas de violation des droits de l'homme par un autre État. Il s'agit d'un terrain fertile pour les métamorphoses juridiques.

Sans entrer dans les détails philosophiques ou historiques et en restant concentré sur l'idée de base de la *transdynamique*, il convient de souligner que la théorie juridique a été et continue d'être utilisée dans les litiges de droit international pour aider à l'interprétation et à l'application des règles. Par exemple, dans les litiges internationaux, les parties et le tribunal arbitral ou la cour internationale s'appuient sur la théorie juridique pour interpréter et appliquer les dispositions des traités et des lois pertinentes pour l'affaire. En effet, la théorie juridique peut être utilisée pour faire valoir qu'une loi ou un traité particulier devrait être interprété d'une certaine manière ou qu'une solution particulière devrait être adoptée pour résoudre un différend sur la base des principes et valeurs juridiques pertinents. Par exemple, un État peut invoquer le principe de sa souveraineté territoriale dans un différend avec un autre État qui prétend que son intégrité territoriale a été violée. En pratique, la théorie juridique est utilisée pour défendre la position juridique d'une partie à un différend international et pour fournir une base solide à la décision finale du tribunal arbitral ou de la cour internationale. Bien que les décisions finales soient souvent influencées par des facteurs politiques et autres, la théorie juridique reste un élément important du processus de prise de décision dans les litiges de droit international.

Dans l'affaire du Lotus (France c. Turquie, 1927)[1], concernant une collision entre un navire de guerre français et un navire marchand turc, la France a fait valoir qu'elle avait le droit de porter l'affaire devant ses tribunaux nationaux, tandis que la Turquie a fait valoir qu'elle devait être entendue par un tribunal d'arbitrage international. La Cour permanente de justice internationale a finalement jugé que la France était compétente pour connaître du litige, en vertu du principe de souveraineté, selon lequel les États ne sont pas obligés de se soumettre à un tribunal international s'ils n'en sont pas convenus à l'avance. À cette liste s'ajoute le litige entre l'Islande et le Royaume-Uni sur la gouvernance bancaire. L'Islande a invoqué le principe de sa souveraineté sur son système bancaire à l'encontre du Royaume-Uni, qui a utilisé des instruments financiers pour empêcher les banques islandaises de s'effondrer, ce qui a porté préjudice à l'économie islandaise. L'Islande a soutenu que l'intervention du Royaume-Uni était illégale, en violation du principe fondamental de la souveraineté nationale, et a invoqué les traités internationaux sur l'investissement étranger et la protection des droits des créanciers. D'un point de vue pratique, la multidisciplinarité dans la théorie du droit est considérée comme l'utilisation d'éléments d'autres disciplines pour compléter l'analyse juridique d'un litige. Dans les litiges commerciaux internationaux, la théorie juridique a été utilisée pour analyser les règles et les principes du droit commercial international, tandis que l'économie et la théorie politique ont été utilisées pour examiner les raisons de la politique commerciale de chaque pays et ses effets sur les autres pays.

Quel est l'avenir de la théorie juridique internationale, si solidement ancrée dans l'histoire ? L'intégration des nouvelles technologies numériques et du droit numérique dans les normes et pratiques internationales donne lieu à de nouveaux débats et à de nouvelles visions, notamment en ce qui concerne la

[1]L'affaire du Lotus a été entendue par la Cour permanente de justice internationale et concernait la collision, le 2 août 1926, entre le S.S. Lotus, un navire français, et le S.S. Bozcourt, un navire turc, dans une région située au nord de Mytilène (Grèce). La Cour permanente de justice internationale, souvent appelée Cour mondiale, a existé entre 1922 et 1946. Il s'agissait d'un tribunal international rattaché à la Société des Nations.

réglementation des données personnelles, la cybersécurité et les règles régissant les technologies émergentes telles que l'intelligence artificielle et les robots autonomes. Le régime juridique du nomade numérique peut être l'application pratique d'une citoyenneté cosmopolite spéciale. Ce type de citoyenneté pourrait être de plus en plus intégré dans la théorie juridique du droit international, en promouvant l'idée que tous les individus sont égaux et ont des droits universels à protéger par le droit international.

Une collaboration et une synergie accrues entre les départements juridiques et les autres disciplines conduiront à des résultats surprenants. Dans un avenir marqué par l'internationalisation et l'interconnexion économique, politique et culturelle croissantes, la théorie juridique internationale brillera par sa capacité à réglementer et à protéger les intérêts des États et des individus dans un environnement mondial composite.

Le droit de l'Union européenne

En termes de droit de l'Union européenne, l'un des changements les plus évidents a été l'adoption du traité de Lisbonne en 2009, qui a réformé et renforcé les traités européens précédents et a étendu les compétences de l'UE dans un certain nombre de domaines, y compris la justice et les affaires intérieures. La tendance a été à la protection des droits fondamentaux, avec l'inclusion de la Charte des droits fondamentaux de l'Union européenne dans les traités et le développement de la jurisprudence de la Cour de justice de l'Union européenne dans ce domaine.

Le droit économique de l'Union européenne a connu des changements importants avec l'adoption de l'euro unique et le développement du marché unique européen, qui régit la libre circulation des biens, des services, des personnes et des capitaux entre les États membres de l'UE.

La méthode *trans* est utilisée dans l'Union européenne (UE) en tant qu'acteur mondial, à la fois en termes de méthodes de recherche et d'élaboration des politiques. L'UE a adopté une vision plus globale du processus d'élaboration des politiques, connue sous le nom d'« élaboration intégrée des politiques », fondées sur la reconnaissance du fait que de nombreuses dynamiques auxquelles l'UE est confrontée dépassent le processus traditionnel d'élaboration des politiques et nécessitent une compréhension de l'interaction entre les différentes catégories de politiques. La transdisciplinarité peut être au cœur de ces métamorphoses, en rassemblant les connaissances scientifiques, économiques, politiques, juridiques et sociales, ainsi que celles de la société civile, des entreprises et d'autres parties prenantes. Cela se reflète dans les documents de l'UE qui fixent l'agenda, tel que la « stratégie Europe 2020 pour une croissance intelligente, durable et inclusive » de la Commission européenne. L'UE a adopté une vision transdisciplinaire de la recherche et les « programmes-cadres de recherche et d'innovation » de la Commission européenne (7e PC et Horizon 2020) encouragent l'intégration de différentes disciplines scientifiques ainsi que la coopération entre les parties prenantes de différents secteurs. Le Conseil européen de la recherche (CER) encourage la recherche interdisciplinaire par le biais d'une série de programmes spécifiquement conçus pour promouvoir ce type de recherche.

En effet, l'État de droit européen et international est ancré dans l'idée de transdisciplinarité, qui est essentielle pour garantir les droits et libertés des personnes, pour faire respecter l'État de droit et pour protéger l'environnement. Pour comprendre ce concept, il est nécessaire de considérer les différentes disciplines et branches concernées : droit international, public, droits de l'homme, droit constitutionnel, droit pénal et droit administratif.

La dynamique *trans* de l'histoire juridique internationale

Le passage du droit international classique au droit international moderne a été marqué par un changement d'orientation, les relations entre États ayant cédé la place à la montée en puissance de l'individu et des organisations internationales. Alors qu'autrefois le droit international était considéré comme inférieur au droit national et ne s'appliquait qu'aux relations entre États, il influence aujourd'hui de plus en plus le droit national et est souvent appliqué par les tribunaux nationaux. Les droits de l'homme sont devenus essentiels et le droit international économique couvre désormais un large éventail de sujets, notamment le droit des investissements, le droit commercial international et le droit de la propriété intellectuelle. Le droit international est de plus en plus considéré comme un outil de résolution des conflits entre États et de promotion de la paix et de la sécurité internationales.

Comme indiqué au début de cette monographie, le droit international est traditionnellement considéré comme un ensemble de règles régissant la conduite des États et des autres acteurs internationaux dans leurs relations. La recherche transdisciplinaire dans l'histoire du droit international a été associée en particulier aux travaux de Martti Koskenniemi, qui a soutenu que le droit international devrait être considéré comme un domaine interdisciplinaire qui n'est pas seulement un droit, mais qui fait également partie des relations internationales et de la politique, de l'économie internationale, de l'histoire et de la culture, et qui a observé que la vision traditionnelle du droit international en tant que système « autonome » est inadéquate et qu'il doit être compris dans un contexte politique, économique et culturel plus large. Il faut donc tenir compte du contexte historique, politique, économique et culturel plus large dans lequel le droit international s'est développé et mettre en évidence les interconnexions entre le droit international et d'autres disciplines, ce qui n'affecterait pas l'autonomie de la discipline, mais aurait un effet d'extension verticale et horizontale. De cette manière, nous obtenons une compréhension plus nuancée du développement du droit international et de la manière dont il a été façonné par les forces sociales, politiques et économiques du passé[1].

L'histoire du droit international étant un sujet vaste et complexe, seuls les principaux aspects pouvant conduire à l'utilisation sans réserve de méthodes de recherche inter-, multi- et transdisciplinaires sont abordés ci-dessous. Son évolution peut être divisée en plusieurs étapes suggestives : 1) depuis l'Antiquité, divers instruments du *jus gentium,* tels que les traités

---

[1]Koskenniemi, M., *International Law as an Interdisciplinary Field*, in European Journal of International Law, 12(2), pp. 1-17. Voir également Chris Thornhill, *Law and Sociology,* Current Legal Issues, Volume 8, édité par Michael Freeman, King's Law Journal, 17:2, 2006, pp. 377-379, DOI : 10.1080/09615768.2006.11427660.

de paix et de commerce, le droit de la mer et le droit de la guerre, ont été utilisés, en particulier dans les relations entre les cités-États et les empires ; 2) au Moyen Âge, les principales sources du droit international étaient les canons ecclésiastiques, le droit romain et la coutume internationale. Au cours de cette période, de nombreux traités de paix et alliances ont été conclus et l'idée de souveraineté nationale a commencé à se développer ; 3) la Renaissance et la Réforme ont suivi, au cours desquelles plusieurs théories du droit international ont été élaborées, telles que celles de Francisco de Vitoria et de Hugo Grotius. Ces penseurs soutenaient que certains droits et obligations s'appliquaient à toutes les nations, quelle que soit leur souveraineté ; 4) au début de l'ère moderne, aux XVIIIe et XIXe siècles, le droit international est devenu plus formel et des organisations internationales telles que la Conférence de Vienne et la Société des Nations se sont développées. Des traités importants tels que la Convention de Genève relative au traitement des prisonniers de guerre et la Convention de La Haye relative aux lois et coutumes de la guerre sur terre ont été conclues au cours de cette période ; et 5) la fin de l'ère moderne (20e siècle), lorsque d'importantes organisations internationales telles que les Nations unies et la Cour internationale de justice (qui a succédé à la Cour permanente de justice internationale de la Société des Nations) ont été créées. D'importants traités et conventions ont été signés, comme la Convention des Nations unies sur les droits de l'enfant et la Convention de Genève pour la protection des victimes des conflits armés internationaux. Et ce ne sont là que quelques exemples.

Les influences représentatives proviennent d'événements et de changements sociaux, politiques et économiques majeurs dans le monde, ainsi que des points de vue d'importants théoriciens. Francisco de Vitoria, qui a vécu au XVIe siècle et a développé la théorie du droit naturel, a soutenu qu'il existe certains droits universels qui s'appliquent à tous les peuples et à toutes les nations. Hugo Grotius (XVIIe siècle), considéré comme l'un des fondateurs du droit international moderne, a écrit *De jure belli ac pacis*, l'une des premières tentatives de codification du droit international. Emmerich de Vattel (XVIIIe siècle), avec son *Droit des Gens, a* eut une influence significative sur le développement du droit international. Il soutenait que le droit international devait être fondé sur des principes naturels et des accords internationaux. Emmanuel Kant (XVIIIe siècle) a également eu une influence considérable dans ce contexte, avec sa « *Paix perpétuelle* », qui a été l'une des premières tentatives de formulation d'une théorie juridique internationale fondée sur des principes moraux. Hans Kelsen (XXe siècle) a apporté une contribution significative avec sa théorie normative du droit international, selon laquelle les règles du droit international sont indépendantes de la volonté des États et contraignantes pour toutes les nations.

Beaucoup d'autres ont influencé le développement du droit international par leurs contributions aux théories, principes et normes juridiques internationales. Parmi les théoriciens contemporains, citons : 1) Martti Koskenniemi, professeur de droit à l'université d'Helsinki, connu pour ses travaux sur la théorie juridique internationale et l'histoire des idées juridiques. Son livre « *From Apology to Utopia » a* apporté une contribution majeure à la théorie juridique internationale ; 2) Anne-Marie Slaughter, professeur à l'université de Princeton et ancienne directrice de la planification politique au département d'État américain, a développé la théorie de la « gouvernance en réseau » en droit international, qui souligne l'importance de la coopération et de la coordination entre les acteurs internationaux ; 3) Anthony D'Amato, professeur de droit à l'université Northwestern, qui a développé la théorie juridique internationale en tant que discipline autonome avec ses propres principes et valeurs ; 4) Philippe Sands, professeur de droit à l'University College London, juriste international et auteur connu pour ses travaux sur le droit international, la justice internationale et les droits de l'homme ; ou 5) Andrew Guzman, professeur de droit à l'université de Californie, qui a développé la théorie du « droit international *souple* » et a écrit sur l'impact de la mondialisation sur le droit international.

L'histoire du droit international a été utilisée de diverses manières pour traiter les problèmes et les différends internationaux. L'affaire Nicaragua c. Colombie (2012)[1] s'inscrit dans ce contexte. Le Nicaragua a demandé la souveraineté, mais la Colombie a rejeté cette demande en s'appuyant sur le principe de l'*uti possidetis* utilisé lors du développement du droit international en Amérique latine. Ce principe stipule que les frontières territoriales existant au moment de l'indépendance d'un État doivent être respectées. Les arrêts de la Cour internationale de justice des Nations unies (CIJ) — également connue sous le nom de « Cour mondiale » — peuvent être très intéressants pour la géographie politique. Ils établissent souvent de nouvelles frontières terrestres et maritimes ou mettent fin à des différends territoriaux de longue date, comme dans les affaires Burkina Faso/Niger, Pérou/Chili, Costa Rica/Nicaragua et Somalie/Kenya. Dans notre cas, le Nicaragua reprochait principalement à la Colombie de ne pas respecter une frontière maritime déjà tracée, ce qui mettait théoriquement fin à un différend portant sur plusieurs îles revendiquées par la Colombie dans la mer des Caraïbes, à proximité du Nicaragua.

Dans le cas du temple de Preah Vihear, la Thaïlande et le Cambodge se disputaient le territoire autour d'un ancien temple hindou. La décision se fonde sur des documents historiques montrant que le temple de Preah Vihear faisait partie du territoire cambodgien avant la colonisation française. Le Cambodge prétendait que la Thaïlande avait occupé une partie de son territoire autour des ruines du temple de Preah Vihear, lieu de pèlerinage et de culte pour les Cambodgiens, et demandait à la Cour internationale de justice de déclarer que la souveraineté territoriale sur le temple appartenait au Cambodge et que la Thaïlande était obligée de retirer le détachement armé qui y était stationné depuis 1954. Dans sa décision du 15 juin 1962, la Cour a constaté qu'un traité franco-siamois de 1904 indiquait que, dans la zone en question, la frontière devait suivre la ligne

[1]Différend territorial et maritime (Nicaragua c. Colombie), arrêt, C.I.J. Recueil 2012, p. 624. L'affaire découle du Différend territorial et maritime (Nicaragua c. Colombie), qui a accordé à la Colombie la souveraineté sur certains éléments maritimes de la mer des Caraïbes et a délimité une frontière maritime unique pour le plateau continental et les ZEE des deux États jusqu'à 200 milles marins. Des considérations de droit international coutumier, de géographie, d'histoire et de droit international ont été prises en compte.

hydrographique et qu'une carte établie sur la base des travaux d'une commission mixte de délimitation montrait le temple du côté cambodgien de la frontière. La Cour a constaté que la Thaïlande avait effectivement accepté la carte et conclu que le temple se trouvait en territoire cambodgien. La Cour a également estimé que la Thaïlande avait l'obligation de retirer toutes les forces militaires ou de police stationnées sur place et de restituer au Cambodge tous les objets récupérés dans les ruines depuis 1954[1].

De même, dans l'affaire de l'ambassade américaine à Téhéran (1980), en relation avec la crise des otages de Téhéran, l'Iran a détenu 52 citoyens américains à l'ambassade américaine. Le gouvernement iranien a invoqué une décision de la CIJ de 1952 lui accordant la souveraineté sur les ressources pétrolières de l'Iran, tandis que le gouvernement américain a invoqué une décision de la CIJ de 1955 reconnaissant le droit des ambassades à l'extraterritorialité. L'affaire a finalement été réglée par des négociations et s'est terminée par la libération des otages.

L'histoire du droit international est reine au pays de la coutume internationale. Les traités internationaux, la jurisprudence, la pratique et les opinions des spécialistes du droit international ont eu un impact significatif sur la coutume. Au sens large, la coutume internationale est une source considérable de droit international, qui fait référence à la pratique générale des États, à sa continuité et à l'opinion juridique établie sur une question particulière. Dans l'histoire du droit international, la coutume internationale a été influencée par l'évolution des relations internationales, le développement du droit international et le règlement des différends entre États. Certains traités ont établi des règles qui sont devenues des règles de droit international coutumier pour les États qui n'étaient pas parties au traité. Par exemple, la Convention de Vienne de 1969 sur le droit des traités a renforcé le principe *pacta sunt servanda*, *qui* signifie que les traités doivent être respectés par les États signataires. Ce principe est devenu une règle établie du droit international et a été transformé en coutume internationale.

[1]Voir les détails de l'affaire sur le site officiel de la Cour internationale de justice : https://www.icj-cij.org/case/45, consulté le 24.03.2023.

La jurisprudence internationale est une autre source notable du développement de la coutume internationale. Les décisions des tribunaux internationaux, tels que la Cour internationale de justice, ont influencé le développement de la coutume internationale en établissant des normes et en les interprétant. Enfin, la pratique des États dans l'application des règles internationales a également été un facteur déterminant dans le développement de la coutume internationale. Par exemple, la coutume consistant à accorder aux États l'immunité de juridiction est devenue une norme établie du droit international, grâce à la pratique constante des États à cet égard.

Dans l'affaire des îles Chagos, le Royaume-Uni a été accusé de violer le droit international et les droits de l'homme en raison de l'expulsion des habitants des îles Chagos avant de louer le territoire aux États-Unis pour la construction d'une base militaire. L'histoire de cette affaire commence à la fin du XVe siècle, lorsque des explorateurs portugais s'aventurent dans l'océan Indien et observent l'emplacement de l'île Maurice et des autres îles des Mascareignes, Rodrigues et la Réunion (cette dernière est aujourd'hui un département français d'outre-mer). Il a été décidé que la Grande-Bretagne rendrait le contrôle des îles Chagos à l'île Maurice, en vertu du principe d'autodétermination des peuples, qui stipule que les peuples ont le droit de contrôler leur propre destin. La souveraineté sur l'archipel des Chagos fait l'objet d'un différend entre l'île Maurice et le Royaume-Uni. L'île Maurice a déclaré à plusieurs reprises que l'archipel des Chagos faisait partie de son territoire et que la revendication du Royaume-Uni constituait une violation des résolutions des Nations unies interdisant le démembrement des territoires coloniaux avant l'indépendance. Le gouvernement britannique a déclaré qu'il n'avait pas « aucun doute » quant à sa souveraineté sur les Chagos, mais a ajouté que les Chagos seraient rendus à l'île Maurice une fois que les îles ne seraient plus nécessaires à des fins militaires. En l'absence de progrès significatifs avec le Royaume-Uni, l'île Maurice a cherché à obtenir réparation dans divers forums juridiques et politiques. Le 3 novembre 2022, il a été annoncé que le Royaume-Uni et Maurice avaient décidé d'entamer des négociations sur la souveraineté du Territoire britannique de l'océan Indien, en tenant compte des récentes procédures juridiques internationales[1].

Plusieurs autres affaires récentes ont fait appel à l'histoire pour trouver la meilleure solution. Dans l'affaire Rohinga (2020), le Myanmar a été accusé de génocide à l'encontre de la minorité musulmane Rohinga. Au cours du procès, des documents historiques ont été présentés, montrant que les Rohinga vivaient dans la région de Rakhine au Myanmar depuis des siècles et que la région était autrefois une province musulmane indépendante. Ces documents ont été utilisés pour faire valoir que les Rohinga devraient avoir droit à la citoyenneté et à la reconnaissance de leurs droits. L'affaire Arctic Sunrise concerne un différend né de l'arraisonnement par la Russie du navire Arctic Sunrise de Greenpeace, qui protestait contre le forage pétrolier dans l'océan Arctique, en accusant l'équipage de hooliganisme. Greenpeace a invoqué le droit à la liberté d'expression et de manifestation ainsi que les droits de

[1]Le 18 mars 2015, la Cour permanente d'arbitrage a statué à l'unanimité que l'aire marine protégée (AMP) déclarée par le Royaume-Uni autour de l'archipel des Chagos en avril 2010 avait été créée en violation du droit international. Le 22 juin 2017, par 94 voix contre 15, l'Assemblée générale des Nations unies a demandé à la Cour internationale de justice (« CIJ ») de rendre un avis consultatif sur la séparation de l'archipel des Chagos de l'île Maurice avant l'indépendance de ce pays dans les années 1960. En septembre 2018, la Cour internationale de justice a entamé les audiences dans cette affaire. 17 pays ont plaidé en faveur de l'île Maurice. Le 25 février 2019, les juges de la Cour internationale de justice ont déclaré, par treize voix contre une, que le Royaume-Uni avait l'obligation de mettre fin à l'administration de l'archipel des Chagos dès que possible. Le 22 mai 2019, l'Assemblée générale des Nations Unies a débattu et adopté une résolution déclarant que l'archipel des Chagos, occupé par le Royaume-Uni depuis plus de 50 ans, « fait partie intégrante du territoire de Maurice ». La résolution donne effet à un avis consultatif de la CIJ, qui demandait au Royaume-Uni de « retirer son administration coloniale… sans condition dans un délai maximum de six mois ». Le 3 novembre 2022, le ministre britannique des Affaires étrangères, James Cleverly, a annoncé que le Royaume-Uni et l'île Maurice avaient décidé d'entamer des négociations sur la souveraineté du Territoire britannique de l'océan Indien, en tenant compte des récentes procédures juridiques internationales. Les deux pays se sont mis d'accord pour assurer la poursuite des activités de la base militaire conjointe américano-britannique de Diego Garcia.

souveraineté territoriale de la Norvège, pays dans lequel le navire était immatriculé[1]. Des documents historiques ont été utilisés pour étayer les revendications de la Norvège sur ses droits territoriaux et sur le fait que la Russie avait violé ces droits en arrêtant le navire dans l'espace maritime norvégien.

Une affaire récente illustrant le recours à l'histoire du droit international et à une approche multidisciplinaire pour résoudre un différend international est l'affaire de l'État des Pays-Bas contre la Fondation Urgenda, qui s'est déroulée aux Pays-Bas. La Fondation Urgenda, une ONG environnementale, a poursuivi le gouvernement néerlandais, affirmant qu'il n'avait pas pris les mesures adéquates pour réduire les émissions de gaz à effet de serre et atteindre les objectifs fixés dans l'Accord de Paris. Au cours du procès, Urgenda a invoqué plusieurs traités et accords internationaux sur l'environnement, ainsi que des règles coutumières du droit international, pour faire valoir que le gouvernement néerlandais a l'obligation légale de prendre des mesures efficaces pour réduire les émissions de gaz à effet de serre.

Le 24 juin 2015, la Cour d'appel de La Haye a rendu un arrêt historique selon lequel le gouvernement néerlandais doit prendre des mesures pour réduire les émissions de gaz à effet de serre d'au moins 25 % d'ici 2020 par rapport aux niveaux de 1990. La Cour a cité un certain nombre de traités et d'accords internationaux, ainsi que la jurisprudence des tribunaux internationaux, pour étayer sa décision[2]. Cette affaire montre que

---

[1] L'Arctic Sunrise battant pavillon néerlandais, les Pays-Bas ont saisi le Tribunal international du droit de la mer (affaire ITLOS 22) et obtenu une ordonnance de libération de l'équipage et du navire dans l'attente d'une décision finale sur la question. En décembre 2013, bien qu'ignorant la décision du TIDM, la Russie a néanmoins libéré l'équipage dans le cadre d'une amnistie générale adoptée par la douma d'État après trois mois de détention.

[2] L'affaire État des Pays-Bas c. Urgenda (en néerlandais : De Staat der Nederlanden c. Stichting Urgenda) a été entendue par la Cour suprême des Pays-Bas en 2019 dans le cadre des efforts déployés par le gouvernement pour réduire les émissions de dioxyde de carbone. L'affaire a été portée contre le gouvernement néerlandais en 2013, affirmant qu'en n'atteignant pas un objectif minimum de réduction des émissions de dioxyde de carbone fixé par les scientifiques pour prévenir un changement climatique néfaste, le gouvernement

la recherche des meilleures solutions pour lutter contre le changement climatique nécessite une perspective pluridisciplinaire, intégrant des connaissances dans les domaines de l'histoire du droit international, du droit international et des sciences de l'environnement. Cette affaire montre comment les tribunaux peuvent utiliser l'histoire du droit international pour interpréter les normes internationales de manière plus appropriée et prendre des décisions historiques qui ont un impact significatif sur la protection de l'environnement et les droits de l'homme. L'affaire, également connue sous le nom de « Urgenda Climate Case », a été l'une des premières au monde où un tribunal a statué qu'un gouvernement avait l'obligation légale de prendre des mesures pour réduire les émissions de gaz à effet de serre.

Tout cela montre que l'histoire du droit international se déroule sous nos yeux. Elle nous permet de mieux comprendre comment le droit international s'est développé et comment il a été appliqué dans le passé. Cette compréhension peut nous aider à identifier des modèles, des tendances et des leçons précieuses qui peuvent être appliquées aujourd'hui et à l'avenir. En même temps, des perspectives diverses sur des questions contemporaines sont offertes, ainsi que des arguments et des justifications pour des décisions et des actions. Les historiens du droit international sont en mesure de déterminer si un principe ou une pratique juridiques est consacré par une coutume ou un traité et peut donc fournir une base juridique solide pour son application. Ils peuvent examiner comment le droit international réagit aux changements et identifier les lacunes et les problèmes futurs. Par exemple, ils peuvent analyser les traités internationaux et les coutumes pour identifier les règles et les principes pertinents dans un domaine technologique et proposer de nouvelles réglementations ou des amendements au droit international existant pour répondre aux nouveaux défis.

Il est particulièrement important de fournir des exemples et des précédents, qui peuvent être utilisés pour mieux comprendre le contexte historique et culturel ou la manière dont certaines questions juridiques ont été résolues dans le passé et ainsi créer

---

avait mis en péril les droits de l'homme des citoyens néerlandais tels qu'ils sont définis dans les réglementations nationales et européennes.

un cadre juridique cohérent, hautement efficace et plus équitable pour la communauté internationale. Un exemple récent de débat sur l'utilisation de l'histoire du droit international concerne le droit des frontières maritimes en mer de Chine méridionale. Dans cette zone, la Chine et d'autres pays voisins, tels que le Viêt Nam, les Philippines et Taiwan, sont confrontés à des problèmes liés à la délimitation des frontières maritimes, à l'exploitation des ressources naturelles et à la navigation commerciale. Dans ce débat, l'histoire du droit international a été utilisée pour identifier les précédents et les règles pertinentes. Plus précisément, certains pays ont invoqué leur histoire et leur tradition maritimes en ce qui concerne le droit d'utiliser et de contrôler certaines zones maritimes, tandis que d'autres ont fait valoir que ces zones devraient être régies par le droit international, y compris les conventions et traités pertinents tels que la Convention des Nations unies sur le droit de la mer[1].

L'expertise juridique et internationale peut intégrer les études juridiques, les études internationales et d'autres disciplines qui analysent le droit et les politiques publiques. L'histoire du droit international a connu récemment des développements qui représentent un progrès significatif dans ce domaine. L'une d'entre elles est l'utilisation plus large de l'analyse comparative, réalisée en comparant et en opposant différents systèmes juridiques afin de mieux comprendre leur développement et leur évolution historiques. De cette manière, il est possible d'identifier des modèles et des tendances historiques dans le développement des systèmes juridiques et d'identifier les meilleures solutions. Les préoccupations en matière de justice sociale et de protection des droits de l'homme ont évolué, devenant plus critiques et se recoupant avec l'analyse historique du développement des systèmes juridiques et des normes internationales pour identifier et sanctionner certains écarts par rapport à la trajectoire de l'inégalité sociale et de l'injustice.

[1]Les discussions ont porté sur des questions d'interprétation et d'application des conventions internationales, telles que les limites territoriales et les zones économiques exclusives.

Le droit international des communications et des nouvelles technologies

L'intersection entre le droit des communications et le droit des nouvelles technologies présente un intérêt particulier pour les théoriciens et les praticiens. Cela est dû au développement rapide de l'utilisation des nouvelles technologies, telles que l'internet, les téléphones portables et les médias sociaux, pour faciliter la communication, ainsi qu'à l'émergence de nouvelles formes de réglementation juridique pour régir ces activités de manière appropriée. *Trans* pourrait être une solution pour estomper le formidable fossé qui sépare la communication, la technologie et le droit. De cette manière, nous avons une meilleure chance de suivre le rythme des mutations associées à l'évolution rapide des nouvelles technologies et de leur potentiel à remodeler la manière dont la communication est réglementée[1]. L'une des questions clés est celle du cadre juridique international pour les communications et les technologies. Existe-t-il ? S'agit-il d'une coutume particulière ? La coutume juridique peut être une source de droit pour les technologies et les communications grâce à son utilisation dans la pratique judiciaire et à son application par les cours et les tribunaux. En ce sens, la coutume juridique se distingue dans l'interprétation et l'application des lois existantes dans de tels cas, ainsi que dans la création de nouvelles règles et normes juridiques pour répondre à l'évolution des besoins dans ces domaines. Par exemple, lorsqu'il n'existe pas de loi claire régissant un aspect particulier de la technologie et des communications, les cours et tribunaux peuvent utiliser le cutuma juridique pour prendre une décision. Il peut être utilisé pour développer des pratiques et des normes dans des domaines tels que la protection des données personnelles ou la cybersécurité. Les organisations de technologie et de communication peuvent avoir leurs propres coutumes juridiques pour définir et réglementer les pratiques et les normes dans leur secteur. Ces coutumes peuvent être une source de droit dans les

---

[1]Antonia Rosetto Ajello, *Méthode de connaissance et défis de la société planétaire : la proposition pédagogique d'Edgar Morin,* in World Futures, 61:7, 2005, pp. 511-533, DOI : 10.1080/02604020500283126.

litiges impliquant ces organisations et ont un caractère fortement multi et transdisciplinaire.

Avant de présenter une série de coutumes devenues réglementations au fil des ans, nous proposons l'une des plus récentes, le triangle équilatéral droits de l'homme-digitalisation-sécurité ou, en d'autres termes, le triangle de légalité-besoin-proportionnalité. Ce triangle est lui-même un fruit transdisciplinaire, dans le sens où toutes ses différentes composantes disciplinaires ont créé une norme universelle qui peut être utilisée en droit, en science militaire, en technologie, en économie, etc.

En matière d'application de la loi, les principes de légalité, de proportionnalité et de nécessité permettent de s'assurer que les actions des autorités sont légales, proportionnées à la gravité de l'infraction et nécessaires pour atteindre l'objectif légitime. Il n'y a pas si longtemps, le « cyberespace » n'était qu'un terme de *science-fiction*. Aujourd'hui, tout notre mode de vie moderne, de la communication au commerce en passant par les conflits, dépend fondamentalement de l'internet. (...) Les questions de cybersécurité nous concernent avant tout en tant qu'individus. Nous sommes confrontés à de nouvelles questions, qu'il s'agisse de nos droits et responsabilités en tant que citoyen en ligne et dans le monde réel, ou de la manière dont nous pouvons nous protéger et protéger nos familles d'un nouveau type de danger.[1] Les tentatives conjointes de protection contre les cybermenaces émanant de pays tiers ont débouché sur une réponse diplomatique commune appelée « boîte à outils de la cyberdiplomatie », qui consiste en une coopération et un dialogue diplomatiques, des mesures préventives contre les cyberattaques et certaines sanctions. La stratégie de l'UE en matière de cybersécurité adoptée par la Commission européenne et le SEAE en décembre 2020 renforce la réponse diplomatique de l'UE aux cyberattaques[2]. Toujours au niveau de l'UE, la proposition de

---

[1]Pour une discussion plus approfondie sur ce sujet, voir Peter W. Singer et Allan Friedman, *Cybersecurity and Cyberwar : What Everyone Needs to Know,* Oxford University Press, 2014, pp. 9-23.

[2]Pour plus de détails, voir les documents spécifiques disponibles sur le site web du Conseil de l'Union européenne, *Cybersecurity : how the EU tackles cyber*

règlement du Parlement européen et du Conseil établissant des règles harmonisées en matière d'intelligence artificielle (Acte législatif sur l'intelligence artificielle) et modifiant certains actes de l'Union (Com/2021/206 final) a été adoptée.

Du point de vue de la sécurité, de la liberté et de l'éthique, l'équilibre entre les droits de l'homme, la numérisation et la sécurité ne peut être atteint que par la promotion d'une approche fondée sur les droits, par l'élaboration et la mise en œuvre de politiques et de réglementations appropriées et souples, mieux adaptées aux évolutions technologiques et aux nouvelles cybermenaces, ainsi que par l'éducation et la sensibilisation du public. Loin d'être exhaustives, ces recommandations se fondent sur le fait que les technologies mobiles, les réseaux sociaux et la connectivité accrue ont un impact significatif sur le travail et la pratique en matière de droits de l'homme, comme le montre le site[1]. Les droits de l'homme, la numérisation et la sécurité sont étroitement liés, caractérisés par une dynamique complexe, fortement influencée par les changements politiques, économiques et sociaux dans le monde. S'ils ne connaissent pas de frontières, le droit international devient alors le seul espace réglementaire susceptible d'être complet et suffisant.

Le cutuma juridique peut donc être un outil précieux pour le développement du droit des technologies et des communications, à la fois en interprétant et en appliquant les lois existantes et en créant de nouvelles normes et pratiques juridiques. Il existe plusieurs coutumes juridiques dans le domaine des technologies et des communications, dont certaines ont été reconnues et appliquées par des cours et des tribunaux du monde entier : 1) la neutralité du réseau, qui a commencé comme une coutume juridique concernant l'égalité de traitement de toutes les données sur internet, sans discrimination fondée sur la source, la destination ou le type de contenu, et a ensuite été réglementée

---

threats, disponible à l'adresse https://www.consilium.europa.eu/en/policies/cybersecurity/#diplomacy, consulté le 25.04.2023.

[1]Sam Dubberley, Alexa Koenig, Daragh Murray, *Digital Witness : Using Open Source Information for Human Rights Investigation, Documentation, and Accountability* , OUP-Oxford Public International Law, 2019, Part I, DOI : 10.1093/law/9780198836063.001.0001.

dans plusieurs pays, y compris les États-Unis et l'Union européenne ; 2) la responsabilité des FAI, qui a commencé comme une coutume juridique concernant la responsabilité des FAI pour le contenu publié par leurs utilisateurs, et a été reconnue et appliquée dans plusieurs litiges relatifs aux droits d'auteur et à la protection des données à caractère personnel ; 3) la protection des données à caractère personnel était une coutume juridique concernant l'obligation des organisations qui collectent et traitent des données à caractère personnel de les protéger conformément aux principes de base de la protection des données tels que le consentement, la transparence et la sécurité, et a ensuite été codifiée dans plusieurs juridictions, y compris l'Union européenne et les États-Unis ; 4) la sélection et l'utilisation de techniques de cryptage étaient également une coutume juridique concernant l'utilisation de techniques de cryptage pour protéger les communications et les données contre l'interception et l'accès non autorisé, et ont ensuite été codifiées dans plusieurs juridictions.

La formation d'une coutume juridique est un processus continu qui peut prendre des années, voire des décennies ou plus, et auquel contribuent un certain nombre de facteurs pluridisciplinaires et interdisciplinaires, de la phase non écrite à la phase écrite et à la codification. En général, une coutume juridique est formée lorsqu'un comportement (ou une pratique) devient coutumier et accepté dans une communauté ou un secteur d'activité, et que cette coutume est reconnue et appliquée par les cours et tribunaux de cette juridiction. Dans le cas des coutumes juridiques liées aux technologies et aux communications, le processus de formation peut être très rapide et est influencé par un certain nombre de facteurs, notamment les développements technologiques, les changements législatifs et la jurisprudence. Par exemple, la coutume juridique de la neutralité de l'internet a commencé à se former aux États-Unis dans les années 2000, à mesure que l'internet gagnait en popularité et en importance pour le commerce et les communications modernes, et qu'elle était renforcée par des décisions de justice et des réglementations gouvernementales exigeant l'égalité de traitement de tous les flux de données sur l'internet. La culture juridique de la protection des données personnelles a commencé à prendre forme autour des années 1970, avec la montée des préoccupations pour la vie privée à l'ère de l'information, et a été renforcée par des réglementations gouvernementales imposant des normes minimales pour la protection des données personnelles.[1]

La dissuasion numérique (actuellement appelée cyberdissuasion[2]) est une théorie juridique qui soutient que des sanctions sévères et la dissuasion publique de la violation des droits d'auteur sur l'internet sont nécessaires pour empêcher de telles violations à l'avenir. Des considérations psychologiques, sociales et juridiques sont prises en compte ici. L'idée sous-jacente est que le téléchargement et le partage illégal de fichiers musicaux et d'autres contenus sur l'internet peuvent causer des dommages importants aux détenteurs de droits d'auteur et

---

[1]L'affaire Sony BMG Music Entertainment contre Tenenbaum, qui s'est déroulée aux États-Unis, illustre un précédent juridique pertinent dans le domaine des technologies et des communications. Joël Tenenbaum a été poursuivi par Sony BMG Music Entertainment pour violation des droits d'auteur pour avoir téléchargé et partagé illégalement des fichiers musicaux sur l'internet. Au cours du procès, Sony a invoqué une coutume juridique connue sous le nom de « dissuasion numérique », qui impose des sanctions sévères en cas de violation des droits d'auteur sur l'internet. Bien que le tribunal de première instance ait accordé à Sony 675 000 dollars de dommages et intérêts, la décision a été annulée par la suite par une juridiction supérieure, qui a rejeté l'invocation par Sony de la coutume juridique de la « dissuasion numérique ». La Cour a estimé que cette coutume n'était pas bien établie dans la jurisprudence américaine et que de solides arguments s'opposaient à son application au téléchargement illégal de fichiers musicaux. L'affaire Sony BMG Music Entertainment v. Tenenbaum n'a pas conduit à la reconnaissance de la coutume juridique de la « dissuasion numérique » par la jurisprudence américaine. La codification de cette coutume juridique serait difficile, car elle n'est pas universellement reconnue et appliquée. Toutefois, l'idée que des sanctions sévères sont nécessaires pour dissuader les infractions au droit d'auteur sur l'internet peut être considérée comme une coutume juridique très large, reconnue et appliquée dans de nombreuses juridictions.

[2]Nous estimons que le futur débat sur le découragement peut évoluer dans quatre directions : une plus grande intégration de la cyberdissuasion en tant qu'élément de la sécurité internationale et de la concurrence dans un monde multidomaines ; une plus grande attention aux aspects techniques du cyberdomaine pour obtenir des effets dissuasifs opérationnels et tactiques ; un examen plus approfondi de la compétence en tant que forme alternative de coercition ; et une exploration de nouveaux concepts stratégiques pour limiter et atténuer l'agression de l'adversaire dans le cyberespace qui s'écarte des conceptions traditionnelles de la dissuasion.

peuvent être considérés comme une forme de vol ou de piratage. Aux États-Unis, la dissuasion a été invoquée à plusieurs reprises par les tribunaux dans des affaires de violation des droits d'auteur sur l'internet pour justifier l'octroi de dommages-intérêts substantiels et parfois même de sanctions pénales. Ces dernières années, de nombreux détracteurs de la dissuasion numérique ont fait valoir qu'elle pouvait conduire à des sanctions excessives et qu'elle pouvait être utilisée à mauvais escient pour décourager les activités légales et innovantes dans le domaine des technologies et des communications. D'aucuns on fait valoir que les sanctions sévères ne sont pas toujours efficaces pour prévenir les violations des droits d'auteur sur l'internet et que d'autres solutions, telles que l'octroi de licences plus souples pour le contenu, peuvent être efficaces et profiter à toutes les parties concernées.

Au niveau européen, la source la plus pertinente de principes et de droits dans le domaine des communications et des nouvelles technologies est la *Déclaration européenne sur les droits et principes numériques pour la décennie numérique 2023/C* 23/01/PUB/2023/89. Récemment, le 23 janvier 2023, cette déclaration a été publiée au Journal officiel de l'Union européenne.

Ces principes sont : le principe de légalité ; le principe d'égalité des droits ; le principe de bonne foi ; le principe de vérité ; le principe d'information correcte de l'opinion publique ; le principe de liberté d'expression ; le principe de respect de la liberté et des droits d'autrui dans la communication. La restriction de l'exercice des droits ou des libertés est une exception qui n'est faite que dans les cas et selon les procédures strictement prévus par les Constitutions. Dans la Constitution roumaine, par exemple, l'article 53 stipule que « L'exercice de certains droits ou libertés ne peut être limité par la loi que si cela est nécessaire, selon le cas, pour : la défense de la sécurité nationale, de l'ordre public, de la santé ou de la morale, des droits et liberté des citoyens ; le déroulement d'une procédure pénale ; la prévention des conséquences d'une catastrophe naturelle ou d'une catastrophe d'une gravité particulière. Des restrictions ne peuvent être imposées que si elles sont nécessaires dans une situation démocratique. La mesure doit être proportionnée à la situation qui l'a motivée, être appliquée de manière non discriminatoire et ne pas porter atteinte à l'existence des droits et libertés ».

Principes de base. Quelques explications pertinentes sur l'inter et la transdisciplinarité :

1. La *liberté d'expression,* qui se manifeste par le droit de s'exprimer librement et d'accéder à l'information et de la partager, est un droit fondamental garanti par des conventions internationales telles que le Pacte international relatif aux droits civils et politiques, ainsi que par de nombreuses lois nationales.

2. La *vie privée et la protection des données, selon* lesquelles les individus ont droit au respect de leur vie privée et à la protection de leurs données personnelles, dans la mesure où le droit national et les conventions internationales protègent ces droits, comme la Convention européenne des droits de l'homme et la Convention pour la protection des personnes à l'égard du traitement automatisé des données à caractère personnel.

3. La *neutralité du réseau*, qui signifie que les fournisseurs de services internet doivent traiter tout le trafic internet de manière égale, sans discrimination, restriction ou interférence, indépendamment de l'expéditeur, du destinataire, du contenu, de l'application, du service ou de l'équipement terminal.

4. L'*accès à l'internet* est désormais un droit fondamental pour tous. Les États doivent veiller à ce que tous les citoyens aient accès à l'internet, quels que soient leurs moyens économiques ou leur statut social.

5. Les *droits d'auteur et de propriété intellectuelle* sont essentiels au développement et à la protection des œuvres créatives. Il existe déjà un ensemble de réglementations nationales et internationales visant à protéger ces droits et à garantir que les auteurs et les créateurs sont correctement rémunérés pour leurs œuvres.

6. La *cybersécurité* est une responsabilité collective des individus, des organisations et des gouvernements que les États doivent promouvoir. À cette fin, ils doivent mettre en œuvre des mesures pour protéger les systèmes d'information et les réseaux contre les menaces et les attaques.

7. *La fracture numérique* est l'écart entre ceux qui ont accès aux technologies numériques et ceux qui n'y ont pas accès.

L'objectif est de prendre des mesures efficaces pour réduire la fracture numérique en élargissant l'accès aux technologies numériques et en augmentant la culture numérique[1].

Applications pratiques :

1. La liberté d'expression est le droit d'exprimer des pensées, des idées et des croyances sans interférence de la part du gouvernement ou d'autres autorités. Il s'agit d'un droit humain fondamental, inscrit dans la Déclaration universelle des droits de l'homme et dans d'autres accords internationaux tels que le Pacte international relatif aux droits civils et politiques. Dans la pratique, la liberté d'expression est souvent considérée dans divers contextes, tels que les droits à la liberté de la presse, à la liberté de réunion et d'association, à la liberté de religion et au droit d'accéder à l'information et de la diffuser. Dans ces contextes, la liberté d'expression peut désigner le droit de parler, d'écrire, de publier ou de communiquer ses opinions sans crainte de censure ou de sanction. Le droit à la liberté de la presse signifie souvent que les journalistes et les médias peuvent rendre compte des nouvelles et des événements sans crainte de censure ou de représailles. Cela permet aux gens d'accéder à des nouvelles et à des informations provenant de différentes sources et de se forger une opinion sur la base de différents points de vue. La liberté de réunion et d'association signifie que les gens sont libres de se réunir pacifiquement et d'exprimer leurs opinions, et de former des organisations et des associations pour soutenir leurs causes. La liberté d'expression se retrouve également dans le contexte de la liberté de religion. Les personnes sont libres de pratiquer et d'exprimer leurs croyances religieuses sans crainte de persécution ou de discrimination, y compris le droit de prêcher, d'enseigner et de pratiquer leur religion en public, ainsi que le droit de former des organisations religieuses et de construire des lieux de culte. Enfin, la liberté d'expression fait

[1]Voir le Pacte international relatif aux droits civils et politiques, 1966 ; la Convention européenne des droits de l'homme, 1950 ; ou les documents de la Commission fédérale des communications, 2018 ; les Nations unies, 2016 ; l'Organisation mondiale de la propriété intellectuelle, 2019 ; le Conseil de l'Union européenne, 2017 ; ou l'Union internationale des télécommunications, 2017.

partie du droit d'accéder à l'information et de la diffuser, notamment par le biais d'internet et des médias sociaux.

2. Le droit à la vie privée est un autre concept précieux dans de nombreux systèmes juridiques qui mettent en balance le droit à la vie privée avec d'autres droits et intérêts publics. Aux États-Unis, par exemple, le droit à la vie privée est protégé par la Constitution américaine et les constitutions des différents États. Les applications pratiques du droit à la vie privée comprennent le droit de contrôler les informations personnelles, le droit à la vie privée sur le lieu de travail, à la maison, dans les communications et le droit à la vie privée à l'ère numérique.

Les communications et les nouvelles technologies ont un impact significatif sur la façon dont les gens communiquent et collaborent, et la multivalence de tous les aspects est essentielle pour leur utilisation responsable et efficace. En tant que mécanisme d'analyse, il est toujours possible de porter un jugement scientifique sur les avantages et les risques liés à l'utilisation d'une technologie particulière (comme la 5G ou l'intelligence artificielle), mais ce jugement sera étayé par des recherches qui ont évalué l'impact de cette technologie sur la société, l'environnement et l'économie. Les technologies modernes ont changé la façon dont les gens travaillent et dont les entreprises sont gérées. Elles ont permis d'accroître la productivité et l'efficacité, mais aussi de relever de nouveaux défis tels que le travail à distance et la sécurité des données. L'interconnectivité et la collaboration se sont intensifiées et, avec elles, les questions d'adaptation à des cultures, des différences d'âge, des perceptions et des modes de travail différents.

Dans ce domaine, la multidisciplinarité et la transdisciplinarité doivent trouver, par exemple, une définition internationale uniforme pour le consommateur et une autre pour l'utilisateur ou le destinataire de services. Dans cette dernière partie, je présenterai un problème qui pourrait et devrait être résolu dans un avenir proche. La numérisation accélérée de la société et de l'économie a trouvé un terrain non réglementé, conduisant parfois à des conditions injustes pour les investisseurs ou les fournisseurs de ces services et à une réduction spectaculaire du choix des consommateurs. Nous assistons aujourd'hui à la transition numérique de *rebus se subicere* à *res sibi subicere.* J'appliquerai cette analyse au même thème de la relation humaine utilisateur/consommateur, dont les frontières deviennent de plus en plus fragiles. Dans le cas des services numériques, le consommateur est un usager. Au niveau national, c'est-à-dire au niveau de la législation nationale, les droits fondamentaux sont inscrits dans les constitutions. Au niveau de l'Union européenne, l'article 38 de la Charte des droits fondamentaux de l'Union européenne a introduit la protection des consommateurs en stipulant que : « Les politiques de l'Union assurent un niveau élevé de protection des consommateurs ». Cependant, en termes de terminologie, la protection n'est pas destinée à « chaque individu », comme dans le cas d'autres droits, mais relève, comme dans le cas de la protection de l'environnement, des politiques de l'Union. Une reformulation plus claire des dispositions de cet article, telles que « toute personne a droit à la protection en tant que consommateur », serait la bienvenue. Autres propositions de reformulation de l'article 38 : « tout citoyen de l'Union se voit garantir les droits des consommateurs » ou « tout consommateur a le droit d'être protégé conformément aux règles nationales, européennes et internationales ». La Charte pourrait être modifiée, d'autant plus que le préambule précise que : « À cette fin, il est nécessaire de renforcer la protection des droits fondamentaux en les rendant plus visibles à travers la Charte, dans l'esprit de l'évolution de la société, du progrès social et des développements scientifiques et technologiques ». Les évolutions technologiques ont donc été anticipées. La proposition tient compte des problèmes qui se posent lorsque les droits fondamentaux, tels que ceux de cette Charte, ne découlent pas des traditions constitutionnelles communes des États membres, auquel cas ces droits ne peuvent être interprétés conformément à ces traditions. Par exemple, la Roumanie n'a pas et n'a jamais eu de protection des consommateurs dans sa Constitution. La timidité de la formulation de certaines protections entraîne un certain nombre de points d'interrogation et de problèmes d'interprétation qui devraient être évités par des amendements spécifiques. Dans de nombreuses constitutions, les droits des consommateurs sont énoncés dans des articles spécifiquement destinés à les protéger. Par exemple, l'article 44 de la Constitution du Népal contient des dispositions plus claires que de nombreuses constitutions des États membres de l'UE, ce qui démontre l'inefficacité des dispositions actuelles.

Il est vrai qu'à partir du 23 janvier 2023, nous disposons de la Charte des droits et des principes pour la décennie numérique, mais la formulation laisse encore place à l'interprétation. La Déclaration européenne des droits et principes numériques pour la décennie numérique stipule que la voie de l'Europe vers la transformation numérique place les personnes au centre et est étayée par les valeurs européennes et les droits fondamentaux de l'UE, réaffirmant les droits de l'homme universels et bénéficiant à tous les individus, toutes les entreprises et la société dans son ensemble. Dans le même temps, le premier principe énoncé dans la déclaration est celui d'une transformation numérique centrée sur les personnes. À partir de la date de publication de la déclaration au Journal officiel de l'UE, le 23 janvier 2023, il est entendu que tout document doit être interprété sur la base de tous les principes et droits énoncés dans la déclaration. Le paragraphe 4 du préambule de ce document, par sa formulation, jette une ombre supplémentaire sur la définition de la protection des consommateurs en tant que droit fondamental, en la laissant parmi les principes habituels : « Le Parlement a demandé à plusieurs reprises l'établissement de principes éthiques pour guider l'approche de l'UE en matière de transformation numérique, et pour garantir le plein respect des droits fondamentaux tels que la protection des données, la vie privée, la non-discrimination et l'égalité des sexes, ainsi que des principes tels que la protection des consommateurs, la neutralité technologique et la neutralité du réseau, la crédibilité et l'inclusivité. » Il a également appelé à une protection plus forte des droits des utilisateurs dans l'environnement numérique, ainsi que des droits des travailleurs et du droit à la déconnexion ». La catégorie inférieure de « certains » principes, c'est-à-dire autre que les principes fondamentaux, ne fait que creuser davantage le fossé entre les droits de l'homme et la protection des consommateurs. La Déclaration fait également une distinction entre les droits des consommateurs et les droits des utilisateurs dans l'environnement numérique, ce qui nécessite une autre série de principes préalables. Selon l'ASD, la différence réside dans le fait que les utilisateurs peuvent être commerciaux, alors que les consommateurs ne le peuvent pas. Dans le chapitre sur les définitions, selon la DSA : « c) “consommateur” : toute personne physique qui agit à des fins qui n’entrent pas dans le cadre de son activité commerciale ou professionnelle ». Nous n’avons pas de définition des utilisateurs, ce qui implique qu’un utilisateur est généralement basé sur une relation contractuelle avec le fournisseur, ce qui est également vrai pour un consommateur. Cela nous amène à la question suivante : le groupe des utilisateurs comprend-il les consommateurs ou le groupe des consommateurs comprend-il les utilisateurs ?

Les raisons et les objectifs de la proposition de directive concernent les droits fondamentaux des utilisateurs (!), mais pas ceux des consommateurs. La déclaration va même plus loin, en présentant une préoccupation que le règlement laisse encore floue : « Il est également nécessaire de clarifier certains aspects de la directive. Il est également nécessaire de clarifier certains aspects de ces règles afin d’éliminer les facteurs qui découragent actuellement les prestataires de services intermédiaires de mener leurs propres enquêtes sur une base volontaire pour assurer la sécurité de leurs utilisateurs et de clarifier le rôle qu’ils jouent du point de vue du consommateur dans certaines circonstances ». Selon les dictionnaires généraux, un utilisateur est une personne qui utilise quelque chose. Selon le dictionnaire de Cambridge, un utilisateur est « quelqu’un qui utilise un produit, une machine ou un service ». Nous comprenons qu’un robot peut également être un utilisateur. Il est donc nécessaire d’apporter des changements en établissant des définitions spécifiques dans le domaine des communications et des nouvelles technologies. La conclusion est encore plus claire si l’on se réfère à d’autres définitions, comme celle de l’Oxford Advanced American Dictionary : « une personne ou une chose qui utilise quelque chose ». Lorsque la législation européenne parle des droits fondamentaux des utilisateurs, sans préciser, par exemple, « les utilisateurs qui sont des personnes physiques », nous sommes confrontés à une vulnérabilité (même temporelle), car, selon la plupart des dictionnaires du monde, l’utilisateur peut également être une chose, et donc un robot. Dans cette situation, pourrions-nous encore discuter des droits fondamentaux du robot ?

Dans le domaine des communications et des nouvelles technologies, lorsqu'un problème juridique se pose, le droit communautaire et le droit international se rejoignent pour trouver la solution la plus appropriée. Des définitions internationales uniformes sont nécessaires pour les consommateurs et les utilisateurs des communications et des nouvelles technologies. Pourquoi en est-il ainsi ? Parce que la numérisation est régie par le droit international des communications et des nouvelles technologies. Toute caractérisation d'une branche du droit part de ses sources et de ses sujets ou participants. Les discussions sur le caractère international ou national du droit des nouvelles technologies sont vides de contenu et de finalité, car, par exemple, si les États et les organisations internationales sont les premiers sujets du droit, alors il s'agit de droit international. La discussion est similaire à celle sur le droit de la mer ou le droit maritime, car les nouvelles technologies n'ont pas de frontières et dépendent également de la géographie.

Cependant, quelles règles au niveau international pourraient être élaborées et adoptées d'urgence par rapport à la situation décrite ? Tout d'abord, les catégories de droits fondamentaux et les définitions de termes tels que « consommateur » et « utilisateur » devraient être modifiés pour les rendre aussi universelles que possible, de préférence par le biais de traités, et mises en œuvre dans des protections des droits fondamentaux au niveau de chaque État, afin que les constitutions prévoient explicitement ces protections.

Il ne s'agit là que d'un cas de sous-réglementation où la méthodologie trans peut apporter des contributions significatives au droit international dans le domaine des communications et des nouvelles technologies et au-delà.

La transdisciplinarité est-elle un outil efficace pour la pratique du droit international ?

La pratique consistant à poursuivre et à juger des individus pour crimes de guerre, génocide et crimes contre l'humanité a été renforcée et développée ces dernières années par le biais de tribunaux internationaux tels que la Cour pénale internationale et d'autres tribunaux spéciaux.

Les cas présentés dans chaque chapitre montrent clairement que, de manière générale, la transdisciplinarité en droit est une solution pour l'analyse de la métamorphose juridique. Elle a le potentiel d'améliorer la pratique et peut être (et est) utilisée avec succès pour acquérir une compréhension plus riche et créer des solutions hautement efficaces et informer[1]. Le besoin de transdisciplinarité dans ce contexte est motivé par la complexité des litiges et la multitude d'intérêts qui doivent être pris en compte lors de la prise de décisions dans de telles affaires. Les tribunaux internationaux utilisent une variété de théories et de perspectives juridiques : ils prennent en compte des aspects non juridiques, tels que les normes culturelles et sociales, et utilisent une variété de méthodes, y compris l'utilisation de techniques alternatives de résolution des conflits. À la Cour internationale de justice (CIJ), les juges s'appuient sur plusieurs sources de droit, notamment le droit international coutumier, le droit des traités, les principes généraux du droit et les décisions de justice. La Cour prend souvent en compte le contexte historique d'un litige, ainsi que les intérêts des parties ou les avis d'experts. À la Cour pénale internationale (CPI), les juges tiennent également compte d'une série de facteurs juridiques, éthiques et politiques lorsqu'ils prennent une décision, tout en respectant le droit international des droits de l'homme, le droit international humanitaire et les principes généraux du droit pénal. Ils prêtent également attention au contexte culturel et social d'une affaire lorsqu'ils jugent.

Dans les procédures d'arbitrage, la transdisciplinarité est visible de plus près. Dans ces cas, les parties s'appuient souvent sur des considérations non juridiques lorsqu'elles négocient un accord ou tentent de résoudre leurs différends. Les intérêts économiques des parties et les normes sociales et culturelles de leurs pays respectifs sont pris en compte. Dans un cas hypothétique de contrefaçon de brevet, une équipe pluridisciplinaire sera composée d'experts de différents domaines tels que la technologie, le droit, l'économie, la gestion

[1]Joanne Evans, Jacqueline Z. Wilson, Sue McKemmish, Antonina Lewis, David McGinniss, Gregory Rolan & Siobhan Altham, *Transformative justice : transdisciplinary collaborations for archival autonomy,* Archives and Records, 42:1, 2021, pp. 3-24, DOI : 10.1080/23257962.2020.1865887.

et l'ingénierie. Un exemple de l'utilisation de la transdisciplinarité dans le contexte juridique est l'affaire Microsoft contre Motorola Inc. Cette affaire, tranchée par la Cour d'appel des États-Unis en 2014, concernait un litige entre Microsoft et Motorola sur l'utilisation de brevets essentiels standard dans leurs produits respectifs. Afin de comprendre tous les aspects de l'affaire, la Cour a sollicité l'avis de nombreux experts issus de différentes disciplines, telles que l'économie et la technologie. Cette approche interdisciplinaire a permis à la Cour d'identifier la solution la plus appropriée au litige[1].

La méthode *trans a* également été appliquée dans d'autres cas concernant des questions spécifiques de droit de l'environnement, par exemple lorsque des experts de différentes disciplines sont consultés pour étudier l'impact sur l'environnement d'un projet ou d'une politique[2].

Enfin, nous soulignons le rôle important de la transdisciplinarité dans la résolution des litiges en matière de droit international des investissements, un domaine dans lequel il existe une grande variété de questions économiques, technologiques, politiques et sociales.

---

[1]Voir les détails de Microsoft Corp. v. Motorola Inc — 795 F.3d 1024 (9 th Cir. 2015), United States Court of Appeals for the Ninth Circuit April 8, 2015, argued and briefed, San Francisco, California ; July 30, 2015, Docket No. 14-35393.

[2]Singh, V., *Chapitre 9 Toward a Transdisciplinary, Justice-Centered Pedagogy of Climate Change*, in Curriculum and Learning for Climate Action, Leiden, Pays-Bas : Brill, 2021, pp. 169-187 doi : https://doi.org/10.1163/9789004471818_010.

Conclusions

Au vu de ce qui a été présenté dans cette monographie, il semble que le moment soit venu de discuter ouvertement de l'application de méthodes inter-, multi- et transdisciplinaire tant pour s'adapter aux métamorphoses juridiques et administratives que pour développer le corpus de règles et de principes régissant les relations entre les États, les organisations internationales et les autres acteurs du système international. C'est comme parler d'un enfant dont les vêtements ne lui vont plus parce qu'il a grandi et que personne ne peut lui demander de ne plus le faire, il faut donc ajuster la garde-robe. Même s'il existe des difficultés d'application, voire des critiques, les méthodes que j'ai évoquées sont intéressantes et peuvent constituer la base de solutions intelligentes. Cela ne veut pas dire que la discipline va disparaître ou perdre son autonomie. Nous pouvons également conclure de ces débats que la transdisciplinarité est capable de façonner d'autres phénomènes, normes et principes au profit de la recherche sous toutes ses formes. Bien que le concept soit utilisé et expérimenté dans de nombreux autres domaines, tels que les nouvelles technologies, la biologie, l'éco-ingénierie ou la géologie, il s'est heurté à un certain nombre de réticences qui semblent aujourd'hui moins résolues, notamment dans le contexte de la reconnaissance de la science citoyenne. L'interaction entre l'homme et la nature semble plutôt trouver un développement plus approprié à partir du développement adapté de la méthodologie transdisciplinaire. Au fil du temps, dans la littérature, les concepts d'interdisciplinarité, de multidisciplinarité ou de transdisciplinarité se sont entremêlés et analysés ensemble, comme cela a déjà été le cas dans le domaine de la recherche marine[1].

Idéalement, nous devrions déjà réfléchir aux moyens les plus appropriés pour y parvenir. La dynamique du droit international public dans la société contemporaine est influencée par un certain

[1]Grünhagen, Caroline et Schwermer, Heike et Wagner-Ahlfs, Christian et Voss, Rudi et Gross, Félix et Riekhof, Marie-Catherine, *The Multifaceted Picture of Transdisciplinarity in Marine Research* (6 juin 2022). Disponible sur SSRN : https://ssrn.com/abstract=4132482 ou http://dx.doi.org/10.2139/ssrn.4132482.

nombre de facteurs, notamment la nature changeante du système international, la mondialisation, l'émergence de nouveaux acteurs et de nouvelles questions, et l'interdépendance entre eux. Enfin, le dialogue transdisciplinaire est important, étant donné que la science juridique présente des caractéristiques humanistes, avec des liens étroits avec la psychologie, la sociologie, la philosophie, l'histoire, la morale et même la religion en tant que formes adoptées par la civilisation dans son développement historique[1]. Mais cette caractéristique humaniste est mieux exploitée si nous acceptons la valeur interdépendante de la technologie et des sciences exactes. Ces relations ont donné naissance aux premières expressions du droit, et d'autres continuent à se développer.

L'une des principales dynamiques du droit international public dans la société contemporaine est la tension entre la souveraineté de l'État et la coopération internationale. D'une part, les États restent les principaux acteurs traditionnels du système international et sont réticents à céder une partie de leur autorité à des organisations internationales ou à d'autres acteurs. D'autre part, les transformations majeures auxquelles le monde est confronté aujourd'hui, telles que le changement climatique, le terrorisme et la cybersécurité, nécessitent une coopération et une coordination internationales. Une autre dynamique du droit international dans la société contemporaine est la prolifération d'accords internationaux et d'autres instruments juridiques, reflétant la pleine reconnaissance de l'importance du droit international dans la régulation du comportement des États et d'autres acteurs du système international. Toutefois, l'efficacité de ces accords et instruments dépend de leur mise en œuvre, qui est souvent faible ou inefficace. Pour ces raisons, l'universalité même du droit international a souvent été bloquée ou inhibée dans une certaine mesure, une sorte de contrainte spéciale. Aujourd'hui, il semble que nous soyons encore loin de façonner le droit international par la méthode trans, mais le temps pourrait bien jouer en sa faveur. Le rôle des cours et tribunaux internationaux est particulièrement visible dans la société moderne. Ces

[1]M. Nordau, *Les mensonges conventionnels de notre civilisation*, traduction de la 14e édition allemande par M. Cantianu, Ed. Librăriei Socec & Co Bucarest, 1921, p. 45.

institutions sont indispensables pour résoudre les différends entre les États et d'autres acteurs et pour interpréter et appliquer le droit international, mais leur autorité est limitée par la volonté des États d'accepter leur juridiction et de respecter leurs décisions. Les développements ultérieurs se concentrent sur l'évolution du système international, l'émergence de nouvelles situations et de nouveaux acteurs, et l'efficacité des institutions et des instruments juridiques existants. En corrélation avec les interdépendances entre les participants aux relations juridiques internationales, une pression est susceptible de naître de la forte demande de règles et d'institutions internationales efficaces. C'est en effet dans ce contexte que l'efficacité du droit international dépendra de la volonté des États et des autres acteurs de coopérer et de se conformer à ses règles et principes modernes, si possible pleinement adaptés et applicables.

Le concept de transdisciplinarité repose sur l'idée que tout ce savoir est affaire de dialogue et de collaboration et qu'une discipline seule ne peut plus trouver les meilleures solutions. C'est là qu'intervient l'importance de la recherche et de l'enseignement juridique, car le droit international n'est pas seulement une question de politique étrangère, mais peut-être le plus grand laboratoire connu de l'humanité, dont la clé de voûte est l'effort commun des spécialistes pour analyser et rétablir les frontières par une réglementation appropriée.

Bibliographie sélective

Aalberts T., Rajkovic N.M., Gammeltoft-Hansen T., *Introduction : Legality, Interdisciplinarity and the Study of Practices*, in Power of Legality, Cambridge University Press, 2016.

Abad Castelos M., *Marine Renewable Energies : Opportunities*, Law, and Management, Ocean Development & International Law, 45:2, 2014, DOI : 10.1080/00908320.2014.898926.

Abbott K. W., *Digital regulation for the entrepreneurial economy*, The University of Chicago Law Review, 80(1), 2013.

Abbott K., Keohane R., Moravcsik A., Slaughter A.-M., Snidal D., *The Concept of Legalization*, 54, International Organisation, 2000.

Akashi K., *Cornelius Van Bynkershoek : His Role in the History of International Law,* ed. Martinus Nijhoff Publishers, 1998.

Allard J., Garapon A., *Les Juges dans la mondialisation : La nouvelle révolution du droit*, Éditions du Seuil et La République des idées, 2005.

Anthias F., *Thinking Through the Lens of Translocational Positionality : An Intersectionality Frame for Understanding Identity and Belonging*, Translocations : Migration and Social Change, 2008.

Authers B., *Human rights, interdisciplinarity and the time of utopia,* in Australian Journal of Human Rights, Volume 22, 2016 - Issue 2.

Azanian c. États-Unis du Mexique (CIRDI), affaire ARB (AF) 97/2, décision du 1er novembre 1999.

Banda F., *African Migration, Human Rights and Literature*, ed. Hart Publishing 2020.

Baron J.B., *Law, Literature, and the Problems of Interdisciplinarity*, in The Yale Law Journal 108 (1999) 5, doi : 10.2307/797370.

Basarab N., *Manifeste de la transdisciplinarité,* Suny Press, 2002.

Basarab N., *Methodology of Transdisciplinarity*, World Futures, 70:3-4, 2014, doi : 10.1080/02604027.2014.934631.

Basdevant J., *Dictionnaire de la terminologie du droit international*, Ed. Sirey, Paris, 1960.

Becker Lorca A., *Universal International Law : Nineteenth-Century Histories of Imposition and Appropriation*, 51 Harv. Int'l L.J. 475, 2010.

Biermann F., Pattberg P., van Asselt H., Zelli F., *The fragmentation of global governance architectures : A framework for analysis*, Global Environmental Politics, 9(4), 2009.

Biermann F., Pattberg P., van Asselt H., Zelli F., *The Fragmentation of Global Governance Architectures : A Framework for Analysis,* Global Environmental Politics 2009 ; 9 (4) : 14-40, doi : https://doi.org/10.1162/glep.2009.9.4.14.

Blättel-Mink B., Kastenholz H., *Transdisciplinarity in sustainability research : Diffusion conditions of an institutional innovation,* in International Journal of Sustainable Development & World Ecology, 12:1, 2005, pp. 1-12, DOI : 10.1080/13504500509469613.

Bourdieu P., *La force du droit : vers une sociologie du champ juridique,* 38 Hastings Law Journal, 1986.

Breuste J., Feldmann H., Uhlmann O. (eds.), *Urban ecology*, Ed. Springer Science & Business Media, 2013.

Brown V.A., Deane P.M., Harris J.A. et Russell J.Y., *Towards a just and sustainable future,* in Tackling wicked problems through the transdisciplinary imagination, Edited by : Brown, V.A. 1-15. Londres : Earthscan, 2010.

Buga I., *Modification of Treaties by Subsequent Practice*, Oxford, 2018.

Butt S. & Lindsey T., *Judicial Mafia : The Courts and State Illegality in Indonesia,* chapitre dans *The State and Illegality in Indonesia,* édité par Edward Aspinall & Gerry van Klinken, Leiden : KITLV Press.

Cantwell N., *The human rights of children in the context of formal alternative care,* Routledge International Handbook of Children's Rights Studies, Routledge, 2015.

Carreau D., Juillard P., Flory T., *Droit international économique*, 2e éd., LGDJ, Paris, 1980.

Carvalho, A., *Representing the politics of the greenhouse effect*, Critical Discourse Studies, 2(1), 2005.

Cavallar G., *Le cosmopolitisme intégré de Kant. Histoire, philosophie et éducation des citoyens du monde,* volume 183 de la série Kantstudien-Ergänzungshefte, Berlin, Munich, Boston : De Gruyter, 2015, https://doi.org/10.1515/9783110429404.

Chander, A., *The digital trade illusion*, The Yale Law Journal, 122(5), 2013.

Charles J. Dunlap, Jr, USAF, *Law and Military Intervention : Preserving Humanitarian Values in 21st Century Conflict,* http://scholarship.law.duke.edu/cgi/viewcontent.cgi?article=6193&context=faculty_scholarship.

Charney J.I., *Universal International Law*, in The American Journal of International Law, vol. 87, no. 4, 1993, JSTOR, https://doi.org/10.2307/2203615.

Chevallier J., *L'État de droit*, in Revue du droit public, tome cent quatre, ed. PUF, 1988.

Chicharro A., Jesús Campión M., Qu'est-ce que le *droit et les mathématiques ont en commun ? The Sustainable Development Goals as a Transversal Substrate of Numbers and Laws,* Universidad Pública de Navarra, Ceur Workshop Proceedings, 2022.

Christov T., *Imperfect Cosmopolis : Studies in the History of International Legal Theory and Cosmopolitan Ideas,* The European Legacy, 20:7, 2015, DOI : 10.1080/10848770.2015.1065605.
Crăciun C., *Méthodes et techniques de recherche,* Maison d'édition universitaire, Bucarest, 2015.
Crawford J., *International Protection of Foreign Direct Investment : Between* Clinical Isolation *and* Systemic Integration, in R. Hofmann and C. Tams (eds.), International Investment Law and General International Law : From Clinical Isolation to Systemic Integration, 2011.
Crawford J., Nouwen S., Bloomsbury Publishing, 2012, *Select Proceedings of the European Society of International Law*, vol. III, 2010.
Crenshaw K., *Demarginalizing the Intersection of Race and Sex : A Black Feminist Critique of Antidiscrimination Doctrine, Feminist Theory and Antiracist Politics,* University of Chicago Legal Forum. 140, 1989.
Cribb R. (ed.), *The Indonesian Killings : Studies from Java and Bali,* Clayton : Centre for Southeast Asian Studies, Monash University, 1990.
Culture and International Law Proceedings of the International Conference of the Centre for International Law Studies (CILS 2018), October 2-3, 2018, Malang, Indonesia, Edited By Hikmahanto Juwana Jeffrey Thomas, Mohd Hazmi Mohd Rusli, Dhiana Puspitawati, Ed. Routledge, 2019.
Dahinden J., Fischer C., Menet J., *Knowledge production, reflexivity, and the use of categories in migration studies : Tackling challenges in the field,* in Ethnic and Racial Studies, 2020, https://doi.org/10.1080/01419870.2020.1752926.
Dănișor D., *Interpretarea Codului civil. Perspectivă jurilingvistică* , C.H.Beck, Bucarest, 2015.
Dănișor D., *Metafora dreptului*, in Revista Dreptul, n° 9/2018.
Dănișor G., *Solitude-isolement du monde. Une philosophie sur l'histoire manquée de l'humanité*, éd. L'Harmattan, Paris, 2023.
De Schutter O., MacNaughton G., *Human rights obligations of non-state actors in the Paris Agreement*, Climate Law, 7(2-3), 2017.
Dolzer R., Schreuer C., *Principles of International Investment Law*, Oxford University Press (OUP), 2e édition, 2012.
Dubberley S., Kœnig A., Murray D., *Digital Witness : Using Open Source Information for Human Rights Investigation, Documentation, and Accountability*, OUP-Oxford Public International Law, 2019, part I, DOI : 10.1093/law/9780198836063.001.0001.
Dumberry P., Labelle-Eastaugh E., Les *acteurs non étatiques dans le droit international de l'investissement : la personnalité juridique des entreprises et des ONG dans le contexte de l'arbitrage entre investisseurs et États,* 2011, in Participants in the International Legal System : Multiples Perspectives on Non-State Actors in International Law, Jean D'Aspremont, ed. Routledge-Cavendish, 2011.

Duşcă I.A., *Dreptul mediului*, ed. 3 , Universul Juridic, Bucharest, 2021.
Duşcă I.A., *Dreptul Uniunii privind afacerile* , ed. 3, Universul Juridic, Bucharest, 2021.
Eisen J., Stilt K., *Protection and Status of Animals*, in Max Planck Encyclopedia of Comparative Constitutional Law, R. Grote, F. Lachenmann, R. Wolfrum (eds.), Oxford Constitutional Law 201.
El Nachar E., Abouelmagd D., *The Inter/Transdisciplinary Framework for Urban Governance Intervention,* in Egyptian Informal Settlements Buildings 13, no. 2:265, 2023, https://doi.org/10.3390/buildings13020265.
Elrick J., & Farah Schwartzman L., *From statistical category to social category : Organized politics and official categorizations of "persons with a migration background" in Germany, in* Ethnic and Racial Studies, 38(9), 2015, https://doi.org/10.1080/01419870.2014.996240.
Ernotte M., *L'application de la théorie du mandat apparent en matière de représentation des sociétés, J.D.S.C.*, 2008.
Evans J., Wilson J.Z., McKemmish S., Lewis A., McGinniss D., Rolan G. & Altham S., *Transformative justice : transdisciplinary collaborations for archival autonomy,* Archives and Records, 42:1, 2021, DOI : 10.1080/23257962.2020.1865887.
Fagbayibo B., *Choral intervention : reimagining international law pedagogy in Africa through music,* The Law Teacher, 2022, DOI : 10.1080/03069400.2022.2094143.
Fam D., Neuhauser L., Gibbs P., *Transdisciplinary theory, practice and education,* The Art of Collaborative, 2018.
Fietta S., Upcher J., *Public International Law, Investment Treaties and Commercial Arbitration : an Emerging System of Complementarity,* International Arbitration Journal, 29 (2), 2013, First published online : 1 June 2013, Published by Kluwer Law International & London Court of International Arbitration.
Forsythe D.P., *Human Rights in International Relations*, ed. Cambridge : Cambridge University Press, 2012.
Francioni F., *Realism, Utopia and the Future of International Environmental Law,* EUI LAW, 2012/11, https://hdl.handle.net/1814/21755.
Gabriel Resources Ltd. et Gabriel Resources (Jersey)/Roumanie (affaire CIRDI n° ARB/15/31).
Gattinara P., & Morales L., *The politicization and securitization of migration in Western Europe : Public opinion, political parties and the immigration issue*, in Philippe Bourbeau (Ed.) Handbook on migration and security, Edward Elgar Publishing, 2017, https://doi.org/10.4337/9781785360497.
Giddens A., *Les conséquences de la modernité*, Polity Press, Oxford, 1990.
Graham R., *How Terrorists Use Encryption*, CTC Sentinel 9, no. 6, 2016.
Grotius H., *Mare Liberum,* Lodewijk Elzevir, 1609.

Grotius H., *La liberté des mers* (version latine et anglaise, traduction de Magoffin, 1608, Online Library of Liberty, Ed. Oxford University Press), https://oll.libertyfund.org/title/scott-the-freedom-of-the-seas-latin-and-english-version-magoffin-trans.
Guattari F., La *transdisciplinarité doit devenir transversalité*, Theory, Culture & Society 32.5-6, 2015.
Gupta J., Pouw N., *Towards a trans-disciplinary conceptualization of inclusive development*, Current opinion in environmental sustainability 24, 2017.
Gupta M., *Integrated Management of Maritime Affairs*, in Maritime Studies, 2005:142, DOI : 10.1080/07266472.2005.10878778.
Handbook of Transdisciplinary Research, Gertrude Hirsch Hadorn, Holger Hoffmann-Riem, Susette Biber-Klemm, Walter Grossenbacher-Mansuy, Dominique Joye, Christian Pohl, Urs Wiesmann, Elisabeth Zemp Editors, Ed. Springer, 2008.
Harrison J., *Making the Law of the Sea : A Study in the Development of International Law*, ed. Cambridge University Press, 2011.
Hendricks V. F., Vestergaard M., *Reality Lost. Marchés de la désinformation et de la manipulation de l'attention*, Ed. Springer, 2019.
Hirsch M., *Invitation à la sociologie du droit international*, Oxford University Press, 2015.
Hofmann R., Tams C., International Investment *Law and the Law of State Immunity : Antagonists or Two Sides of the Same Coin,* International Investment Law and General International Law, Nomos Publishing, 2011.
Hynes P., Lamb M., Short D. & Waites M., *Sociology and human rights : confrontations, evasions and new engagements,* The International Journal of Human Rights, 14:6, 2010, DOI : 10.1080/13642987.2010.512125.
J.W. Salacuse, *The Three Laws of International Investment*, OUP, 2014.
Jahn T., Bergmann M., Keil F., *Transdisciplinarity : Between mainstreaming and marginalization*, in Ecological economics 79 (2012) : 1-10.
Jha R., *International law in the digital age : Challenges and opportunities*, Indian Journal of International Law, 59(1), 2019.
Joyner C.C., *International Law in the 21st Century : Rules for Global Governance,* ed. Rowman & Littlefield Publishers, 4 février 2005.
Kelley J., *Assessing the Complex Evolution of Norms : The Rise of International Election Monitoring*, 62(2) International Organization, 2008, DOI:10.1017/S0020818308080089.
Keohane R.O., *International Relations and International Law : Two Optics*, 1997 ; 38, Harvard International Law Journal.
Kingsbury B., Krisch N., & Stewart R. B. (Eds.), *The emergence of global administrative law*, Oxford University Press, 2005.

Kinnear M., Fischer G., Minguez Almeida J., Torres L.F., Uran Bidegain M., *Building International Investment Law : The First 50 Years of ICSID*, Ed. Wolters Kluwer, 2015.
Kittrie O.F., *A Conceptual Overview of Lawfare's Meaning, Variety, and Power, Lawfare : Law as a Weapon of War,* New York, 2016 ; édition en ligne, Oxford Academic, 21 janvier 2016.
Klabbers, J., *The changing landscape of international law : Lessons learned from 20 years of scholarship on non-state actors*, The European Journal of International Law, 28(1), 2017.
Klein J.T., *Perspectives sur la transdisciplinarité*, Futures 36.4, 2004.
Klein J.T., *Réimpression de « Discourses of transdisciplinarity : Looking back to the future »*, Futures 65, 2015.
Konkes C., *Green Lawfare : Environmental Public Interest Litigation and Mediatized Environmental Conflict*, Environmental Communication, 12 : 2,201 8.
Korhonen O., *Within and Beyond Interdisciplinarity in International Law and Human Rights*, European Journal of International Law, Volume 28, Issue 2, May 2017, https://doi.org/10.1093/ejil/chx040.
Koskenneimi M., *The Gentle Civilizer of Nations, The Rise and Fall of International Law, 1870-1960,* Cambridge University Press, 2001.
Koskenniemi M., *International law and hegemony : a reconfiguration,* Cambridge Review of International Affairs, 17:2, 2004, pp. 197-218, DOI : 10.1080/0955757042000245852.
Koskenniemi M., *International Law as Political Theology : How to Read Nomos der Erde*, in 11 Constellations, 2004.
Koskenniemi M., *Legal Cosmopolitanism, Tom Franck's Messianic World*, 35 New York University Journal of International Law and Politics, 2003.
Koskenniemi M., *To the uttermost parts of the earth : legal imagination and international power, 1300-1870,* Cambridge University Press, 2021.
Koskenniemi M., *What is International Law for ?* in Malcolm Evans (ed), International Law, Oxford University Press, 2010.
Kretzmer, D., *The Occupation of Justice : The Supreme Court of Israel and the Occupied Territories. Albany,* NY : SUNY Press, 2012.
Labonte R, Torgerson R., *Interrogating globalization, health and development : Towards a comprehensive framework for research, policy and political action*, in Critical Public Health. 2005 Jun 1;15(2).
Lakomy M., *Why Do Online Countering Violent Extremism Strategies Not Work ? The Case of Digital Jihad, in* Terrorism and Political Violence, Routledge, 2022.
Lapaige V., *Global Public Health. A transdisciplinary global framework for analysing the influences of contemporary globalisation on public health,* in Risk Management and Healthcare Policy, 2, 2009, DOI : 10.2147/RMHP.S6134.

Lapaige V., *La santé publique globalisée*, ed. Les Presses de l'Université Laval, 2009.
Lappin R., *Peacebuilding and the Promise of Transdisciplinarity*, dans l'international Journal on World Peace, 2009.
Lappin R., *Peacebuilding and the promise of transdisciplinarity*, in International Journal on World Peace 26, no. 3, 2009, http://www.jstor.org/stable/20752895.
Lazarus, R., "*Super wicked problems and climate change : Restraining the present to liberate the future*", Cornell Law Review, 94, 2009.
Liang Q., Xiangsui W., *Unrestricted Warfare : China's Master Plan to Destroy America*, Ed. Newsmax.Com, 2002.
Liste P., Brunnée J., Toope S.J., *Legitimacy and Legality in International Law*, in European Journal of International Law, Volume 22, Issue 2, May 2011, https://doi.org/10.1093/ejil/chr032.
Lochak D., La *migration transdisciplinaire dans le droit des étrangers. Care sunt causes ? Quels sont les enjeux ?* ", S. Barbou des Places et F. Audren, Qu'est-ce qu'une discipline juridique, LGDJ, 2018. Audren, Qu'est-ce qu'une discipline juridique, LGDJ, 2018, 978-2-275-04672-3. ffhal-02114280e.
Lowenfeld A., *International Economic Law*, ed. 1, Oxford University Press, 2002.
Maclean K., *Lawfare and Impunity in Burma since the 2000 Ban on Forced Labour,* Asian Studies Review, 36:2, 2012.
Marks S.P., *Emerging human rights : a new generation for the 1980s*, Rutgers L. Rev. 33, 1980.
Marouf H.Jr, *Biopolitics and Thanatopolitics at Guantánamo, and the Weapons of the Weak in the Lawfare over Force-Feeding*, Law & Literature, 26:3, 2014.
Martin F. F., *The Constitution and Human Rights : The International Legal Constructionist Approach to Ensuring the Protection of Human Rights,* 1 FIU L. Rev. 71, 2006.DOI : https://dx.doi.org/10.25148/lawrev.1.1.9.
McGrath, C., *Renards volants, barrages et baleines : Using federal environmental laws in the public interest*, Environmental and Planning Law Journal, 25, 2008.
Meitani G., *Curs de drept internaţional public*, Ed. Al. T. Doicescu, 1930.
Mietzner M., *Electoral contestation and economic resilience*, Asian Survey, 50 (1), 2010.
Mitchell R., *Children's rights and citizenship studies. re-theorising child citizenship through transdisciplinarity from the local to the global,* in Routledge International Handbook of Children's Rights Studies, 2015.
Morss J.R., *International Law as the Law of Collectives : Toward a Law of People*, ed. Routledge, 2013.

Motoi G.A., *Common language / specialized language - the case of external polysemy in law*, in Reading Multiculturalism. Perspective humaine et sociale, Tîrgu-Mureş, Editura Arhipelag, XXI Press, 2021.
Motru C.R., *Personalismul energetic şi alte scrieri,/Energy Personalism and Other Writings*, Ed. Eminescu, Bucarest, 1984.
Nance M., Sampson C., *Hacking ISIS. How To Destroy the Cyber Jihad*, New York : Skyhorse Publishing, 2017.
Nardin T., *Law, Morality, and the Relations of States*, Princeton University Press, 1998.
Nicolescu B., *Transdisciplinarity - past, present and future. Dans Moving world-views — Reshaping sciences, policies and practices for endogenous sustainable development*, eds. B. Haverkort et C. Reijntjes, eds. Amsterdam, Pays-Bas : COMPAS Éditions, 2006.
Nicolescu, B., *La transdisciplinarité manifeste,* Monaco : Rocher, 1996 (traduction anglaise : 2002, Manifesto of transdisciplinarity, New York : SUNY Press, traduction du français par K.-C. Voss).
Nollkaemper A., *Universalité — Piraterie — UNCLOS (Convention des Nations unies sur le droit de la mer) —*
Nordau M., *Les mensonges conventionnels de notre civilisation*, traduction de la 14e édition allemande par M. Cantianu, Ed. Librairie Socec & co, Bucarest, 1921.
Nordau M., *Les mensonges conventionnels de notre civilisation*, traduction de la 14e édition allemande par M. Cantianu, Ed. Librairie Socec & co, Bucarest, 1921.
Oancea E., *Droit de la procédure pénale. Partie* générale, Universul Juridic, Bucarest, 2019.
Obani P., *Action humanitaire et développement inclusif*, COSUST, 2017.
Orford A., Hoffmann F. (eds.), *The Oxford Handbook of the Theory of International Law*, eds. OUP, 2016.
Peretz I., *Cours sur l'histoire du droit roumain,* Maison d'édition Curierul Judiciar, Bucarest, 1915.
Peterson M.J., *Narmada Dams Controversy*, in International Dimensions of Ethics Educationin Science and Engineering, 2010, www.umass.edu/sts/ethics.
Piaget J., L'*épistémologie des relations interdisciplinaires, in L'interdisciplinarité-Problèmes d'enseignement et de recherche,* eds. G. Berger, A. Briggs et G. Michaud, Paris : Organisation de coopération et de développement économiques, 1972.
Pictet J., *Développement et principes du droit international humanitaire*, éd. Leiden, Pays-Bas : Brill | Nijhoff, 1985.
Pictet J., *Les principes fondamentaux de la Croix-Rouge*, in Revue internationale de la Croix-Rouge (1961 - 1997), 19 (210), doi:10.1017/S0020860400019872.

Popa N., *Théorie générale du droit,* 5e édition, C. H. Beck, Bucarest, 2014.
Popa Tache C.E., *Analysis of lawfare in international law from a transdisciplinary perspective,* in Pandectele Române, no. 5/2022, Wolters Kluwer.
Popa Tache C.E., *Legal Logic Notes on the Law of the Soul and the Biofield of Life Forms from a Human Rights Perspective,* in Proceedings of the 26th International RAIS Conference on Social Sciences and Humanities, Washington DC, USA, 27-28 February 2022, The Scientific Press, Cambridge, MA, ISSN 2578-8574.
Popa Tache CE, *Vers un droit de l'âme et des bioénergies du vivant*, préface de Jean-Luc Martin-Lagardette, Éd. L'Harmattan, Collection « Logiques juridiques », 2022.
Posner E. A., *Law and Social Norms*, revue par : John Armour, Journal of Law and Society, Vol. 30, n° 4, décembre 2003.
Preda-Mătăsaru A., *Public international Law Treatise*, 2e édition, Lumina Lex, Bucarest, 2006.
Raghuram P., *Democratizing, Stretching, Entangling, Transversing : Four Moves for Reshaping Migration Categories*, in Journal of Immigrant & Refugee Studies, 19:1, 2021, DOI : 10.1080/15562948.2020.1837325.
Ranganathan S., *Legality and lawfare in regime implementation,* in N. Rajkovic, T. Aalberts, & T. Gammeltoft-Hansen (Eds.), The Power of Legality : Practices of International Law and their Politics, ed. Cambridge University Press, 2016.
Rechkemmer A., O'Connor A., Rai A., Decker Sparks J.L., Mudliar P., Shultz J.M., *A complex social-ecological disaster : Environmentally induced forced migration,* in Disaster Health, 3:4, 2016, DOI : 10.1080/21665044.2016.1263519.
Rivers III L. & Gibbs C., *Applying a conservation-criminology framework to common-pool natural-resource issues*, in International Journal of Comparative and Applied Criminal Justice, 35:4, 2011, DOI : 10.1080/01924036.2011.625236.
Roscam Abbing H.D.C., Les *organisations internationales en Europe et le droit aux soins de santé,* Deventer : Kluwer, 1979.
Rosetto Ajello A., *Méthode de connaissance et défis de la société planétaire : la proposition pédagogique d'Edgar Morin,* in World Futures, 61:7, 2005, DOI : 10.1080/02604020500283126.
Rothwell D., Oude Elferink A., Scott K., Stephens T. (eds.), *The Oxford Handbook of the Law of the Sea,* Oxford University Press, 2015.
Salomon M., *The role of international investment agreements in promoting sustainable development : An overview,* Journal of World Investment & Trade, 17(6), 2016.
Săraru C.-S., *Drept administrativ. Probleme fundamentale de drept public,* C.H. Beck, Bucarest, 2016.

Schmidt D.R., Trenta L., *Changes in self-defense law ? Drones, imminence, and international norm dynamics,* Journal on the Use of Force and International Law, 5:2, 2018, DOI : 10.1080/20531702.2018.1496706.
Schurz W.L., *The Spanish Lake,* The Hispanic American Historical Review, 5(2), 1922.
Sharkey C.M., *Direct-to-Consumer Genetic Testing : The FDA's Dual Role as Safety and Health Information Regulator*, Article 11, vol. 68 DePaul L. Rev.
Shaw M., *International status of national liberation movements*, Liverpool Law Rev 5, 1983.
Sieber A., *Digital Barbarism : The New Colonization of the Mind*, Critical Arts, 35:5-6, 2021.
Simons P., *The human right to a clean environment in international law*, Oxford University Press, 2017.
Simpson G., *The Sentimental Life of International Law*, 3 London Review of International Law 3, 5, 2015.
Singer P.W. et Friedman A., *Cybersecurity and Cyberwar : What Everyone Needs to Know,* Oxford University Press, 2014.
Singh V., *Chapitre 9 Toward a Transdisciplinary, Justice-Centered Pedagogy of Climate Change*, in Curriculum and Learning for Climate Action, Leiden, Pays-Bas : Brill, 2021, doi : https://doi.org/10.1163/9789004471818_010.
Sornalajah M., *The International Law on Foreign Investment,* Cambrige University Press, 2e ed., 2004.
Sornarajah M., *The International Law on foreign investment,* 3e édition, Cambridge University Press, 2010.
Stan C., *Interdisciplinarité, transdisciplinarité et pluridisciplinarité en cours de littérature,* in Tribuna Învățământului, 05/10/2016, https://tribunainvatamantului.ro/interdisciplinaritate-transdisciplinaritate-si-pluridisciplinaritate-in-cadrul-orelor-de-literatura.
Stilt K., *Droits de la nature. Droits des animaux. Commentary*, in Harvard Law Review, May, 2021, 134 Harv. L. Rev. F. 276, https://harvardlawreview.org/wp-content/uploads/2021/03/134-Harv.-L.-Rev.-F.-276.pdf.
Stoica V., *Despre arhitectura giuridica a libertății*, Universul Juridic, Bucharest, 2023.
Subedi S.P., *International Economic Law, Section A : Evolution and Principles of International Economic Law,* version révisée — décembre 2006, Ed. University of London Press.
Telle K., *Faith on Trial : Blasphemy and 'Lawfare' in Indonesia*, Ethnos, 83:2, 2018.

Thornhill C., *Law and Sociology,* Current Legal Issues, Volume 8, édité par Michael Freeman, King's Law Journal, 17:2, 2006, DOI : 10.1080/09615768.2006.11427660.
Toebes B., *Human rights and public health : towards a balanced relationship*, The International Journal of Human Rights, 19:4, 2015, DOI : 10.1080/13642987.2015.1044814.
Veen J. et Boeke S., *No Backdoors : Investigating the Dutch Standpoint on Encryption*, Policy and Internet 2, no. 4, 2020.
Ward C., *The Universal Language of International Law : History and Prospects,* in Chinese (Taiwan) Yearbook of International Law and Affairs. Leiden, Pays-Bas : Brill | Nijhoff. 2020, DOI : https://doi.org/10.1163/9789004443297_003.
Webb J., *When 'Law and Sociology' is not Enough : Transdisciplinarity and the Problem of Complexity*, in Michael Freeman (ed.), Law and Sociology (Oxford, 2006 ; édition en ligne, Oxford Academic, 22 mars 2012), https://doi.org/10.1093/acprof:oso/9780199282548.003.0006.
Werner W.G., *Buribunks and foundational paradoxes of international law*, Griffith Law Review, 28:2, 2019, p. 259-271, DOI : 10.1080/10383441.2019.1646195.
Yokota M., Karis A.J. & Tharion W.J., *Thermal-work strain in law enforcement personnel during chemical, biological, radiological, and nuclear (CBRN) training,* in International Journal of Occupational and Environmental Health, 20:2, 2014, DOI : 10.1179/204 949 396 714 Y .0000000056.
Zuleta B., *Introduction au droit de la mer*, Nations unies, New York, 1983.

TABLE DES MATIÈRES

Préface 7

Introduction 9

PREMIÈRE PARTIE 23

Principales orientations actuelles de l'*oratorium* transdisciplinaire en droit international. Est-ce possible à l'avenir ? 23
Transdynamique du droit international public en général 31
Autres sous-branches de la *transdynamique* du droit international 34
Le droits de l'homme 34
Le droit international humanitaire 45
Le droit international de la migration et des réfugiés 51
Le domaine de la paix et de la sécurité internationales ... 60
Le droit de la mer 67
« Mare clausum » à l'ère des découvertes européennes.. 70
Tribunal international du droit de la mer (TIDM) 76
Organisation maritime internationale (OMI) 77
Le droit des traités 81
La dynamique transdisciplinaire dans le *lawfare* 90

DEUXIÈME PARTIE 109

Les opportunités de développement 109
Différentes dynamiques trans 120
dans différentes les sous-branches dans leur sens ordinaire, hybride ou connexe 120
Le droit international de la nature et des animaux 120
Vers un droit international de l'âme et de la bioénergie des organismes vivants 127
Le droit international de la santé 137
Le droit international *bio* 144
Le droit international économique 157

Le droit international des investissements 162
Le droit international de la culture 170
Le droit international de l'environnement 180
La dynamique trans dans la théorie juridique internationale 189
Le droit de l'Union européenne 196
La dynamique *trans* de l'histoire juridique internationale 197
Le droit international des communications et des nouvelles technologies 208
Principes de base. Quelques explications pertinentes sur l'inter et la transdisciplinarité : 214
Applications pratiques : 215
La transdisciplinarité est-elle un outil efficace pour la pratique du droit international ? 220

Conclusions 223

Bibliographie sélective 227

Structures éditoriales du groupe L'Harmattan

L'Harmattan Italie
Via degli Artisti, 15
10124 Torino
harmattan.italia@gmail.com

L'Harmattan Hongrie
Kossuth l. u. 14-16.
1053 Budapest
harmattan@harmattan.hu

L'Harmattan Sénégal
10 VDN en face Mermoz
BP 45034 Dakar-Fann
senharmattan@gmail.com

L'Harmattan Cameroun
TSINGA/FECAFOOT
BP 11486 Yaoundé
inkoukam@gmail.com

L'Harmattan Burkina Faso
Achille Somé – tengnule@hotmail.fr

L'Harmattan Guinée
Almamya, rue KA 028 OKB Agency
BP 3470 Conakry
harmattanguinee@yahoo.fr

L'Harmattan RDC
185, avenue Nyangwe
Commune de Lingwala – Kinshasa
matangilamusadila@yahoo.fr

L'Harmattan Congo
219, avenue Nelson Mandela
BP 2874 Brazzaville
harmattan.congo@yahoo.fr

L'Harmattan Mali
ACI 2000 - Immeuble Mgr Jean Marie Cisse
Bureau 10
BP 145 Bamako-Mali
mali@harmattan.fr

L'Harmattan Togo
Djidjole – Lomé
Maison Amela
face EPP BATOME
ddamela@aol.com

L'Harmattan Côte d'Ivoire
Résidence Karl – Cité des Arts
Abidjan-Cocody
03 BP 1588 Abidjan
espace_harmattan.ci@hotmail.fr

Nos librairies en France

Librairie internationale
16, rue des Écoles
75005 Paris
librairie.internationale@harmattan.fr
01 40 46 79 11
www.librairieharmattan.com

Librairie des savoirs
21, rue des Écoles
75005 Paris
librairie.sh@harmattan.fr
01 46 34 13 71
www.librairieharmattansh.com

Librairie Le Lucernaire
53, rue Notre-Dame-des-Champs
75006 Paris
librairie@lucernaire.fr
01 42 22 67 13